本書爲國家古籍整理出版專項經費資助項目

〔元〕脱脱 等撰
陳述 補注

遼史補注

第一册
卷一至卷六（紀一）

中華書局

圖書在版編目(CIP)數據

遼史補注/(元)脱脱等撰;陳述補注. —北京:中華書局,2018.1(2024.10重印)
ISBN 978-7-101-06159-8

Ⅰ.遼… Ⅱ.①脱…②陳… Ⅲ.中國-古代史-遼代-紀傳體 Ⅳ.K246.104.2

中國版本圖書館CIP數據核字(2008)第070045號

封面題簽:陳寅恪
責任編輯:李　勉
封面設計:毛　淳
責任印製:陳麗娜

遼史補注

(全十册)

〔元〕脱脱 等撰

陳　述 補注

*

中華書局出版發行

(北京市豐臺區太平橋西里38號　100073)

http://www.zhbc.com.cn

E-mail:zhbc@zhbc.com.cn

北京建宏印刷有限公司印刷

*

850×1168毫米 1/32・120印張・24插頁・2400千字

2018年1月第1版　2024年10月第4次印刷

印數:2901-3200册　定價:680.00元

ISBN 978-7-101-06159-8

陳述先生

一九三八年與夫人吴富榮在雲南

二十世紀三十年代在中研院

二十世紀八十年代在内蒙古赤峰考察

一九九一年在山西參加遼金契丹女真史國際學術討論會

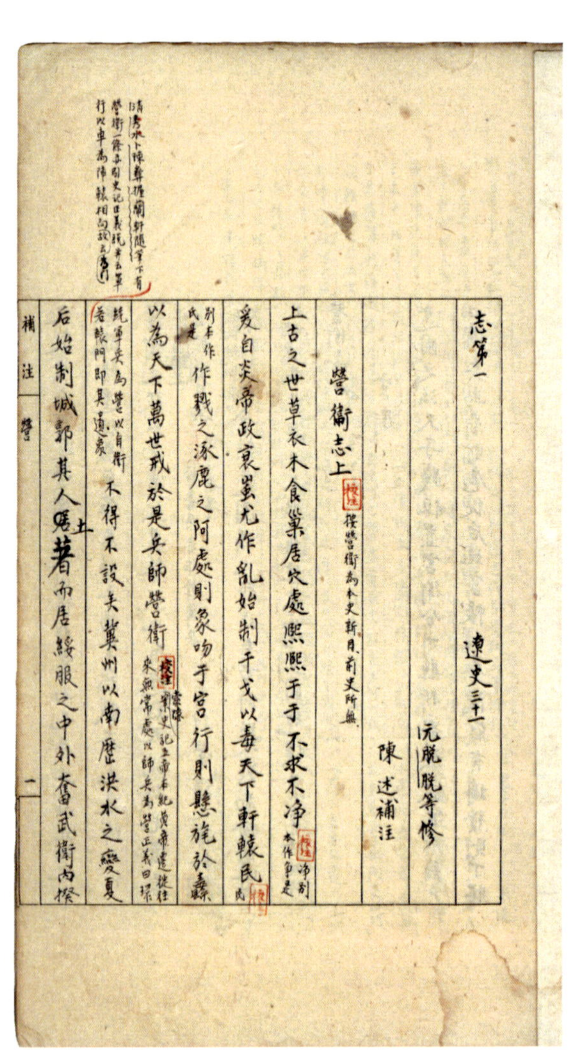

《遼史補注》手稿

《遼史補注》手稿中的增補條目

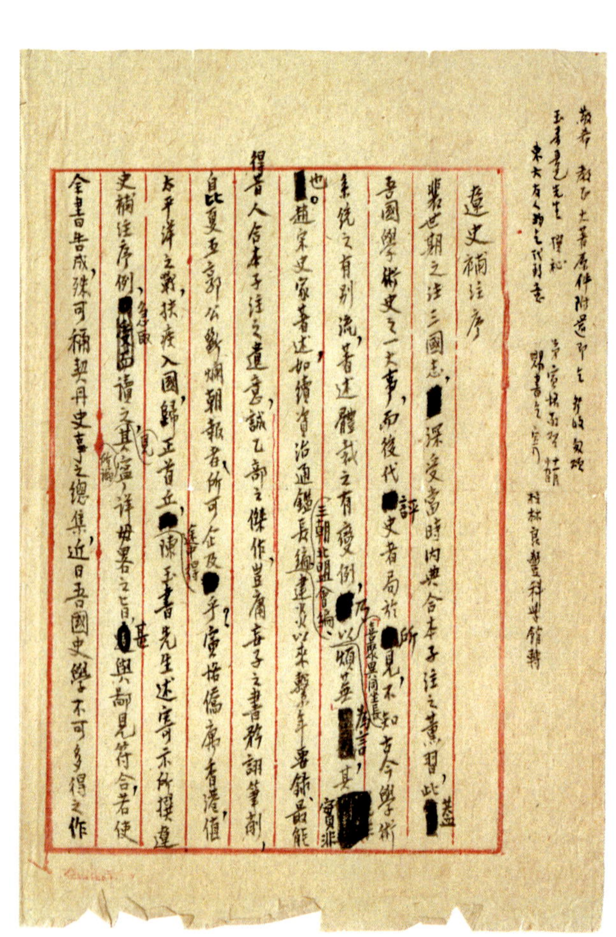

陳寅恪《遼史補注序》手稿

出版説明

遼史補注是陳述先生傾畢生之力撰著的一部史學著作。這部書始撰於二十世紀三十年代初期，到一九九二年陳述先生去世之前，才基本完成。

陳述先生（一九一一——一九九二），字玉書，河北樂亭人。我國著名遼金史學家、北方民族史專家，曾任中國社會科學院民族研究所研究員，中國遼金契丹女真史學會會長，國務院古籍整理出版規劃小組顧問等。早年師從陳垣、陳寅恪等先生，並深得傅斯年、羅常培等先生器重，進入中研院歷史語言研究所工作。陳述先生從青年時代起，即潛心矢志，博覽旁收，專攻遼金史，著有契丹史論證稿（重版後改稱契丹政治史稿）、契丹社會經濟史稿、金史拾補五種、全遼文、遼代史話等；曾參與中華書局「二十四史」點校工作，是遼史的主要點校者之一。遼史補注的撰寫貫穿了陳述先生的治學生涯。

在「二十四史」中，遼史因成書倉促，歷來有「漏略」「簡省」的評價。自明清以來，訂補遼史者不乏其人，清人厲鶚的遼史拾遺、楊復吉的遼史拾遺補、近人陳漢章的遼史索隱等，都是頗有成績的著作。陳述先生畢生致力於遼金史研究，熟讀唐、宋、遼、金、元文獻，尤其重視出土文獻的搜輯，先成遼文匯，繼而又增廣成全遼文，並有多部研究論著問世。遼史補注就是陳述先生在廣泛吸納前人成果、搜輯遼代文獻並充分研究的基礎上撰著的集成之作，被陳寅恪先生譽爲「契丹史事之總集」（見本書陳寅恪序）。

遼史補注除徵引豐富外，還增補重撰了部分志、表、傳。在卷六十二刑法志下之後增補了選舉志和藝文志，在卷一百六卓行傳後增補了忠義傳，在卷一百八方技傳後增補了方外傳，全書共增補傳記一百四十五人，大大豐富了原書内容。在公主表後補記公主十二人；外戚、遊幸二表訛脱較多，不便加注，因予重製。另外還彙輯散見於各書的有關契丹語解釋，在卷百十六國語解後，增補國語解補一篇。

除增補部分志、表、傳外，本書校改遼史正文之處甚多，並有個别卷次的調整，出於對陳述先生「撰一新遼史」之志的理解和尊重，我們盡量保留了遺稿原貌，對地理志、百官志中增補的條目及整篇的補志、補傳，皆以「〔補〕」字標明，以示區别；文中個别字句改動，注文皆有説明，則不再標出。當年陳先生撰寫之時，未有現行學術規範，故有所引書目書名不完整、所引文字内容不連貫或不完全同原文的情況，除確爲有誤者予以徑改外，其餘皆遵從原稿；涉及古今地名等的注釋，基本採用一九九二年以前的資料。

需要説明的是，遼史補注成書歷時六十餘載，早在二十世紀三十年代初本書初撰之時，陳述先生便草擬了遼史補注序例，確定了這部書的體例和結構。後雖南遷北往，從未中輟。其間不斷修改補充，吸納了大量新資料和新成果，最後成書實際已大大超越了最初構想。書中個別與序例不符之處，我們在編輯過程中已一一做了説明。自序作於基本成書之後，與序例前面部分略有重複。現保留二文原貌，與陳、顧二序並刊，以示成書之經過。

陳述先生的家屬對本書的整理和出版給予了大力支持，大女兒陳重、周思永夫婦參與了遺稿的整理校訂，小女兒陳正提供了不少珍貴資料，在此一併致謝！

中華書局編輯部

二〇一七年八月

陳寅恪序

裴世期之注三國志，深受當時内典合本子注之薰習，此蓋吾國學術史之一大事，而後代評史者局於所見，不知今古學術系統之有別流，著述體裁之有變例，乃以喜聚異同，坐長煩蕪爲言，其實非也。趙宋史家著述，如續資治通鑑長編、三朝北盟會編、建炎以來繫年要録，最能得昔人合本子注之遺意，豈庸妄子之書，矜詡筆削，自比「夏五」「郭公」斷爛朝報者所可企及乎？

寅恪僑寓香港，值太平洋之戰，扶疾入國，歸正首丘，途中得陳玉書先生述寄示所撰遼史補注序例，急取讀之，見其所論寧詳毋畧之旨，甚與鄙見符合，若使全書告成，殊可稱契丹史事之總集，近日吾國史學不可多得之作也。回憶前在絶島，蒼黄逃死之際，取一巾箱坊本建炎以來繫年要録抱持誦讀，其汴京圍困屈降諸卷，所述人事利害之迴環，國論是非之紛錯，殆極世態詭變之至奇。然其中頗復有不甚可解者，乃取當日身歷目覩之事，以相印證，則忽豁然心通意會。平生讀史凡四十年，從無似此親切有味之快感，而死亡飢餓之苦遂亦置諸度量之外矣。由今思之，倘非其書喜聚異同，取材詳備，曷足以臻是耶？

況近者營州舊壤、遼陵玉册，已出人間，葬地陶瓶，猶摹革橐，不有如釋教信徒迦葉、阿難之總持結集，何以免契丹一族千年之往事及其與中原之緊密聯繫之歷史不隨劫波之火以灰燼？故遼史補注之作，尤爲今日所不可或緩者。

寅恪頻歲衰病，於塞外之史、殊族之文，久不敢有所論述，惟尚冀未至此身蓋棺之日，獲逢是書出版之期，而補注之於遼史，亦將如裴注之附陳志，並重於學術之林，斯則今日發聲唱導之時不勝深願誠禱者也。

一九四一年十一月十九日陳寅恪書於桂林雁山别墅

顧頡剛序

文化大革命後期，在毛主席、周總理的關懷下，恢復點校「廿四史」作爲批判繼承歷史遺産的資料。頡剛受命聯繫點校工作，一面感到汲長綆短，一面感到責任重大、光榮，幾年來，在各級黨組織的直接領導關懷下，現已陸續出齊。但是，體會毛主席「古爲今用」的精神和詳細佔有材料的教導，還感到有需要進一步補充史料的。

在「廿四史」中，前人曾説：「遼史太簡畧」，「遼史最簡畧」。陳述同志所撰遼史補注，正是對遼史的全面訂補，可稱一代史料的總集，現在隨遼史刊布並行，供讀者參考。

嘗檢「廿四史」各史記載的年數，史記之外，以宋（三二〇年）、遼（二一九六年）爲最長，唐（二一九〇年）、明（二一七六年）次之。但就各史所用篇幅（頁數）看，宋史約當遼史的十倍，新舊唐書、明史也各當於遼史四五倍，可見彼此差距之大，而遼史是很漏畧的。就各史在「廿四史」所用字數多少計，遼史占第十八位，其次各史，由第十九至第廿四是：南齊書、新五代史、梁書、周書、北齊書、陳書。其中年分最長的梁書五十五年（不足遼史五分之一的時間），最短的南齊書才二十三年（不足遼史十分之一的時間）。遼史以前的十幾種，都没有遼代的年代長，而篇幅則都比遼史多。史記因屬通史未計，實遼史就叙契丹族而言，也帶有通史的意義。遼代國號幾次改變，稱遼以前，曾號契丹；後又改契丹，再改大遼。遼史没有記載。甚至食貨志未記鹽課、榷場。從各方面看，都顯出遼史是迫切需要補充的。

清代以來，對「廿四史」中的某史全部作注成書者，有王先謙漢書補注、後漢書集解和吴士鑑晉書斠注。王注特别是漢書補注有益讀者多在訓詁考證，不重增補史料，吴注曾有志於考源考異和增補，但因晉書材料豐富，編纂較好，所以，它的主要貢獻，還是在史文來源方面。

遼史補注的特點，主要是遼史事實缺漏，而本書明確着重在史料補充，作者曾多年校輯遼金史，充分利用了晚近出土的金石碑刻，並與遼史勘證，使事具本末，有綫索可尋。再有清錢竹汀、厲樊榭以下諸家的校訂補充，作者曾覈對吸收並搜集舊史、方志、行程録、文集等，其中大部分是元人修史時所未曾見到的。

由於時代要求不同，條件又比較優越，所以有不少後來居上的地方，尤其是考訂精審，批判吸收了前人成績，也解決了若干前人未能解決的問題。

一九六四年春，頡剛參觀東北歸來，翻閲遼金二史及東北其他史籍，當時曾拜讀此注，頗增新知。這次又細看凡例及部分内容，益信此書確是一部比較充實的、不可多得的資料，今幸隨點校本「廿四史」以並行，當然不僅是節省讀者翻檢校對的時間而已。

我們這次校點工作，可能有一些缺點錯誤，但質量都有所提高，由於補注的出版，顯然又是一個新的突破。行見補注之於遼史，亦將如裴注之附陳志，爲讀者提供很多便利，也必將是讀遼史者一部離不開的重要資料。

顧頡剛

一九七五年九月二十八日

自序

我國是一個統一的多民族國家。「從很早的古代起，我們中華民族的祖先就勞動、生息、繁殖在這塊廣大的土地之上。」歷代先輩披荆斬棘，開發建設了我國的疆域。「今天的中國是歷史的中國的一個發展」。我們多年積累的歷史文化，曾爲人類的文明和進步，作出過光輝貢獻。

契丹人起於漢末，盛於隋唐，作爲祖國古老各族之一，長期隸屬中央朝廷。唐末，農民起義推翻了大唐的統治。契丹阿保機和後梁朱温同年建國，大遼繼承唐代在東北的疆域，歷二百多年（九〇七—一一二五），溝通了農區牧區，開發了東北邊境，遼宋彼此影響，爲祖國統一奠定了牢固基礎。大石西遷，又把中原文化帶到西域。遼代在各方面的貢獻，久已融入祖國歷史文化的整體。

遼史有當代留下的一份簡單材料，即耶律儼實録。金朝兩次修遼史，泰和六年，章宗敕翰林學士陳大任專職修纂，但因義例争論，宣布罷修（元文類卷四五脩端辯遼宋金正統），金史章宗紀泰和七年十二月所記「遼史成」，即指此次罷修。元代中統二年、至元元年經王鶚等建議修遼金二史，宋亡，復議修三史，終「以義例未定，竟不能成」（續通考正史考），長期糾纏義例，對於史實搜訪訂正很放鬆。元末至正修史時，僅據耶律儼實録、陳大任遼史和契丹國志、資治通鑑等潦草編綴，由至正三年四月至四年三月，倉卒作成。

遼、金、宋三史同修，按記載年數，宋史遼史相彷彿（宋三百二十年、遼二百十九年合西遼八十八年，凡三百零七年），金史較短（金百二十年），計其所用篇幅，宋史當遼史的十倍，金史亦當遼史的二倍（宋史六八一五頁，金史一四四三頁，遼史六六六頁，皆中華書局四部備要本），這個數字表明遼史的漏略不備。清錢大昕、畢沅先後指出遼史闕漏（潛研堂集、續通鑑），趙翼也屢次説過「遼史太簡略」，「遼史最簡略，二百年人物列傳，僅百餘篇，其脱漏必多矣」（廿二史劄記）。

過去有不滿意舊史而改作者，如歐陽脩、宋祁的新唐書和歐陽脩的新五代史等，例皆新史既行，舊史不廢，及至讀者感覺不便，又不得不有合鈔。彭注五代史記，全採舊史，實際也是合鈔。於是名爲一史，實則三書，疊牀架屋，給讀者帶來很大不便。劉知幾史通有補注一篇，曾論裴注喜聚異同，不加刊定；陸注則僅校增闕，標爲異説。又論范曄後漢書簡而且周，疎而不漏，劉昭採其所捐作補注，譏爲「吐果之核」。但是他没有考慮補注所用的材料，並不是修史時都能看到的，即使是修史時能看到的，是否仍有助於參證，這就是補注體裁的優越性，遠非重新改作所能比。

今天，作爲國史代表的「廿四史」，均屬歷史資料，其中保存了寶貴的歷史遺産，值得繼承發揚；也存在着應當批判的錯誤觀點，要古爲今用，批判繼承。作爲歷史遺産材料，那就只有訂補，無所謂改作。至於把顛倒了的歷史再顛倒過來，更需要豐富準確的史料，更需要廣聚異同。當然在技術上要盡量便利讀者，節省讀者時間。

關於史籍著作，不難於詳，而難於詳而不蕪；不難於畧，而難於畧而不漏。所謂簡要，須是由博返約，並非奪漏史實。在遼史説，只能説是漏，不能稱爲簡。因爲纂修之前，搜訪工作很不够，修史時，又倉卒塞責。葉適説過：「至要出於至詳，至簡成於至繁。」所以今天對於遼史的工作，仍當廣求史實的詳贍。

明清以來，補訂遼史最勤者，首推厲鶚，他就是用裴松之的辦法撰成遼史拾遺，所惜因時地條件的限制，見聞未廣，也有未及詳細覈對的，如興紀景福元年九月，厲引李燾長編七月以寇瑊使遼，謂遼史作范諷，未知孰是。實長編當年八月辛巳即載范諷使遼，以寇瑊病不能成行。又重熙三年十二月引長編八月以謝絳爲生辰使，遼史作楊偕，未知孰是。實長編同年十月癸未即載楊偕使遼，謝絳以父疾辭。由於牽涉面很寬，難免顧此失彼。楊復吉撰遼史拾遺補，所補亦嫌未備。陳漢章遼史索隱多取一統志，也多有不合者。述嘗校輯各家所録遼文及新獲者爲遼文匯兩編，又取宋人入遼的語録、紀行詩、行程録等，匯集一編，也都屬於史料校訂，未能附入遼史正文，讀者不便，因不自量度，發願勉爲遼史補注，補者效褚少孫之補史記，注者效裴松之之注三國。廣徵後魏以來諸史、文集、筆記，包括錢大昕、厲鶚諸家所考訂及晚近出土資料和研究成績，全面網羅，證其合否，一一補入遼史。考證之學，譬如積薪，現在的工作，即就前人所積者，接力積累，對遼史作全面增補訂正。但願返於遼史之前，使大遼一代，尤其是契丹及其所屬各部與中原的緊密聯繫，匯集於此，信而有徵，以備讀者參考。

司馬光説過，長編之作，「寧失之繁，勿失之畧」，此遼史補注，也可説是遼史長編。萬斯同撰明史稿，自謂「吾所取者或有可損，所不取者必非其真」，也是極言寧繁勿畧之意。范曄後漢書作成了才説對於後漢史實「轉得統緒」，確屬實踐體會之言。述學無一得，才非撰造，對於遼史所知不多，只是條梳史實，便利讀者。李善注文選，由初注再注以至五注。蘇轍注老子，在晚年也對舊注有很多改訂。現在只是一份初注長編，並非名山之藏，不敢自信爲是。希望讀者指出缺點、錯誤，以便改訂。

陳述

序例

契丹源於東胡鮮卑，起自漢末，後魏登國中，聚居松漠，作爲祖國古老各族之一，長期隸屬中央朝廷。隋唐以來，漸次發展强大，雄據朔方，唐武后時，契丹首領李盡忠殺唐官自立，號「無上可汗」。迭敗曹仁師、王孝傑等所領强兵十七萬，孝傑且戰死，又敗婁師德等所統二十萬。其兵馬之雄健與夫組織能力，概可想已。及五代初，阿保機統一各部，建號稱尊，德光南取燕雲，朝廷規模更備，溝通農區牧區。厥後高麗、西夏，並隸藩屬，宋亦納幣講和，互稱南朝北朝。對於高麗、西夏、吐蕃董氈、阿薩蘭回鶻、大食等，均有公主下嫁，信使往來。迨夫天祚失國，大石又別建西遼，播東方文明於西域，爲蒙古西進之先驅。其影響於中華民族者爲何如？其在國史上之地位，有未容忽視者也。

遼史有當代纂修之耶律儼實録。入金，兩次修遼史，泰和六年（一二〇六），章宗敕翰林學士陳大任專職修纂，因義例争論，宣布罷修（元文類卷四五脩端辯遼宋金正統）。金史章宗紀泰和七年十二月所記「遼史成」，即指此次罷修言。元代中統二年（一二六一）、至元元年（一二六四）經王鶚等建議修遼金二史，宋亡，復議修三史，終「以義例未定，竟不能成」(續通考正史考)。長期糾纏義例,對於史實搜訪訂正很放鬆。元末至正修史時,僅據耶律儼實録、陳大任遼史及契丹國志、資治通鑑等潦草編綴,倉卒成書,爲時僅一年(圭齋集進遼史表:起至正三年四月迄四年二月。遼史附進遼史表作四年三月)。

遼、金、宋三史同修,按記載年數,宋史遼史相彷彿(宋史三百二十年、遼史二百十九年、合西遼八十八年、凡三百零七年),金史最短(金史一百二十年)。然較其所用篇幅,則宋史約當遼史十倍,金史亦當遼史之二倍(宋史六八一五頁、金史一四四三頁、遼史六六六頁,皆中華書局四部備要本),依此數字推之,則其漏畧不備,可一覽而知矣。清錢大昕、畢沅先後言遼史闕漏(潛研堂集、續通鑑),趙翼亦屢言「遼史太簡畧」,「遼史最簡畧,二百年人物列傳,僅百餘篇,其脱漏必多矣」(廿二史劄記)。

歷考前人病舊史而改作者,自歐陽脩、宋祁之新唐書及歐陽脩新五代史等,例皆新史既行,舊史不廢,及讀者苦其不便,又不得不有合鈔(彭注五代史記全録薛史,實際等於合鈔),於是名爲一史,實則三書,疊牀架屋,識者病之。劉氏史通,有補注一篇,嘗論裴注喜聚異同,不加刊定,坐長煩蕪;陸注則僅校增闕,標爲異説,有昏耳目。又論范曄之删後漢也,簡而且周,疎而不漏,而劉昭採其所捐,以爲補注,喻爲「吐果之核、棄藥之滓」。然有未盡然者,即補注所資,是否爲修史時所已見,縱令修史所捐,是否仍有助於考史,是則王先謙、吴士鑑、唐景崇等所以仍有兩漢、晉、唐諸書之補注也。蓋史籍之作，不難於詳，而難於詳而不蕪；不難於畧，而難於畧而不漏。簡要者，須由博返約，而非奪漏史實。如遼史者，僅可謂曰漏，不能謂爲簡。蓋以纂修之時，蒐集既未完備，纂修以後，更無論矣。葉水心適云：「至約出於至詳，至簡成於至繁。」然則遼史之修訂，仍當求其史事之詳也。

明清以來，致力遼史最勤者，首推厲樊榭鶚。厲氏即師裴松之之法，撰爲遼史拾遺（拾遺即遼史注，見樊榭山房詩注），惜以時地所拘，見聞未廣，楊氏（復吉，撰拾遺補）所輯拾補，亦嫌未備。陳漢章索隱，多取於一統志，未能利用出土新材料。述嘗校輯各家所録遼文及新獲者爲全遼文，又取南朝人入遼之聞見記録，匯集一編，然此皆屬於史料之校輯，未能附入遼史正文，如褚補之於史記，裴注之於三國也。竊以時地之優厚，不自量度，發願勉爲此事，網羅舊史，證其合否，定於一是。著手之初，苦無善本可據，因取馮氏遼史初校（如景紀保寧八年三月，「遣五使廉問四方鰥寡孤獨」，馮校云：「廉當作兼。」按廉問即訪問之意，不能作兼。又耶律覿烈傳：「覿烈以謹愿寬恕見器使，既即位。」馮校云：「使既即位，使疑作及。」按論語「及其使人也器之」，器使未容斷讀，類此者不取，亦不辨正）。及拙作斠文，重加理董，訂正史文，即先求得一訛字較少之本，再就此本增補之。前賢有言：「校書之難，非照本改字、不訛不脱之難，定其是非之難。」鄭玄注儀禮，有用今文者，有用古文者，皆逕改定其字，附以異文。然熹平石經，則循守一家之本，不以別本易其文。謹依石經之例，取百衲本遼史爲據，附以異文，兼注是非。誠以歷年已久，傳刻多訛，況又國語譯字，有不能以文例爲繩者，疑似之間，深恐貽誤後學也。

增補之序，先取厲、楊以下諸家所輯者，分注遼史正文之下（如興紀景福元年九月，厲引李燾長編：六月以寇瑊使遼，謂遼史作范諷，未知孰是。實長編同年八月辛巳，即載范諷使遼，以寇瑊病不能成行也。又重熙三年十月引長編，八月以謝絳爲生辰使，遼史作楊偕，未知孰是。實長編同年十月癸未即載楊偕使遼、謝絳以父疾辭也。是拾遺仍有所遺，拾補亦未盡拾補。再如國俗制度。有可參證明白者，亦以時代使然。今所未解，望來者接力），次取後魏以來諸史、文集、筆記爲厲、楊諸家所遺者，及晚近出土資料與中外學者研究之成績，一一補入之。寅恪先生有言：考證之學，譬如積薪。今即就前賢所積者，續爲增補，用資參證。即命曰遼史補注，補者效褚少孫之補史記，注者效裴松之之注三國（二句援庵先生語）。但願返於遼史之前，使大遼一代北方諸族及其與中原相涉之史蹟，匯集於此，信而有徵。司馬光有言：「長編之作，寧失之繁，勿失之畧。」余注是編，期爲長編而已。萬斯同撰明史稿，自謂「吾所取者，或有所損；所不取者，必非其真」。豪乎其言之矣。述學無一得，才非撰造。謹條梳其事，冀少便於讀者，聊賢於無所用心。昔李善注文選，有初注再注以至五注者。蘇子由注老子，亦自言晚歲於舊注多所改訂。今此初注之長編，固非名山之藏，不敢自信爲是。博雅同道，矜其仰屋之勤，進而教之，是所望也。補注之例亦可得言。

一曰正誤　其目有五

一、正駁文

遼初北府宰相蕭敵魯，字敵輦，卷七三有傳。紀太祖七年四月作迪里古，五月作迪輦。清寧間南府宰相蕭德字特末隱，道宗紀記其事蹟凡五次，一作唐古，四作蕭唐古，均不作蕭德。楊遵勗字益誠，卷一〇五有傳。咸雍三年使宋，還，遷都承旨；宋方記來使者爲楊興公；道宗紀咸雍七年十二月都承旨楊興工賜姓耶律。並酌作注明。地理志二：「雙州保安軍，本挹婁故地。漚里僧王從太宗南征，以俘鎮定二州之民建城置州，察割弒逆，誅，没入焉。」按逆臣傳察割字歐辛。文獻通考作歐僧、新五代史作嘔里僧，漚里僧爲歐辛譯歧，即察割。一行之内，分用名、字，仿如兩人，今於漚里僧王下注即察割。至於書中自稱遼使、遼兵、遼軍之類，則以修史時，未及磨潤，今重史料補充，非論書法，故不詳注説。

二、訂朔閏

太祖五年正月，紀作丙戌朔，與梁同。是。朔考正月戊戌朔（儼），未合。穆宗紀應曆十一年二月丙辰，蕭思温奏老人星見，閏月甲子，如潢河。按是年二月乙丑朔，不當有丙辰，史文奪三月。驗之曆象志，是年閏三月，亦合。而閏月甲子爲朔，與紀文夏四月癸巳朔亦合。是閏月甲子下又奪「朔」字。穆宗於應曆十九年二月遇弑，景宗紀所記不誣，乃穆宗紀作三月己巳。按是年三月戊寅朔，不當有己巳，二月戊申朔，己巳爲二十二日。聖宗紀統和六年，九月二字原在戊戌上。按朔考，八月乙卯朔，無丙申，九月乙酉朔，丙申爲十二日，戊戌爲十四日。太平二年九月壬寅，按朔考九月戊辰朔，無壬寅，十月丁酉朔，壬寅初六日。今悉覈對訂補。

三、辨重出

聖宗紀開泰七年十一月，劉晟爲霸州節度使，北府宰相劉慎行爲彰武節度使。按霸州軍額爲彰武，劉慎行即劉晟。道宗紀壽隆元年六月，以參知政事趙孝嚴爲漢人行宮都部署。五年十二月，以參知政事趙孝嚴爲漢人行宮都部署。檢對前後，確是一事。楊晳，卷八九有傳，覈其事蹟即卷九七有傳之楊績。一人兩傳並注明重出。至於晳又作晢、哲，則詳於傳注。部族志、百官志所載屬部、屬國，既列敦煌，又列沙州敦煌、沙州回鶻，以一爲三。吐蕃而外，又列大蕃、西蕃、鐵不得、惕德。雖知均指今西藏，但當時西藏地區並不統一，各部分自以大名來朝貢，不同名稱或是代表不同部分。今於確知重複者注重出。疑未能定者留待續考，用存矜慎。至于詳畧互見之處，亦並注明，以便檢查。

四、糾訛舛

太祖紀神册二年三月，攻幽州，合戰於新州東，大破之，殺李嗣本之子武八。按新、舊五代史李嗣本傳，均不稱有子武八。檢舊五代史卷五二李嗣恩傳：「有子二人。長曰武八。戰契丹於新州，殁焉。」是嗣本爲嗣恩舛訛。卷七二喜隱傳：「授西南面招討使，命之河東索吐蕃户。」按紀保寧九年六月，以喜隱爲西南面招討使，乾亨二年六月，「喜隱復謀反，囚于祖州」。此三年内無吐蕃户入河東者。惟保寧九年十一月，「吐谷渾叛入太原者四百餘户，索而還之」。吐蕃應是吐渾即吐谷渾之舛誤。大康間，北院樞密使耶律撻不也，漢行宫都部署蕭撻不也。二人相善，又同因乙辛之誣被殺，卷九九並有傳。道宗紀記二人被殺事即互舛。又蕭遜寧訛耶律遜寧。耶律英弼誤蕭英弼。今並注明。

五、移卷次

蕭陽阿、蕭常哥俱天祚朝人。常哥又作長哥，字胡獨堇，漢名義，字子常，父宗石，傳作實老。近年有蕭義墓誌出土。常哥女，即天祚德妃。陽阿、常哥均天祚時人，傳列於卷八二，與統和、重熙時人同卷，不合。今並移至卷九九，以符時間前後。

以補選舉志、補藝文志入卷六二刑法志下之後。爲便利檢讀，盡量保存原篇，以新補者插入。

二曰補闕　其目有五

一、補傳

近年出土碑誌，多爲元修遼史時所未見。遼初，賈去疑曾預營建上京。張諫以文學隨侍太子倍，後仕世、穆兩朝。聖宗時，耶律延寧任五國羽厥節度使，對建設祖國北疆，曾作出貢獻。韓橁奉命册沙州敦煌。凡類此諸人，均以新材料補傳。皇子表稱舊史有皇族傳，今宗室傳僅義宗即太子倍等七人，見於表者事蹟不詳，復有訛漏，宗室中如釋魯首倡農牧結合，迭剌曾製契丹小字，並有事蹟可稱。遼代崇佛，一歲飯僧三十六萬，一日祝髮三千。僧徒中，如行均、希麟對音韻、字學卓有成就者，附文學傳；志智、法均等以行誼著稱者附方技傳後之補方外傳。名僧未必補傳，補傳皆藉人以存事者。補忠義傳於一〇六卷卓行傳之後。

二、補志表

金史選舉志云：「遼起唐季，頗用唐進士法取人，然仕於其國者，考其致身之所自，進士纔十之二三耳。」一代登用官吏之法，厲鶚曾擬補選舉志，所輯未詳。今用選舉之目補輯史實。補遼藝文者，倪燦以下凡數家，今參各家所著補藝文志，用見一代學術。鄭樵撰六書畧，以著漢字源流，契丹有大小字，當時行用，至金元已全廢。原擬文字志，畧存製字原委。近以出土漸增，另當別爲專集。皇族、外戚兩表訛脱較多，加注不便省覽，增改則失原書面貌。今廣其意擬氏族表存爲附録，以備對照參考。〔一〕錢大昕宋使臣年表以下補交聘表者四家。遼史本紀例著使節，訛誤不備者注於紀傳，不另重複。

三、增事

太宗大同元年（九四七）改契丹國號曰大遼，聖宗統和元年（九八三）復改大契丹，道宗咸雍二年（一〇六六）復號大遼。建號爲朝廷大事，乃不見於遼史。百官志對階、勳、封爵、食邑均闕。食貨志漏畧更多，石刻中有商税麴務都監、同監麴務及麴務判官等，百官、食貨兩志俱遺之。至於田賦交納、榷場互市以及課程數額、寺院占田之類，今皆適當增補。張儉、王鼎，遼史有傳，今用出土材料校注訛脱，補增事實，韓德威傳云，曾任儒州防禦使。方志中記其在防禦使任内「深明治體，常曰『務農、講武二事，使首務也』」。部卒能服習者旌之，其貧不能田、弱不能戰者，亦助給之。訓練勸誘，於是部卒感悦如愛父母

〔一〕編者注：氏族表因篇幅較大，未附本書，而收入陳述先生另一未刊遺稿遼史别録五種。遼史别録五種分别爲：遼史同姓名録三卷，遼史異名録三卷，遼史避諱表一卷，遼史賜姓名表一卷，遼史氏族表二卷。均爲識别或幫助識别遼代人物的工具書。

然」。今用方志補其以農戰教民事。

四、加詳

聖宗紀統和八年正月，封沙州節度使曹順爲敦煌郡王。今據韓椅墓誌知曹順實名恭順，册封使爲韓椅。地理志記頭下州十六州，胡嶠入遼録所記之衛州即不在内，史愿亡遼録凡載二十三州。食貨志羣牧不記養馬之法、鹽筴不載産量歲課，今就畧者詳之。王鼎傳稱當代典章多出鼎手，然於鼎之仕歷不能備，今就見於遺文拓本者加詳之。

五、訓詁

裴注之前，史注皆屬訓詁，今依裴注重在增補史料。但有必須解釋始得通讀者，亦不完全排除訓詁。尤其譯語舊俗方面，如阿保機「阿保」爲稱號，「機」爲名，「世選」爲「選舉」而有界限之類，均酌作訓釋，配合語解，以疏滯澀。

三曰補歧異　其目有二

一、補歧譯

遼始祖涅里，張曲江集作涅禮；太祖阿保機，金門集作阿布機，陰山雜録作阿保謹。太宗異母弟牙里果，一作涅離骨德，通鑑作骨都，新五代史、文獻通考、册府元龜並作赫邈。舊五代史作涅里衮。景宗時，與宋議和之耶律合住，景宗紀作耶律昌术，李燾長編作耶律昌主，宋史、宋會要、太平治蹟統類均作耶律琮。乙里婉又譯乙林免，今並適當注明。

二、補異聞

宋史太宗紀太平興國七年（乾亨四年，九八二）閏十二月，豐州與契丹戰，破之。獲其天德軍節度使蕭太。宋會要兵十四：「至道元年（統和十三年，九九五）契丹萬餘衆入寇，節度使折御卿大敗之。大將韓德威僅以身免。韓德威一男死於鋒刃之下。」俱不見遼史，或有所諱，今補注以廣異聞。禮志歲時雜儀：「二月八日爲悉達太子生辰，京府及諸州，雕木爲像，儀仗百戲導從，循城爲樂。」錢大昕考異：「按二月當爲四月（契丹國志本作四月八日)。志載此條於二月一日之後、三月三日之前,則史文固然,非傳寫之誤。金史海陵紀禁二月八日迎佛,亦一證。」王正重修范陽白帶山雲居寺碑:「風俗以四月八日共慶佛生。」是雲居寺碑同國志,燕京以四月八日爲佛誕;遼史、金史所記爲上京以二月八日爲佛誕。按佛教經典,佛誕本有二月八日、四月八日兩説。在不同地區,各奉一説。北史西域傳:「焉耆,俗事天神,並崇佛法,尤重二月八日、四月八日,是日也,其國咸以釋教齋戒行道焉。」今補異聞,以釋疑滯。

四曰存類事　其目有二

一、附類事

禮志柴册儀有「八部之叟,前導後扈,左右扶翼,皇帝册殿之東北隅,拜日畢,乘馬,選外戚之老者御,皇帝疾馳,仆,御者從者以氈覆之」等情節,除補注燕北録所記清寧四年十月道宗在永興甸行禮之實例外,更注以通鑑所記:「(魏)孝武帝即位於東郭之外,用代都舊制,以黑氈蒙七人,歡居其一,帝於氈上西向拜天畢,入御太極殿。」附以同類事例,幫助理解。遼有頭下（投下）軍，元亦有投下軍，遼行捺鉢，金、元亦行捺鉢，因事已習聞，均酌加説明，但求理無滯澀，力避重疊。

二、存人物

人物事蹟不足成傳者，暫依類附存，以免過而遺之。如道光薊州志卷九：「韓知敬，仕遼爲中書令。」知敬不見遼史，暫附韓知古之末。墓誌中有娶某人之女或女適某，不以傳文拘束而删削。無可附麗者，即依契丹國志蕃將漢將除授姓名之例，附存列傳之末。

附録除修史文獻外，並得别行。

一九三五年十月序於北海静心齋

一九八九年九月再訂於西郊法華寺村和平樓

目録

陳寅恪序……一
顧頡剛序……三
自序……六
序例……一〇

第一册

卷一　本紀第一
太祖上……一
卷二　本紀第二
太祖下……五三
卷三　本紀第三
太宗上……九一
卷四　本紀第四
太宗下……一四九
卷五　本紀第五
世宗……二四七
卷六　本紀第六
穆宗上……二六九

第二册

卷七　本紀第七
穆宗下……三一一
卷八　本紀第八
景宗上……三三七
卷九　本紀第九

景宗下……三五一
卷十　本紀第十
聖宗一……三七九
卷十一　本紀第十一
聖宗二……四〇一
卷十二　本紀第十二
聖宗三……四二五
卷十三　本紀第十三
聖宗四……四四一
卷十四　本紀第十四
聖宗五……四六九
卷十五　本紀第十五
聖宗六……五六三
卷十六　本紀第十六
聖宗七……六一七
卷十七　本紀第十七
聖宗八……六四七
第三册
卷十八　本紀第十八
興宗一……六八一
卷十九　本紀第十九
興宗二……七二五
卷二十　本紀第二十
興宗三……七九五
卷二十一　本紀第二十一
道宗一……八四一
卷二十二　本紀第二十二
道宗二……八七九
卷二十三　本紀第二十三
道宗三……九一五

卷二十四　本紀第二十四
道宗四……一〇〇三

第四册

卷二十五　本紀第二十五
道宗五……一〇五一
卷二十六　本紀第二十六
道宗六……一〇八五
卷二十七　本紀第二十七
天祚皇帝一……一一三五
卷二十八　本紀第二十八
天祚皇帝二……一一八七
卷二十九　本紀第二十九
天祚皇帝三……一二四五
卷三十　本紀第三十
天祚皇帝四……一二九三

第五册

卷三十一　志第一
營衛志上……一三七一
宮衛……一三七二
著帳郎君……一三八七
著帳户……一三八七
卷三十二　志第二
營衛志中……一三八九
行營……一三八九
部族上……一四〇二
卷三十三　志第三
營衛志下……一四一五
部族下……一四一五
卷三十四　志第四
兵衛志上……一四三五

兵制……一四三八
卷三十五　志第五
兵衛志中……一四五一
御帳親軍……一四五一
宮衛騎軍……一四五三
大首領部族軍……一四六一
衆部族軍……一四六四
卷三十六　志第六
兵衛志下……一四七一
五京鄉丁……一四七一
屬國軍……一四八六
邊境戍兵……一四九四
卷三十七　志第七
地理志一……一四九七
上京道……一五〇〇
頭下軍州……一五四〇
邊防城……一五六一
卷三十八　志第八
地理志二……一五七三
東京道……一五七三
卷三十九　志第九
地理志三……一六五一
中京道……一六五一
卷四十　志第十
地理志四……一七〇一
南京道……一七〇一

第六册

卷四十一　志第十一
地理志五……一七六九
西京道……一七六九

卷四十二　志第十二
曆象志上……一八一九
曆……一八一九
卷四十三　志第十三
曆象志中……一八四三
閏考……一八四三
卷四十四　志第十四
曆象志下……一八七三
朔考……一八七三
象……一九八四
刻漏……一九八五
官星……一九八五
卷四十五　志第十五
百官志一……一九九七
北面……二〇〇〇
北面朝官……二〇〇〇
北面御帳官……二〇二六
北面著帳官……二〇三四
北面皇族帳官……二〇四〇
北面諸帳官……二〇四六
北面宫官……二〇五二
卷四十六　志第十六
百官志二……二〇六五
北面部族官……二〇六五
北面坊場局治牧厩等官……二〇七六
北面軍官……二〇八五
北面邊防官……二〇九七
北面行軍官……二一一五
北面屬國官……二一一八

第七册

卷四十七　志第十七上
百官志三……二二四七
南面……二二四七
南面朝官……二二四九
南面宮官……二三〇九
卷四十八　志第十七下
百官志四……二三二三
南面京官……二三二三
南面大蕃府官……二三二九
南面方州官……二三三一
南面分司官……二三四七
南面財賦官……二三四八
南面軍官……二三五五
南面邊防官……二三六一
〔補〕文散官……二三六三
〔補〕勳……二三六九
〔補〕爵……二三七一
〔補〕女封……二三七三
卷四十九　志第十八
禮志一……二三八一
吉儀……二三八二
卷五十　志第十九
禮志二……二三九五
凶儀……二三九五
卷五十一　志第二十
禮志三……二三〇七
軍儀……二三〇七
禮志四……二三〇九
賓儀……二三〇九

卷五十二　志第二十一
禮志五……二三三一
嘉儀上……二三三一
卷五十三　志第二十二
禮志六……二三四一
嘉儀下……二三四一
卷五十四　志第二十三
樂志……二三六三
國樂……二三六三
諸國樂……二三六四
雅樂……二三六六
大樂……二三六九
散樂……二三八四
鼓吹樂……二三八八
橫吹樂……二三九〇
卷五十五　志第二十四
儀衛志一……二三九七
輿服……二三九七
國輿……二三九八
漢輿……二四〇一
卷五十六　志第二十五
儀衛志二……二四〇七
國服……二四〇七
漢服……二四一三
卷五十七　志第二十六
儀衛志三……二四一九
符印……二四一九
印……二四二〇
符契……二四二六
卷五十八　志第二十七

儀衛志四……二四二九
儀仗……二四二九
國仗……二四三〇
渤海仗……二四三一
漢仗……二四三一
鹵簿儀仗人數馬匹……二四三三
卷五十九　志第二十八
食貨志上……二四三五
卷六十　志第二十九
食貨志下……二四五一
卷六十一　志第三十
刑法志上……二四九五
卷六十二　志第三十一
刑法志下……二五一三
〔補〕選舉志……二五二〇
〔補〕藝文志……二五三五

第八册

卷六十三　表第一
世表……二五七五
卷六十四　表第二
皇子表……二六一七
卷六十五　表第三
公主表……二六四九
卷六十六　表第四
皇族表……二六七一
卷六十七　表第五
外戚表……二六八五
卷六十八　表第六
遊幸表……二七〇九
卷六十九　表第七

部族表…………二七九三
卷七十　表第八
屬國表…………二八三七

第九册
卷七十一　列傳第一
后妃…………二九〇三
肅祖昭烈皇后蕭氏…………二九〇五
懿祖莊敬皇后蕭氏…………二九〇五
玄祖簡獻皇后蕭氏…………二九〇六
德祖宣簡皇后蕭氏…………二九〇六
太祖淳欽皇后述律氏…………二九〇七
太宗靖安皇后蕭氏…………二九一三
世宗懷節皇后蕭氏…………二九一四
世宗妃甄氏…………二九一四
穆宗皇后蕭氏…………二九一五
景宗睿智皇后蕭氏…………二九一六
聖宗仁德皇后蕭氏…………二九一八
聖宗欽哀皇后蕭氏…………二九二一
〔補〕聖宗德妃蕭氏…………二九二五
〔補〕聖宗芳儀李氏…………二九二五
興宗仁懿皇后蕭氏…………二九二七
興宗貴妃蕭氏…………二九二七
道宗宣懿皇后蕭氏…………二九二九
道宗惠妃蕭氏…………二九三三
天祚皇后蕭氏…………二九三四
天祚德妃蕭氏…………二九三五
天祚文妃蕭氏…………二九三六
天祚元妃蕭氏…………二九三七
卷七十二　列傳第二
宗室上…………二九三九

義宗倍……二九三九
子平王隆先……二九四八
晉王道隱……二九四八
章肅皇帝李胡……二九五〇
子宋王喜隱……二九五一
順宗濬……二九五四
晉王敖盧斡……二九五六
〔補〕宗室下……二九五八
釋魯……二九五九
剌葛……二九六〇
迭剌……二九六二
寅底石……二九六四
安端……二九六五
蘇……二九六七
牙里果……二九六八
罨撒葛……二九七〇
只没……二九七一
隆慶……二九七一
子查葛……二九七五
子宗允……二九七八
隆裕……二九八〇
子貼不……二九八一
和魯斡……二九八二

卷七十三　列傳第三

耶律曷魯……二九八五
蕭敵魯……二九八九
子阿古只……二九九一
耶律斜涅赤……二九九二
侄老古……二九九三
頗德……二九九三

耶律欲穩……二九九五
耶律海里……二九九五
〔補〕蕭室魯……二九九六

卷七十四　列傳第四
耶律敵剌……二九九九
蕭痕篤……二九九九
康默記……三〇〇〇
孫延壽……三〇〇〇
韓延徽……三〇〇一
子德樞……三〇〇五
德樞孫紹勳……三〇〇六
紹芳……三〇〇六
紹芳孫資讓……三〇〇六
〔補〕德樞孫紹雍……三〇〇六
韓知古……三〇一〇
子匡嗣……三〇一三
孫德源……三〇一五
德凝……三〇一六
〔補〕孫瑜……三〇一六
〔補〕子匡胤……三〇一八
〔補〕賈去疑……三〇一八
〔補〕陳萬……三〇一九
〔補〕劉存規……三〇二一
〔補〕劉承嗣……三〇二一

卷七十五　列傳第五
耶律覿烈……三〇二三
弟羽之……三〇二四
耶律鐸臻……三〇二六
弟古……三〇二七
突吕不……三〇二八

王郁……三〇三〇
耶律圖魯窘……三〇三三
〔補〕盧文進……三〇三五

卷七十六　列傳第六

耶律解里……三〇四一
耶律拔里得……三〇四三
耶律朔古……三〇四六
耶律魯不古……三〇四七
趙延壽……三〇四九
〔補〕子匡贊……三〇五〇
高模翰……三〇五八
〔補〕耿崇美……三〇六一
趙思溫……三〇六五
〔補〕孫匡禹……三〇六五
耶律漚里思……三〇六九
張礪……三〇七〇
〔補〕張建立……三〇七四
〔補〕張諫……三〇七五
〔補〕劉晞……三〇七六
子珂……三〇七六
〔補〕王敦裕……三〇七七
〔補〕崔廷勳……三〇七九

卷七十七　列傳第七

耶律屋質……三〇八一
耶律吼……三〇八五
子何魯不……三〇八六
耶律安摶……三〇八七
耶律洼……三〇八八
耶律頹昱……三〇八九
耶律撻烈……三〇九〇

卷七十八　列傳第八

耶律夷臘葛……三〇九三
蕭海璆……三〇九四
蕭護思……三〇九四
蕭思溫……三〇九五
蕭繼先……三〇九九
〔補〕劉繼文……三一〇〇
〔補〕盧俊……三一〇三

卷七十九　列傳第九

室昉……三一〇五
耶律賢適……三一〇七
女里……三一〇八
郭襲……三一〇九
耶律阿没里……三一一〇
〔補〕王裕……三一一二
〔補〕李内貞……三一一三
〔補〕姚漢英……三一一四

卷八十　列傳第十

張儉……三一一七
邢抱朴……三一二三
馬得臣……三一二四
蕭朴……三一二六
耶律八哥……三一二七
〔補〕常遵化……三一二九
〔補〕宋匡世……三一三一
〔補〕蕭僅……三一三二
〔補〕韓知白……三一三三

卷八十一　列傳第十一

耶律室魯……三一三五
子歐里思……三一三六

王繼忠……三二三六
蕭孝忠……三二四七
陳昭袞……三二四九
蕭合卓……三二五〇

卷八十二　列傳第十二

耶律隆運……三二五三
弟德威……三二五九
德威孫滌魯……三二六二
姪制心……三二六二
耶律勃古哲……三二六五
武白……三二六六
耶律虎古……三二六七
子磨魯古……三二六八
〔補〕康昭裔……三二六九
〔補〕馮從順……三二七二
〔補〕李知順……三二七三

卷八十三　列傳第十三

耶律休哥……三二七五
孫馬哥……三二七七
耶律斜軫……三二八一
耶律奚低……三二八四
耶律學古……三二八五
弟烏不呂……三二八六
〔補〕梁文規……三二八八
子廷嗣……三二八八

卷八十四　列傳第十四

耶律沙……三二八九
耶律抹只……三二九〇
蕭幹……三二九一
姪討古……三二九二

耶律善補……三一九三
耶律海里……三一九四
卷八十五　列傳第十五
蕭撻凜……三一九九
〔補〕子慥古……三二〇〇
蕭觀音奴……三二〇二
耶律題子……三二〇二
耶律諧理……三二〇三
耶律奴瓜……三二〇四
蕭柳……三二〇五
高勳……三二〇六
奚和朔奴……三二〇八
蕭塔列葛……三二〇九
耶律撒合……三二一〇
〔補〕耿延毅……三二一〇
〔補〕韓裿……三二一三
〔補〕耶律延寧……三二一六
〔補〕王說……三二一八
〔補〕馬保忠……三二一九
〔補〕王鄰……三二二一
卷八十六　列傳第十六
耶律合住……三二二三
劉景……三二二五
劉六符……三二二七
耶律褭履……三二三四
牛温舒……三二三五
杜防……三二三六
蕭和尚……三二三八
弟特末……三二三九
耶律合里只……三二四〇

耶律頗的……三二四一

卷八十七　列傳第十七

蕭孝穆……三二四五
子撒八……三二四九
弟孝先……三二五〇
孝友……三二五一
蕭蒲奴……三二五三
耶律蒲古……三二五四
夏行美……三二五五

卷八十八　列傳第十八

蕭敵烈……三二五七
弟拔剌……三二五八
耶律盆奴……三二五九
蕭排押……三二六〇
弟恒德……三二六二
恒德子匹敵……三二六七
〔補〕耶律元寧……三二六九
耶律資忠……三二七一
耶律瑶質……三二七三
耶律弘古……三二七三
高正……三二七四
耶律的琭……三二七五
大康乂……三二七六
〔補〕董匡信……三二七七
子庠……三二七七

卷八十九　列傳第十九

耶律庶成……三二七九
弟庶箴……三二八一
庶箴子蒲魯……三二八一
楊皙……三二八二

耶律韓留……一二八五
楊佶……一二八六
耶律和尚……一二八八
〔補〕張思忠……一二八九

卷九十　列傳第二十

蕭阿剌……一二九一
〔補〕別里剌……一二九三
耶律義先……一二九四
弟信先……一二九五
蕭陶隗……一二九六
蕭塔剌葛……一二九七
耶律敵禄……一二九八

卷九十一　列傳第二十一

耶律韓八……一三〇一
耶律唐古……一三〇二
蕭朮哲……一三〇三
姪藥師奴……一三〇五
耶律玦……一三〇六
耶律僕里篤……一三〇六

卷九十二　列傳第二十二

蕭奪剌……一三〇九
蕭普達……一三一〇
耶律侯哂……一三一〇
耶律古昱……一三一一
耶律獨攧……一三一二
蕭韓家……一三一三
蕭烏野……一三一四

卷九十三　列傳第二十三

蕭惠……一三一五
子慈氏奴……一三一八

蕭迂魯……三三二〇
弟鐸盧斡……三三二一
蕭圖玉……三三二二
耶律鐸軫……三三二三
〔補〕蕭袍魯……三三二五
〔補〕陳覺……三三二六
〔補〕白萬德……三三二八

卷九十四　列傳第二十四

耶律化哥……三三二九
耶律斡臘……三三三一
耶律速撒……三三三二
蕭阿魯帶……三三三三
耶律那也……三三三四
耶律何魯掃古……三三三五
耶律世良……三三三六
〔補〕王澤……三三三八
子紀……三三三九
綱……三三四〇
孫安裔……三三四〇
〔補〕韓資道……三三四二

第十册

卷九十五　列傳第二十五

耶律弘古……三三四五
耶律馬六……三三四六
蕭滴冽……三三四七
耶律適禄……三三四七
耶律陳家奴……三三四八
耶律特麽……三三四九
耶律仙童……三三五〇
蕭素颯……三三五〇

耶律大悲奴……三三五一
〔補〕耶律万辛……三三五三

卷九十六　列傳第二十六

耶律仁先……三三五五
子撻不也……三三五八
耶律良……三三六二
蕭韓家奴……三三六四
蕭德……三三六五
蕭惟信……三三六六
蕭樂音奴……三三六八
耶律敵烈……三三六八
姚景行……三三六九
耶律阿思……三三七二
〔補〕劉雲……三三七三
〔補〕賈師訓……三三七四
〔補〕鄧中舉……三三七九

卷九十七　列傳第二十七

耶律斡特剌……三三八三
孩里……三三八四
竇景庸……三三八六
耶律引吉……三三八六
楊績……三三八七
趙徽……三三八八
王觀……三三八九
耶律喜孫……三三九一
〔補〕王師儒……三三九二

卷九十八　列傳第二十八

蕭兀納……三三九七
耶律儼……三四〇一
劉伸……三四〇五

耶律胡吕 …… 三四〇七
〔補〕耶律固 …… 三四〇八
〔補〕梁援 …… 三四〇九
〔補〕尚暐 …… 三四一三
〔補〕高爲裘 …… 三四一四
子澤 …… 三四一五

卷九十九　列傳第二十九

蕭巖壽 …… 三四一七
耶律撒剌 …… 三四一九
蕭速撒 …… 三四一九
耶律撻不也 …… 三四二〇
蕭撻不也 …… 三四二一
蕭忽古 …… 三四二二
耶律石柳 …… 三四二三
〔補〕王士方 …… 三四二五
蕭常哥 …… 三四二六
蕭陽阿 …… 三四二九
〔補〕甯鑑 …… 三四三〇
〔補〕張世卿 …… 三四三一

卷一百　列傳第三十

耶律棠古 …… 三四三三
蕭得里底 …… 三四三四
蕭酬斡 …… 三四三六
〔補〕耶律習涅 …… 三四三七
〔補〕耶律弘義 …… 三四三八
耶律章奴 …… 三四三九
耶律朮者 …… 三四四一
〔補〕趙孝嚴 …… 三四四二
〔補〕史洵直 …… 三四四四
〔補〕張衍 …… 三四四六

卷一百一　列傳第三十一
蕭陶蘇斡…… 三四四七
耶律阿息保…… 三四四九
蕭乙薛…… 三四五〇
蕭胡篤…… 三四五一
〔補〕耶律劭…… 三四五三
〔補〕馬直溫…… 三四五五
卷一百二　列傳第三十二
蕭奉先…… 三四五七
李處溫…… 三四五九
張琳…… 三四六一
耶律余覩…… 三四六三
〔補〕張瑴…… 三四六九
卷一百三　列傳第三十三
文學上…… 三四七七
蕭韓家奴…… 三四七七
李澣…… 三四八三
〔補〕劉績…… 三四八六
〔補〕王正…… 三四八七
〔補〕李仲宣…… 三四八八
〔補〕宋璋…… 三四九一
〔補〕楊丘文…… 三四九五
〔補〕南抃…… 三四九九
卷一百四　列傳第三十四
文學下…… 三五〇三
王鼎…… 三五〇三
耶律昭…… 三五〇七
劉輝…… 三五〇九
耶律孟簡…… 三五一〇
耶律谷欲…… 三五一一

〔補〕行均……三五一二
〔補〕希麟……三五一五
〔補〕思孝……三五一八
〔補〕法悟……三五一九
〔補〕道殿……三五二〇
〔補〕非濁……三五二一
〔補〕覺苑……三五二三
〔補〕了洙……三五二四
〔補〕詮明……三五二五
〔補〕德雲……三五二六
〔補〕鮮演……三五二七
卷一百五　列傳第三十五
能吏……三五二九
大公鼎……三五三〇
蕭文……三五三一
馬人望……三五三二
耶律鐸魯斡……三五三五
楊遵勗……三五三六
〔補〕張績……三五三七
〔補〕劉瑶……三五三九
王棠……三五四〇
卷一百六　列傳第三十六
卓行……三五四三
蕭札剌……三五四三
耶律官奴……三五四四
蕭蒲離不……三五四四
〔補〕唐中和……三五四五
〔補〕張潛……三五四六
〔補〕王守璘……三五四六
〔補〕姚璹……三五四七

〔補〕忠義……三五四八
和尚……三五四九
弟道温……三五四九
韓慶民……三五五〇
孟初……三五五一
卷一百七　列傳第三十七
列女……三五五三
邢簡妻陳氏……三五五三
〔補〕秦晉國妃蕭氏……三五五四
耶律氏常哥……三五五六
耶律奴妻蕭氏……三五五七
耶律朮者妻蕭氏……三五五八
耶律中妻蕭氏……三五五九
〔補〕耶律南仙……三五五九
〔補〕蕭麗真……三五六〇
〔補〕馬直温妻張館……三五六〇
卷一百八　列傳第三十八
方技……三五六三
直魯古……三五六三
〔補〕鄧延貞……三五六四
王白……三五六五
魏璘……三五六六
耶律敵魯……三五六七
耶律乙不哥……三五六八
〔補〕劉鑾……三五六九
〔補〕陳升……三五七〇
〔補〕蕭瀜……三五七〇
〔補〕常思言……三五七一
〔補〕吴九州……三五七二
〔補〕欒先生……三五七二

〔補〕孔致和……三五七二
〔補〕方外……三五七三
法圓……三五七三
智辛……三五七四
守常……三五七五
非覺……三五七六
法均……三五七七
志智……三五七八
惟脤……三五八二
通理大師……三五八二
悟空……三五八七
崇昱……三五八八
正慧……三五八九
玄樞……三五八九
等偉……三五九一
清睿……三五九一
劉海蟾……三五九二
卷一百九　列傳第三十九
伶官……三五九七
羅衣輕……三五九七
〔補〕王稅輕……三五九八
宦官……三五九九
王繼恩……三五九九
趙安仁……三六〇〇
卷一百十　列傳第四十
姦臣上……三六〇三
耶律乙辛……三六〇三
張孝傑……三六〇七
耶律燕哥……三六〇九
蕭十三……三六一〇

卷百十一　列傳第四十一
姦臣下…………………………………三六一三
蕭余里也……………………………三六一三
耶律合魯……………………………三六一四
蕭得裏特……………………………三六一五
蕭訛都斡……………………………三六一六
蕭達魯古……………………………三六一七
耶律塔不也…………………………三六一七
蕭圖古辭……………………………三六一八
卷百十二　列傳第四十二
逆臣上…………………………………三六二一
耶律轄底……………………………三六二二
子迭里特…………………………三六二三
耶律察割……………………………三六二三
耶律婁國……………………………三六二六
耶律重元……………………………三六二七
子涅魯古…………………………三六三〇
耶律滑哥……………………………三六三一
卷百十三　列傳第四十三
逆臣中…………………………………三六三三
蕭翰…………………………………三六三三
耶律牒蠟……………………………三六三五
耶律朗………………………………三六三六
耶律劉哥……………………………三六三八
弟盆都……………………………三六三九
耶律海思……………………………三六三九
耶律敵獵……………………………三六四一
蕭革…………………………………三六四一
卷百十四　列傳第四十四
逆臣下…………………………………三六四五

蕭胡覩……三六四五
蕭迭里得……三六四六
古迭……三六四七
耶律撒剌竹……三六四八
奚回离保……三六四八
蕭特烈……三六五五
卷百十五　列傳第四十五
二國外記……三六五七
高麗……三六五七
西夏……三六六三
卷百十六
國語解……三六七九
國語解補……三七二五

附録

修三史詔……三七五七
進遼史表……三七五九
三史凡例……三七六一
修史官員……三七六二
三史質疑……三七六五
遼史補注後記……三七七三

遼史補注卷一

本紀第一

太祖上

太祖大聖大明神烈天皇帝，姓耶律氏，〔一〕諱億，字阿保機，〔二〕小字啜里只，契丹〔三〕迭剌部〔四〕霞瀨益石烈鄉耶律彌里人。〔五〕德祖皇帝〔六〕長子，母曰宣簡皇后蕭氏。唐咸通十三年生。初，母夢日墮懷中，有娠。及生，室有神光異香，體如三歲兒，即能匍匐。祖母簡獻皇后異之，鞠爲己子。常匿於别幕，塗其面，不令他人見。三月能行；晬而能言，知未然事。自謂左右若有神人翼衛。雖齠齔，言必及世務。時伯父〔七〕當國，疑輒咨焉。既長，身長九尺，〔八〕豐上鋭下，目光射人，關弓三百斤。爲撻馬狘沙里。〔九〕時小黄室韋不附，太祖以計降之。伐越兀及烏古、〔一〇〕六奚、比沙狘諸部，克之。國人號阿主沙里。

〔一〕耶律氏包括大賀、遥輦、世里，號三耶律，其中除阿保機之族曰横帳外，餘爲庶耶律。歐陽脩新五代史卷七二四夷附録云：「阿保機以其所居横帳地名爲姓，曰世里。世里，譯者謂之耶律。」葉隆禮契丹國志、馬端臨文獻通考（簡稱通考）同。司馬光資治通鑑（簡稱通鑑）考異引漢高祖實録、唐餘録、賈緯備史、五代會要卷二七並作邪律。耶律，漢義無解，當爲譯音。本史卷一一六國語解云：「以漢字書者曰耶律、蕭，以契丹字書者曰移剌、石抹。」亦即舊譯、新譯。元姚燧牧菴集卷八承顔亭記云：「金人惡耶律爲字有父嫌，謌爲移喇。」按使用情況，遼曰耶律，金、元則耶律、移剌並用。元黄溍金華文集卷二九作亦剌。元朝秘史續集卷一作亦列。大賀、遥輦雖在耶律之内，亦見於史，惟未見稱世里者，或是傅會居地，因含義譯之。清錢大昕潛研堂集卷二二云：「耶律、移剌本一也。」就姓氏言無差别。本史卷八九耶律庶箴傳云：「（咸雍十年）上表乞廣本國姓氏曰：『我朝創業以來，法制修明；惟姓氏止分爲二，耶律與蕭而已。始太祖制契丹大字，取諸部鄉里之名，續作一篇，著於卷末。臣請推廣之，使諸部各立姓氏，庶男女婚媾，有合典禮。』帝以舊制不可遽釐，不聽。」因而三耶律之外，各部族亦有耶律氏。

又金史金國語解云：「移剌漢姓曰劉。」遼、金以來，耶律、移剌稱劉姓，宋龐元英文昌雜録卷五云：「余嘗見樞密都承旨張誠一説，昔年使北遼，因問耶律、蕭姓所起，使人云：『昔天皇王問大臣云：自古帝王英武爲誰耶？』其大臣對曰：『莫如漢高祖』，又問將相勳臣孰爲優，對以蕭何。天皇王遂姓耶律氏，譯云劉也。其后亦錫姓蕭氏。」陳漢章遼史索隱（簡稱索隱）卷一云：「文昌雜録漢高祖説非是。」未著證據、理由。元許衡遺書亦云遼主姓劉。今按剌、律皆L發聲，與劉音近，即不附會漢高祖，亦可譯劉。按契丹語原字讀，尚有尾音，如金史卷五五百官志所記之移剌答之類。

〔二〕歐陽脩歸田録卷二云：「契丹阿保機……開平中屢遣使聘梁，梁亦遣人報聘。今世傳李琪金門集有賜契丹詔乃爲阿布機，當時書詔不應有誤，而自五代以來見於他書者皆爲阿保機，雖今契丹之人，自謂之阿保機，亦不應有失。又有趙志忠者，本華人也，自幼陷虜，爲人明敏，在虜中舉進士……能述虜中君臣世次……云阿保機，虜人實謂之阿保謹。未知孰是。」按趙志忠亦作至忠，初名英。宋慶曆元年（遼重熙十年，一〇四一）歸宋。通鑑考異卷二八引趙志忠虜廷雜記云：「太祖諱億，番名阿保謹。生而神智，八部落主愛其雄勇，遂退其舊主遥輦氏歸本部，立太祖爲王。」清俞正燮癸巳類稿卷七云：「唐楊鉅翰林學士院舊規契丹書頭及五代史謂之阿保機，胡三省通鑑注引虜廷雜記作阿保基，歸田録云李琪金門集有詔作阿保機，而趙志忠又言實阿保謹。蓋還音字，或還者不審，又或傳久而音自變。」今按億即機、基、謹之同音異譯。阿保即阿鉢，爲稱號，亦作阿布、阿撥、阿不、阿卜、阿補等，散在新、舊唐書、册府元龜及遼、金各史者，據不完全統計凡數十見。交互參驗，則知不僅蕭翰號阿鉢，其父亦號阿鉢。不僅阿保機之阿保爲稱號，其叔轄底、其弟剌葛、首附宫籍之欲穩等，均有阿鉢之號。諸人包括皇族（耶律）后族（蕭）及其他部族，阿保機之前有松漠都督阿不固（見世表，新、舊唐書契丹傳作阿卜固）等，阿保機之後有太宗之子阿鉢撒葛里等。册府元龜卷九七二有契丹遣使都督起阿鉢等進方物。阿保主要爲尊號，亦作普通稱號。駙馬衛國王有二子：長曰達妲阿鉢，次曰徒魯斯阿鉢。阿鉢在中世蒙文中義爲「叔」。清初達斡爾人内遷時，凡三達蘭（達林）五阿巴，阿巴有尊長之意。又圍場也。孟定恭布特哈志畧：「耶律係蒙語磊落光明之意。阿保係鄂博之轉音，即土堆之謂。機係額齊之平音併簡，即頭也。蓋因其人尖頂，性情磊落而得姓名者也。」孟説無根據，不足信。附之以備異聞。

〔三〕契丹之名，始見於魏收魏書。其族始於漢末，詳本書卷六三世表注。

關於契丹名稱之音義：三國志卷一魏書武帝紀，建安十八年五月，策曹操爲魏公文，有云：「鮮卑、丁零，重譯而至，箄于、白屋，請吏率職。」此文另見昭明文選卷三五，李善注：「白屋，今之靺羯也，箄于，今之契丹也。箄音必計切。」是契丹曾有箄于之號。禮記卷三王制：「五方之民，北方曰狄。」李巡注：「五狄，爾雅云：一曰月氏、二曰穢貊、三曰匈奴、四曰單于、五曰白屋。」段玉裁校本「單于」作箄于。「必計」切音近契。程大昌演繁露卷一三云：「契丹之契讀如喫。」通鑑釋文：「契丹音乞。」唐書釋音卷八：「契丹，上欺訖切。」卷一四：「契丹，上音乞。」胡三省注云：「契丹，欺詰翻。」突厥文毗伽可汗碑、闕特勤碑、暾欲谷碑中所稱契丹，並讀 Qitay，漢文文獻中亦有此音，輟耕録作「吉答」，元朝秘史卷七、卷九作「乞塔」、「乞答」，博明西齋偶得作「乞塔」，黑韃事畧作「吸給」。上一音節雖寫法不同，讀音一致；下一音節有丹、答之歧，亦止差一收聲鼻音。按蒙古語有單數-ai 複數變爲-an之規則，如manglai（莽來）義爲頭哨，複數頭哨每作（莽闌)manglan，則塔、丹之歧或是單數複數之意。關於契丹釋義，舊傳「遼以鑌鐵爲號」，見金太祖實録金對鐵，銀對金。實則蒙兀(銀)之名先於金，對比顯然爲傅會。德人W.Schott撰契丹與哈剌契丹，論切斷、刀、小刀在蒙語中均有契丹近似之音，因推測有切斷之義。日本白鳥庫吉東胡民族考因謂刀劍、切斷與契丹有語源關係。亦感牽强傅會。

契丹古八部之第一部曰悉萬丹，見本史卷三二營衛志及魏書紀、傳，契丹亦寫奚丹，見册府元龜卷九七六及義縣萬佛洞「大魏景明三年尉喻奚丹使員外散騎常侍韓貞」石刻題名，可能奚爲契之傳訛或是奚與契丹即丹爲契丹之省。契丹滅渤海後，改渤海爲東丹；高麗史稱契丹兵曰丹兵，丹爲契丹簡稱。隋書卷八四室韋傳云：「室韋，契丹之類也，在南者爲契丹，在北者爲室韋。」室韋、錫窩、悉萬，蒙語、達斡爾語謂「森林」；庫莫奚謂「沙」；阻卜義爲沙灘、沙陀，均以居地特點名其族，則契丹可釋爲森林、沙漠或松漠之義。設簡稱丹(答、韃)是本名，則契丹即居於森林、沙漠之韃。

全遼文附録三圖版道宗哀册契丹文有[契丹字][契丹字]，可擬其義爲大契丹，但其下連之字尚不解。現可識之契丹字「國」均譯音，無譯義者。此字另見於全遼文附録三圖版大金皇弟都統郎君行記。[契丹字][契丹字]與其相對應之漢文爲「仲冬」，[契丹字]，讀兀奔，義爲冬。[契丹字]字有寒義，仍謂契丹。猶如夏字謂季節，仍指中原漢人(見説文)，其義可解，但中原文獻均以契丹連稱，無單獨稱丹之例。詳本書卷一一六國語解注。

〔四〕按字書：迭與軼、逸通，又與佚通。唐寫本廣韻：「軼又音逸。」

〔五〕張元濟遼史校勘記（簡稱張校）引本史卷四五百官志一「石烈，縣也」。卷四六百官志二「彌里，鄉也」，謂石烈下不應綴鄉字。按本史卷一一六國語解又以石烈爲鄉，彌里爲鄉之小者。石烈鄉，鄉字亦複。檢下文太祖七年六月轄賴縣，營衛志下六院部轄懶石烈，均此名異譯。石烈鄉爲譯文重複用字。宋趙汝适諸蕃志卷上，大食國「王與官民皆事天，有佛名麻霞勿」。麻霞勿即默罕穆德。則霞瀨、轄賴，可擬爲哈剌。

〔六〕北廷雜記：「阿保機父諱斡里。」

〔七〕伯父即指釋魯。見本書卷七二宗室下補傳。

〔八〕後唐明宗天成元年（遼天顯元年，九二六），遣供奉官姚坤使契丹，坤見阿保機於慎州，所著奉使録云：「阿保機身長九尺，披錦袍，大帶垂後，與妻對榻引見坤。」

〔九〕索隱卷一：「案禮記釋文，狘音况越反，説文犬部新附，音許月切，其對音字爲噶，爲轄。百官志亦有閘撒狘之名，狘即管轄之義，國語解：『撻馬、人從也，沙里、郎君也。』然則沙里即百官志之舍利。」（原注：亦作赦例。）

〔一〇〕烏古即下文于厥，亦作于厥里、嫗厥律、烏古里等，詳本書卷四六百官志部族注。

唐天復元年，歲辛酉，痕德堇可汗立，以太祖爲本部夷離堇，專征討，連破室韋、于厥及奚帥轄剌哥，俘獲甚衆。冬十月，授大迭烈府夷離堇。

明年秋七月，以兵四十萬伐河東代北，〔一〕攻下九郡，獲生口九萬五千，駝、馬、牛、羊不可勝紀。九月，城龍化州于潢河之南，始建開教寺。

明年春，伐女直，〔二〕下之，獲其户三百。九月，復攻下河東懷遠〔三〕等軍。冬十月，引軍略至薊北，俘獲以還。先是德祖俘奚七千户，徙饒樂之清河，〔四〕至是創爲奚迭剌部，分十三縣。〔五〕遂拜太祖于越、總知軍國事。〔六〕

明年歲甲子，三月，廣龍化州之東城。九月，討黑車子室韋，〔七〕唐盧龍軍節度使劉仁恭發兵數萬，遣養子趙霸來拒。霸至武州，〔八〕太祖諜知之，伏勁兵桃山〔九〕下。遣室韋人牟里詐稱其酋長所遣，約霸兵會平原。既至，四面伏發，擒霸，殲其衆，乘勝大破室韋。

明年七月，復討黑車子室韋。唐河東節度使李克用遣通事康令德乞盟。〔一〇〕冬十月，太祖以騎兵七萬會克用于雲州，宴酣，克用借兵以報劉仁恭木瓜澗之役，太祖許之。易袍馬，約爲兄弟。〔一一〕及進兵擊仁恭，拔數州，盡徙其民以歸。

明年二月，復擊劉仁恭。還，襲山北奚，破之。汴州朱全忠遣人浮海奉書幣、衣帶、珍玩來聘。十一月，遣偏師討奚、霫諸部〔一二〕及東北女直之未附者，悉破降之。〔一三〕十二月，痕德堇可汗殂，羣臣奉遺命請立太祖。〔一四〕曷魯等勸進。太祖三讓，從之。〔一五〕

〔一一〕代北，原誤「伐北」，據本史卷三四兵衛志上及永樂大典（簡稱大典，道光殿本考證引）改。

〔一二〕女直即女真。古史作肅愼，見尚書序、左傳、國語。息愼，見大戴記，稷愼，見周書王會篇。至於挹婁、靺鞨（勿吉）則是女真挹婁部或靺鞨部。宋劉忠恕裔夷謀夏録：「金國本名朱里真，避契丹興宗宗真名，又曰女直。唐貞觀中，靺鞨來中國，始聞女真之名。」宋洪皓松漠紀聞云：「五代時始稱女真……其後避契丹諱，更爲女直，俗訛爲女質。」元、明以還，史籍多寫作女直，直、真發音只差一收聲鼻音。參之契丹、乞塔而益明。故雖有避諱之説，實畧符其原語。明時女真一名之語音，實作「朱先」，女真文則寫作「[illegible]」，見明人女真譯語。茲著史籍中女真異譯如次：大金國志言女真又作慮真、朱里真。北風揚沙録作朱里真。曾鞏隆平集與宋會要、元典章同作女真。余靖契丹官儀作注展，徐夢莘三朝北盟會編作朱理真。元李直夫虎頭牌雜劇作竹里真。黄溍金華文集作拙而扯台。元朝秘史與博明西齋偶得並作朱里扯特。元朝秘史卷七、卷八作只兒斤。元史本紀作朱力斤，清代敕書作諸申。洪鈞元史譯文證補作角兒只。馮承鈞譯多桑蒙古史作曲兒只。

日本稻葉岩吉滿洲發達史有女真由來一目：「有謂女真之名，得自契丹，以契丹語解説，當得其真義，然此説亦未敢確定。」又曰：「因避諱而改女真曰女直，亦似傅會。蓋真之促音即爲直，東胡民族之發音，偶然省去語尾，亦例之所恒有也。」通鑑記契丹擊女真於後唐明宗天成元年，胡三省注云：「女真始見於此。」乃女真出現於通鑑之始，非始見女真之名。天成元年當遼天顯元年，在此後二十三年，又此次所伐之女直，當係遼女直。

〔三〕索隱卷一：「案唐志河東道無懷遠軍。蓋唐末以懷化縣置。懷化縣初羈縻河北道，本名懷遠也。」

〔四〕即今英金河。

〔五〕本史卷三三營衛志部族：「迭刺迭達部，本鮮質可汗所俘奚七百户，太祖即位，以爲十四石烈，置爲部。」鮮質爲遥輦九汗中之第五汗，石烈當于縣，與此似爲一事。卷七三耶律欲穩傳云：「以功遷奚迭刺部夷離堇。」

〔六〕通鑑：唐乾寧四年（八九七）秋七月，「初，李克用取幽州，表劉仁恭爲節度使……租賦供軍之外，悉輸晉陽。及上幸華州，克用征兵於仁恭，又遣成德節度使王鎔、義武節度使王郜書，欲與之共定關中，奉天子還長安。仁恭辭以契丹入寇，須兵扞禦，請俟虜退，然後承命。克用屢趣之，使者相繼，數月，兵不出。克用移書責之，仁恭抵書於地，慢罵，囚其使者，欲殺河東戍將，戍將遁逃獲免。克用大怒，八月，自將擊仁恭」。九月辛巳，「幽州將楊師侃伏兵於木瓜澗，河東兵大敗」。十月，「劉仁恭奏稱：『李克用無故稱兵見討，本道大破其黨於木瓜澗，請自爲統帥以討克用。』詔不許。又遺朱全忠書，全忠奏加仁恭同平章事。朝廷從之」。

通鑑：唐天復三年（九〇三）十二月，「盧龍節度使劉仁恭習知契丹情僞，常選將練兵，乘秋深入，踰摘星嶺擊之，契丹畏之。每霜降，仁恭輒遣人焚塞下野草，契丹馬多飢死，常以良馬賂仁恭買牧地。契丹王阿保機遣其妻兄阿鉢將萬騎寇渝關，仁恭遣其子守光戍平州，守光僞與之和，設幄犒饗於城外，酒酣，伏兵執之以入，虜衆大哭，契丹以重賂請於仁恭，然後歸之」。劉仁恭燒牧草以困契丹事，並見册府元龜卷三六七、新唐書卷二一九契丹傳、新五代史卷七二四夷附録。

（附：燒草爲遊牧民族所禁忌，黑韃事畧云：「其（蒙古）國禁，草生而剷地，遺火而爇草者，誅其家。」草對牧民，最關重要。）

〔七〕王國維黑車子室韋考：通鑑言黑車子，舊唐書回紇傳作和解室韋，室韋傳作和解部落。李德裕會昌一品集卷五作黑車子達怛。其「原住地在興安嶺左右，所謂黑車子去漢界一千餘里是也。而烏介依室韋下營，乃僅東北走四五百里，則是時和解室韋之全部若一部，必已西南徙無疑。逮至契丹之興，則黑車子室韋，更南徙中國近塞。」

〔八〕今河北宣化。

〔九〕索隱卷一引清一統志：「桃山在萬全縣西北新河口堡東北三里，亦名桃山臺。」

〔一〇〕通鑑後晉紀胡注引宋白曰：「契丹主腹心能華言者，目曰通事。」是爲契丹之通漢事者。此李克用所遣之通事，即克用部下通契丹事能契丹語者。宋史卷二六一劉重進傳：「重進，幽州人，本名晏僧，粱末，隸軍籍。晉初，以習契丹語應募使北邊，改右班殿直，因賜是名。遷西頭供奉官，再使契丹，契丹主以其敏慧，留爲帳前通事。俄南侵，署重進忠武軍節度。」

〔一一〕通鑑：後梁開平元年（九〇七，遼太祖元年）「阿保機帥衆三十萬寇雲州，晉王（李克用）與之連和，面會東城，約爲兄弟，約以今冬共擊梁」。考異云：「唐太祖紀年録：『太祖以阿保機族黨稍盛，召之。天祐二年（九〇五）五月，阿保機領其部族三十萬至雲州東城……約爲兄弟，旬日而去。留男骨都舍利、首領沮稟梅爲質。約冬初大舉渡河反正，會昭宗遇盜而止。』歐陽史曰：『梁將篡唐，晉王李克用使人聘於契丹，阿保機以兵三十萬會克用於雲州東城，握手約爲兄弟，期共舉兵擊梁。』按雲州之會，莊宗列傳、薛史，皆在天祐四年，而紀年録獨在天祐二年；又云：『約今冬同收汴、洛，會昭宗遇盜而止。』如此則應在天祐元年昭宗崩已前，不應在二年也。且昭宗遇盜，則尤宜興兵討之，何故止也。按武皇云：『唐室爲賊臣所篡』，此乃四年語也；其冬武皇寢疾，蓋以此不果出兵耳。」

通鑑否認天祐二年之盟而斷爲四年，並論阿保機不果出兵則以「武皇寢疾」。按通鑑謂會盟在天祐四年，據莊宗列傳、舊五代史以駁紀年録，而於莊宗列傳、舊五代史未舉原文。檢舊五代史卷二六唐武皇紀下：「天祐二年春，契丹阿保機始盛，武皇召之。阿保機領部族三十萬至雲州，與武皇會於雲州之東，握手甚歡，結爲兄弟，旬日而去，留馬千匹、牛羊萬計，期以冬初大舉渡河。」又卷一三七外國列傳：「天祐四年，大寇雲中，後唐武皇遣使連和，因與之會於雲中東城。大具享禮，延入帳中，約爲兄弟，謂之曰：『唐室爲賊所篡，吾欲今冬大舉，弟可以精騎二萬，同收汴、洛。』阿保機許之。賜與甚厚。留馬三千匹以答貺。左右咸勸武皇可乘間擒之。武皇曰：『逆賊未殄，不可失信於部落，自亡之道也。』乃盡禮遣之。」（册府元龜卷九八〇同。）是舊五代史紀、傳兩説，自相歧互，通鑑僅據其傳。莊宗列傳久佚，通鑑考異卷二八引之曰：「及欽德政衰，阿保機族盛，自稱國王。天祐二年大寇我雲中，太祖遣使連和。因與之面會於雲州東城，延入帳中，約爲兄弟。謂曰：唐室爲賊臣所簒，吾以今冬大舉，弟助我精騎二萬，同收汴、洛，阿保機許諾。」是莊宗列傳亦明著會盟爲天祐二年。所稱莊宗列傳爲天祐四年者未審。若信通鑑撰者所見之莊宗列傳爲天祐四年，則今本考異所引之二年爲誤字。紀年録、莊宗列傳皆舊五代史本源，紀年録爲編年體，年月不易舛亂；列傳係記事體，年數易訛。舊五代史前後兩説，通鑑則以列傳駁紀年録，似未愜。且天祐二年之説，與本史合。至於本史作十月，顯然與相約「冬初」渡河不符。紀年録作五月，舊五代史但言二年春，應屬始事或完結之别。是結盟以天祐二年較可信。

舊五代史卷二八莊宗紀：天祐十四年（神册二年，九一七）二月，「新州將盧文進……叛入契丹，遂引契丹之衆寇新州……帝以契丹王阿保機與武皇屢盟於雲中，約爲兄弟……至是……違盟犯塞，乃馳書以讓之」。屢盟可解爲不止一次，約爲兄弟應是天祐二年。讓阿保機書，見册府元龜九九六、全唐文一〇五，通鑑所引新五代史爲四夷附録原文，未具年月，而同書莊宗紀云：「（天復）四年，梁遷唐都於洛陽，改元曰天祐，克用以爲劫天子以遷都者梁也，天祐非唐號，不可稱，乃仍稱天復。五年（九〇五），會阿保機於雲中，約爲兄弟。」是亦明著爲天祐二年也。

契丹國志卷一云：「梁太祖開平元年，（遼）太祖嘗入攻雲州，衆共三十萬，晉王李存勗與之連和，面會東城，約爲兄弟。」則不徒沿通鑑之誤，又誤李克用爲李存勗。新唐書卷二一八沙陀傳則泥於昭宗遇盜之語，帶叙於昭宗天復三年，去實尤遠。楊復吉遼史拾遺補（以下簡稱拾遺補）卷一但舉舊五代史外國列傳，謂「史文互異，未知孰是」。索隱謂楊氏未詳考通鑑考異，殊不知考異亦訛。

又諸史皆作約共擊梁，此獨言擊劉仁恭，而本史地理志亦作攻梁，與紀互歧。按木瓜澗之役，乃唐乾寧四年事，去此已八九年。似是攻梁擊仁恭事並爲盟會所討論，非專爲仁恭也。

〔一二〕通鑑唐武德三年十一月胡注：「奚與契丹本皆東胡種，保烏丸山者，其後爲奚；保鮮卑山者，其後爲契丹。霫與突厥同俗，保冷陘山。南契丹，東靺鞨。」

〔一三〕北廷雜記：「太祖一舉併吞奚國，仍立奚人依舊爲奚王，命契丹監督兵甲。」按契丹統治方法，一般是用本族人治本族。契丹監督兵甲。

〔一四〕五代會要卷二九：開平二年（九〇八）二月，「阿保機又遣使來貢良馬……前國王欽德並其大臣皆有貢獻」。欽德即痕德堇可汗，當時尚健在。

〔一五〕按本史卷六三世表：「八部大人，法常三歲代，迭剌部耶律阿保機建旗鼓，自爲一部，不肯受代，自號爲王。」與此歧互。新五代史卷七二四夷附録云：「漢人教阿保機曰：『中國之王無代立者。』由是阿保機益以威制諸部而不肯代。」賈緯備史記阿保機與李克用雲州相會時，「保機謂武皇曰：『我蕃中酋長，舊法三年則罷。若他日見公，復相禮否？』武皇曰：『我受朝命鎮太原，亦有遷移之制，但不受代則可，何憂罷乎。』保機由此用其教，不受諸族之代」。

元年春正月庚寅，命有司設壇于如迂王集會堝，燔柴告天，即皇帝位。尊母蕭氏爲皇太后，立皇后蕭氏。北宰相蕭轄剌、南宰相耶律歐里思率羣臣上尊號曰天皇帝，〔一〕后曰地皇后。庚子，詔皇族承遥輦氏九帳爲第十帳。

二月戊午，以從弟迭栗底爲迭烈府夷離堇。〔二〕是月，征黑車子室韋，降其八部。

夏四月丁未朔，唐梁王朱全忠廢其主，尋弒之，自立爲帝，國號梁，遣使來告。〔三〕劉仁恭子守光囚其父，自稱幽州盧龍軍節度使。

秋七月乙酉，其兄〔四〕平州刺史守奇率其衆數千人來降，命置之平盧城。〔五〕

冬十月乙巳，討黑車子室韋，破之。

〔一〕唐時，西北諸族稱唐天子曰「天可汗」；武后萬歲通天間，契丹首領李盡忠自立，號「無上可汗」，此「天皇帝」之號，似沿前例而稱。舊五代史卷一三七外國列傳：「天祐末，阿保機乃自稱皇帝，署中國官號。其俗舊隨畜牧，素無邑屋，得燕人所教，乃爲城郭宮室之制于漠北，距幽州三千秋八月壬子，幽州進合歡瓜。

冬十月己亥朔，建明王樓。築長城於鎮東海口。〔七〕遣輕兵取吐渾叛入室韋者。

〔一〕本史卷六四皇子表作率懶，即剌葛，本書卷七二有補傳。

〔二〕卒字，據張校補。

〔三〕册府元龜卷九七二云：梁開平二年（九〇八）「二月，契丹王阿保機遣使貢良馬、方物。」（五代會要同新、舊五代史又繫日辛未。）

〔四〕通鑑後梁紀：太祖開平二年四月壬子，「晉王與諸將謀曰：『上黨，河東之藩蔽，無上黨，是無河東也。且朱温所憚者獨先王耳，聞吾新立，以爲童子未閑軍旅，必有驕怠之心，若簡精兵倍道趣之，出其不意，破之必矣。取威定霸，在此一舉，不可失也。』張承業亦勸之行，乃遣承業及判官王緘乞師於鳳翔，又遣使賂契丹王阿保機求騎兵」。舊五代史卷一三七外國列傳云：「（唐）莊宗初嗣世，亦遣使告哀，賂以金繒，求騎軍以救潞州。（阿保機）答其使曰：『我與先王爲兄弟，兒即吾兒也。寧有父不助子耶？』許出師。會潞平而止。」

〔五〕後漢書卷一二〇烏桓傳：「烏桓者本東胡也，漢初匈奴冒頓滅其國，餘類保烏桓山因以爲號焉。」東胡民族考謂烏桓爲聰明之意。以酋長之名而爲部名者。魏書卷一一三官氏志有烏丸氏於大安山，曰：『此山四面懸絶，可以少制衆。』其棟宇壯麗，擬於帝者，選美女實其中。與方士鍊丹藥，求不死。悉斂境内錢，瘞於山巔，令民間用堇泥爲錢。又禁江南茶商無得入境，自採山中草木爲茶（按即黄芩），其葉、枝、根均能代茶飲用），鬻之。仁恭有愛妾羅氏，其子守光通焉。仁恭杖守光而斥之，不以爲子數。李思安引兵入其境。（思安，朱全忠將。）所過焚蕩無餘。夏四月己酉，直抵幽州城下，仁恭猶在大安山，城中無備，幾至不守。守光自外引兵入，登城拒守。又出兵與思安戰，思安敗退。守光遂自稱節度使。令部將李小喜、元行欽將兵攻大安山，仁恭遣兵拒戰，爲小喜所敗，虜仁恭以歸，囚於别室，仁恭將佐及左右，凡守光素所惡者皆殺之。銀胡𩨆都指揮使王思同帥部兵三千，山後八軍巡檢使李承約帥部兵二千奔河東，守光弟守奇奔契丹。未幾亦奔河東」。通鑑繫之四月，與本史歧。

全遼文卷一三劉承嗣墓誌：「烈祖仁恭……清燕都之萬井，慴玄塞之一方。……皇考守奇，平州刺史横海軍節度使太保。……守職東州，家國有亢龍之悔；方歸北闕，賓王崇振鷺之班。生還本朝，善終横海。公即太保（守奇）之第四子也。」

二年春正月癸酉朔，御正殿受百官及諸國使朝。辛巳，始置惕隱，典族屬，以皇弟撒剌〔一〕爲之。河東李克用卒，〔二〕子存勗襲，遣使弔慰。〔三〕

夏〔四〕五月癸酉，詔撒剌討烏丸、〔五〕黑車子室韋。〔六〕

司農卿渾特以詔書報勞，別以記事賜之，約共舉兵滅晉。然後封册爲甥舅之國，又使以子弟三百騎入衛京師。克用聞之大恨。是歲克用病，臨卒，以一箭屬莊宗，期必滅契丹。」太府卿高頎，通鑑作太府少卿。

黄震黄氏日鈔紀要云：「阿保機與李克用約擊梁而背之，稱臣於梁，約梁滅晉，克用恨之，死以屬莊宗。」

王禹偁五代史闕文云：「世傳武皇臨薨，以三矢付莊宗曰：『一矢討劉仁恭，汝不先下幽州，河南未可圖也；一矢擊契丹，且曰：阿保機與吾把臂而盟，結爲兄弟，誓復唐家社稷，今背約附賊，汝必伐之；一矢滅朱温。汝能成吾志，死無憾矣。』莊宗藏三矢於武皇廟庭，及討劉仁恭，命幕吏以少牢告廟，請一矢，盛一錦囊，使親將負之，以爲前驅，凱旋之日，隨俘馘納矢於太廟。伐契丹滅朱氏亦如之。」

〔四〕按守奇爲守光之弟。新五代史卷二八趙鳳傳：「趙鳳，幽州人也，少以儒學知名。燕王劉守光時，悉黥燕人以爲兵，鳳懼，因髡爲僧，依燕王弟守奇自匿。」下文注〔五〕引通鑑亦稱守光弟守奇，其兄應作其弟。

〔五〕索隱卷一：「案地理志失著此城。唐志：營州柳城郡縣一：柳城。西北接奚，北接契丹，有平盧軍。蓋此軍自唐寶應元年移渡海南，而其故城猶在柳城，於後屬遼中京興中府。」

通鑑後梁紀：開平元年（九〇七）三月，「盧龍節度使劉仁恭，驕侈貪暴，常慮幽州城不固，築館里，名其邑曰西樓。邑屋門皆東向，如車帳之法。城南別作一城，以實漢人，名曰漢城，城中有佛寺三，僧尼千人，國人號阿保機爲天皇王。」姚坤奉使録亦稱阿保機爲「天皇王」。

〔二〕迭栗底，本史卷一一二本傳及卷六六皇族表並作迭里特。迭烈府夷離堇即迭剌部夷離堇。

〔三〕錢大昕廿二史考異（以下簡稱錢氏考異）卷八三：「案五代史梁主即位在四月甲子，其明年正月，弒濟陰王。此繫之四月朔，非也。」檢舊五代史卷三梁太祖紀：開平元年四月「戊辰，即位」。二年二月弒濟陰王。吴蘭庭五代史記纂誤補據新、舊唐史紀作二月弒濟陰王。通鑑繫於二月癸亥。

册府元龜卷九九九云：「梁太祖建號。契丹阿保機遣使送名馬、女口、貂皮等求封册，梁祖與之書曰：『朕今天下皆平，惟有太原未服，卿能長驅精甲，逕至新莊，爲我翦彼仇讎，與爾便行封册。』」（舊五代史卷一三七外國列傳同。）通鑑繫改元開平，國號大梁於四月戊辰。册府元龜卷九七二云：「梁太祖開平元年（九〇七）四月，契丹首領袍笏梅老來朝，貢方物。」王溥五代會要卷二九、新五代史卷二並同。通鑑繫於五月朔，乃帶叙於報聘之日。新五代史卷二又於五月戊寅，另記契丹遣使者來。

新五代史卷七二四夷附録於會盟約共擊梁之後又記：「阿保機遺晉馬千匹，既歸而背約，遣使者袍笏梅老聘梁。梁遣太府卿高頎（頎，原作頃，兹從通鑑、國志）、軍將郎公遠等報聘。逾年，頎還。阿保機遣使者解里隨頎以良馬、貂裘、朝霞錦聘梁，奉表稱臣以求封册。梁復遣公遠及稱桓氏，是烏桓曾隸於拓跋者。舊唐書卷一九九下室韋傳云：「烏羅護之東北二百餘里，那河之北有古烏丸之遺人，今亦自稱烏丸國。」新唐書卷二一七下回鶻傳云：「太宗時北狄能自通者，又有烏羅渾，或曰烏洛侯，曰烏羅護，直京師東北六千里而贏，東靺鞨、西突厥、南契丹、北烏丸。大抵風俗皆靺鞨也。烏丸或曰古丸。」

魏書志第十禮志記拓跋祖先石室在「烏洛侯國西北」。又列傳第八十八烏洛侯傳：「烏洛侯國在地豆于之北，其國西北有完水，東北流合于難水，其地小水皆注于難。」一九八〇年已發現拓跋祖先石室，即今大興安嶺北部呼盟鄂倫春自治旗阿里河鎮西北十公里之嘎仙洞，在嫩江西岸甘河上源。準此可以推定那河即難水，即今嫩江，其鄰接各部方位，亦得藉以推知。金時有蟬春水烏延部，見金史卷六五。金史卷五五百官志之兀顔氏似亦此部遺人。

〔六〕舊五代史卷四梁太祖紀：「（開平二年）五月丁丑，王師圍潞州，將及二年，李進通危在旦夕，不俟攻擊，當自降。太原李存勗以厚幣誘接北蕃諸部并其境內丁壯，悉驅南征，決戰，以救上黨之急。部落族帳，馳馬勵兵，數路齊進，於銅鞮樹寨，旗壘相望。王師敗於潞州。」通鑑後梁紀：開平二年（九〇八）五月「己丑，契丹王阿保機遣使隨高頎入貢，且求册命。帝復遣司農卿渾特賜以手詔，約共滅沙陀乃行封册」。胡注：「夷狄覘國勢而爲去來，彼以梁爲强，則其背晉宜矣。」册府元龜卷九七二云：「阿保機遣使進良馬十匹、金花鞍轡、貂鼠皮、頭冠并裘，男口一，名蘇，年十歲；女口一，名譬，年十二。契丹王妻亦進良馬一匹，朝霞錦、金花頭冠、麝香。前國王欽德亦進馬，其國中節級各差使進獻，共三十一人，表六封。」五代會要卷二九亦著貢品及男女口，並著契丹使曰解里。又梁太祖命司農卿渾特、右千牛衛將軍郎公遠充使就本國宣諭。新五代史卷二梁本紀不記來往使貢，但云五月戊寅，「契丹遣使者來。」當指一事。新五代史卷七二四夷附録云：「渾特等至契丹，阿保機不能如約，梁亦未嘗封册。」

〔七〕按即鎮東關，契丹海道對外交通港。今遼寧蓋縣以南，鴨緑江口丹東市附近。安東縣志卷一：「娘娘城，在鳳凰城東南一百七十里。今縣治（安東即丹東市）西南三十二里三道浪頭下地名娘娘城，瀕臨大江，有石壘高數丈，西、北、南三面有三方里土圍一處，高丈餘，低亦五六尺。數年前發現古瓦，較今瓦厚。……建自何代不可知矣。」或謂此古城即鎮東海口之城堡。

三年春正月，幸遼東。

二月丁酉朔，梁遣郎公遠來聘。〔一〕

三月，滄州節度使劉守文爲弟守光所攻，遣人來乞兵討之。命皇弟舍利素、〔二〕夷離堇蕭敵魯以兵會守文於北淖口。進至横海軍近淀，〔三〕一鼓破之，守光潰去。〔四〕因名北淖口爲會盟口。〔五〕

夏四月乙卯，詔左僕射韓知古建碑龍化州大廣寺以紀功德。

五月甲申，置羊城于炭山之北以通市易。〔六〕

冬十月己巳，遣鷹軍討黑車子室韋，破之。西北嗢娘改部族〔七〕進輓車人。

〔一〕郎公遠來聘，通鑑帶叙於去年五月。遼史殿本考證（以下簡稱殿本考證）卷一云：「臣長發按：資治通鑑梁開平元年五月，契丹遣其臣袍笏梅老來通好，帝遣太府少卿高頎報之。二年五月，契丹遣使隨高頎入貢，且求册命，帝復遣司農卿渾特賜以手書。是契丹聘梁，二年中連有二使。遼史不書。此特書梁遣郎公遠來聘，是梁之專使，非報使也。修史者各自尊其本國，故凡書聘之例皆如此。」長發即周長發，乾隆四年殿本校勘官。

〔二〕素，本史卷二紀神册五年閏六月及本史卷六四皇子表並作蘇，太祖異母弟，本書卷七二有補傳。

〔三〕索隱卷一：「按即今三角淀，其時與横海軍節度使所治相近。」

〔四〕通鑑後梁紀：開平三年（九〇九）五月，「劉守文頻年攻劉守光不克，乃大發兵，以重賂召契丹、吐谷渾之衆，合四萬，屯薊州。守光逆戰於雞蘇，爲守文所敗」。册府元龜卷九四三云：「後唐劉守文爲滄州節度，唐天祐六年五月，守文爲其弟守光敗於薊州之雞蘇，守文爲弟所擒歸幽州。初劉仁恭輦幽府積實營大安山以自固。會汴人攻其城，守光堅守之，因自爲幽帥，囚仁恭於大安別室。守文素蓄姦謀，志大才短，利燕薊之土疆，乃令子延祐質於汴，自將兵討守光，以迎父爲名，頻年出軍不利，至是大舉，以重賂誘契丹、吐渾之衆，合四萬衆屯薊州，運滄、景芻粟，海船而下以給軍費。及大戰，守光之兵敗也，守文詐慈，單馬立於陣場，泣諭於衆曰：『勿殺吾弟。』爲守光將元行欽識之，見擒，滄州失帥自潰。守光復縶兄於別室，㭊以叢棘，滄州兵敗，守光乃進攻滄州，滄州賓佐孫鶴、吕兗以推守文之子延祚爲滄州帥。守光携守文於城下攻圍累月，城中乏食，人餓殍，軍士食人，百姓食墐土，驢馬相遇食其鬉，士人出入，多爲强者屠殺。吕兗率城中飢羸丁口以麸麪飼之，團爲宰殺務，旋烹以充軍食。危酷之狀，遠古未聞。延祚力窮，以城降守光，守光以其子繼威爲滄帥，大將張萬進佐之。」

〔五〕案即今天津大沽口。

〔六〕金史卷二四地理志：「（西京撫州柔遠縣注）北羊城，國言曰火唵榷場。」此羊城榷場即因遼舊址。

册府元龜卷九七二：開平三年「閏八月，鴻臚寺引進契丹阿保機差首領葛鹿等進金渡鐵甲、金渡銀甲及水精玉裝鞍轡等物，馬一百匹。其阿保機母、妻各進雲霞錦一疋」。按此事並見五代會要卷二九，葛鹿作葛禄。

册府元龜卷九七六：「三年八月戊寅，御文明殿，召契丹朝貢使曷鹿等五十人對見，羣臣以遠蕃朝貢稱賀，罷，賜曷鹿以下酒食於客省，賫銀帛有差。」按文明殿原脱明字，據五代會要卷二九補。曷鹿原作昌鹿，會要作葛禄，「昌」應即上文葛字之誤。據改。又是年閏八月癸亥朔，戊寅爲十六日。八月甲午朔，無戊寅。會要帶叙於前條來朝之後，是。

新五代史卷二梁本紀：開平三年閏八月「癸酉，契丹遣使者來」。亦指此事。

冊府元龜卷九七六：「三年九月癸卯，賜契丹朝貢使曷魯，押進將軍污鹿，副使夫達，通事王梅落及首領等銀絹有差。」

〔七〕劉師培左盦集卷五遼史部族表書後云：「嗢娘改、斡朗改均烏梁海之轉音。」參本史卷四六百官志部族。

四年秋七月戊子朔，以后兄蕭敵魯爲北府宰相。后族爲相自此始。〔一〕

冬十月，烏馬山奚庫支及查剌底、鋤勃德等叛，討平之。

〔一〕蕭敵魯，本史卷七三有傳，作后弟。本史卷八五蕭塔列葛傳云：「蕭塔列葛，字雄隱，五院部人，八世祖只魯，遥輦氏時嘗爲虞人，唐安禄山來攻，只魯戰於黑山之陽，敗之。以功爲北府宰相，世預其選。」本卷元年正月有「北宰相蕭轄剌」。

五年春正月丙戌朔，日有食之。丙申，上親征西部奚。奚阻險，叛服不常，數招諭弗聽。是役所向輒下，遂分兵討東部奚，亦平之。〔一〕於是盡有奚、霫之地。東際海，南暨白檀，〔二〕西踰松漠，〔三〕北抵潢水，〔四〕凡五部，咸入版籍。

三月，次灤河，〔五〕刻石紀功。復略地薊州。〔六〕

夏四月壬申，遣人使梁。〔七〕

五月，皇弟剌葛、迭剌、寅底石、安端謀反。〔八〕安端妻粘睦姑知之，以告，得實。上不忍加誅，乃與諸弟登山刑牲，告天地爲誓而赦其罪。出剌葛爲迭剌部夷離堇，封粘睦姑爲晉國夫人。

秋七月壬午朔，斜離底及諸蕃使來貢。

八月甲子，劉守光僭號幽州，稱燕。〔九〕

冬十月戊午，置鐵冶。

十一月壬午，遣人使梁。

〔一〕新唐書卷二一九奚傳：「東北接契丹……後契丹方强，奚不敢亢，而舉部役屬，虜政苛，奚怨之。其酋去諸引別部内附，保嬀州北山，遂爲東、西奚。」

新五代史卷七四四夷附録：「奚本匈奴之別種，當唐之末，居陰涼川，在營府之西，幽州之西南，皆數百里……後徙居琵琶川，在幽州東北數百里。……契丹阿保機彊盛，室韋、奚、霫皆服屬之。奚人常爲契丹守界上，而苦其苛虐，奚王去諸怨叛，以别部西徙嬀州，依北山射獵。常採北山麝香、仁參賂劉守光以自託，其族至數千帳，始分爲東、西奚。……去諸卒，子掃剌立，莊宗破劉守光，賜掃剌姓李，更其名紹威。紹威卒，子拽剌立……初，紹威娶契丹女舍利逐不魯之姊爲妻，後逐不魯叛亡入西奚，紹威納之。晉高祖入立，割幽州鴈門以北入於契丹。……後德光滅晉，拽剌常以兵從……自去諸徙嬀州，自别爲西奚，而東奚在琵琶川者，亦爲契丹所并。」索隱卷一：「嬀州北山，即今延慶故州西北大翮山、小翮山。」近年在延慶山嶺間，發現許多洞窟居址。

〔二〕索隱卷一：「此白檀舉古名，非後魏密雲郡之白檀縣也。漢書地理志：漁陽郡白檀，續志無之。三國志田疇傳謂自建武以來陷壞斷絶，故魏武帝紀：伐烏丸，塹山堙谷，五百餘里，乃經白檀。水經濡水注稱白檀縣故城。金史地理志興州興化縣有白檀鎮，皆即此白檀。一統志：故城今承德府西古北口東北百四十里。又案契丹國志：阿保機治漢城，在炭山東南灤河上，乃後魏滑鹽縣也。通鑑注引宋白續通典同。然後魏志無滑鹽縣，惟漢志漁陽郡有之。故水經鮑邱水注稱舊漁陽郡之滑鹽故城，漢明帝改曰鹽田，世謂之斛鹽城。一統志：故城今承德府西南，可知漢城又在白檀之南，此紀用禹貢『南暨』字，尚未覈。」

〔三〕松漠用唐時舊名，唐書契丹傳，太宗署松漠都督府，開元二年詔仍爲松漠都督。松漠以平地松林名。

〔四〕此四至指奚地區言。舊唐書稱霫居潢水北，既云「盡有奚、霫之地」，則此時契丹版圖已不止北抵潢河。

〔五〕索隱卷一：「案古無灤字。水經作濡水，胡渭禹貢錐指曰：『濡水有二，其一音乃官切，即今灤河。』王念孫讀書雜志曰：『塞外之濡水，字本作渜，水經注譌作濡，云濡水亦名難水，狄俗語譌耳。蓋其字本從耎聲，集韻：渜，奴官切，水名，今人謂之灤河，聲與耎亦相近。』錢大昕廿二史考異曰：『濡、灤古今字』，漢章謂遼志始以灤名州。」

〔六〕舊五代史卷七三段凝傳：「其年契丹寇幽州，命宣徽使李紹宏監護諸軍，以禦契丹，凝與董璋戍瓦橋關。」

舊唐書卷三九地理志二：幽州范陽郡治薊（今北京市），開元十八年析置薊州漁陽郡，治漁陽（今天津市薊縣）。建中二年，析西界置幽都縣。即東偏爲薊，西偏爲幽都。薊改薊北，史未明著何年。

按上文唐天復三年「十月，引軍畧至薊北，俘獲以還」。薊北不論是薊之北、薊以北或薊北縣，而本年爲再次，故云「復畧」。

〔七〕册府元龜卷九七二云：開平「五年（九一一）四月，契丹王阿保機遣使實柳梅老朝貢」。（五代會要、新、舊五代史並同。）

〔八〕諸弟本書卷七二有補傳。剌葛等謀反，爲保守勢力圖謀恢復舊秩序。

〔九〕通鑑後梁紀：乾化元年八月「甲子，守光即皇帝位，國號大燕，改元應天，受册之日，契丹陷平州，燕人驚擾」。舊五代史卷一三五劉守光傳：「八月十三日，守光僭號大燕皇帝，改年曰應天，以梁使王瞳、判官齊涉爲宰相，史彥瑋爲御史大夫。僞册之日，契丹陷平州。莊宗聞之大笑，監軍張承業曰：『惡不積不足以滅身，老氏所謂將欲取之，必先與之。今守光狂蹶，請遣使省問，以觀其釁。』十月，莊宗令太原少尹李承勳往使，承勳至，守光怒不稱臣，械之於獄。十二月，莊宗遣周德威出飛狐，會鎮、定之師以討之。德威攻圍歷年，屬郡皆下，守光堅保幽州，求援於梁，北誘契丹，救終不至。」北誘契丹，即遣韓延徽往使，參見本書卷七四韓延徽傳注。契丹陷平州，本史繫於明年七月、十月，與通鑑、舊五代史所記不同。

六年春正月，以化葛〔一〕爲惕隱。

二月戊午，親征劉守光。〔二〕

三月，至自幽州。

夏四月，梁郢王友珪弑父自立。〔三〕

秋七月丙午，親征朮不姑，〔四〕降之，俘獲以數萬計。命弟剌葛分兵攻平州。〔五〕

八月壬辰，上次恩德山。〔六〕皇子李胡生。

冬十月戊寅，剌葛破平州，還，復與迭剌、寅底石、安端等反。甲申，遣人使梁致祭。

壬辰，還次北阿魯山，〔七〕聞諸弟以兵阻道，引軍南趨十七濼。是日燔柴。翼日，次七渡河，〔八〕諸弟各遣人謝罪。上猶矜憐，許以自新。〔九〕

是歲，以兵討兩冶，以所獲僧崇文等五十人歸西樓，建天雄寺〔一〇〕以居之，以示天助雄武。

〔一〕化葛，本史卷一一二本傳及卷六六皇族表並作滑哥。

〔二〕舊五代史卷一三七外國列傳：「劉守光末年苛慘，軍士亡叛，皆入契丹。洎周德威攻圍幽州，燕之軍民多爲寇所掠，既盡得燕中人士，教之文法，由是漸盛。」

〔三〕舊五代史卷八：「乾化二年六月三日，庶人友珪弑逆，矯太祖詔……即位。」新五代史卷二：乾化二年「六月，疾革，郢王友珪反，戊寅，皇帝崩。」又卷三梁本紀：「乾化二年六月，太祖遇弑，友珪自立。」通鑑後梁紀：乾化二年（九一二）六月戊寅，友珪易服微行入左龍虎軍與韓勍謀，夜入寢殿，友珪僕夫刺帝腹，刃出於背，友珪於是矯詔殺友文，即位。本史繫於四月，誤。

〔四〕朮不姑，本史卷七〇屬國表同，卷四六百官志云亦作述不姑，卷三四兵衛志作背陰國。

〔五〕本史卷五六、五八儀衛志作剌哥，即上文二年正月所見之撒剌，通鑑卷二八七注引舊五代史作薩葛，即此一人。按舊五代史、通鑑並稱守光受册之日，契丹陷平州，在去年八月。

舊五代史卷二八唐莊宗紀：「天祐九年（遼太祖六年，九一二）春正月庚辰朔，周德威等自飛狐東下。」庚子，「德威進迫幽州」。……「二月庚戌朔，梁祖大舉河南之衆，以援守光」。……十年四月己亥，「劉光濬攻下平州，獲刺史張在吉。五月壬寅朔，光濬進迫營州，刺史楊靖以城降」。……十二月，「癸酉，檀州燕樂縣人執劉守光以獻」。平州張在吉、營州楊靖均劉守光所任刺史。

〔六〕索隱卷一：「一統志：『山在翁牛特右翼東北四十五里，蒙古名拜斯哈爾。』」

〔七〕索隱卷一：「一統志：『阿爾札噶爾山，在土默特右翼南七十里。』」

〔八〕索隱卷一：「此河即水經沽水注七度水也。注云：『沽水又西南流逕漁陽縣故城西而南，合七度水，水出北山黃頒谷，亦謂之黃頒水，東南流注於沽水，沽水今名白河。王曾行程録：『過朝鯉河，亦名七度河，九十里至古北口。』一統志：『七渡水在昌平州北一百里，源出口外，自二道關入口，東南流入白河。』與紀文南趨地望適合。」

〔九〕册府元龜卷九七二：「乾化二年（九一二）十月，契丹蜀括梅老等朝貢。」

〔一〇〕契丹國志卷一：「渤海既平，因於所居大部落置寺，名曰天雄寺。」（原注：今寺內有契丹太祖遺像。）

七年春正月甲辰朔，以用兵免朝。晉王李存勗拔幽州，擒劉守光。〔一〕甲寅，王師次赤水城，〔二〕弟剌葛等乞降。上素服，乘赭白馬，以將軍耶律樂姑、轄剌僅阿鉢爲御，〔三〕解兵器、肅侍衛以受之，因加慰諭。剌葛等引退，上復數遣使撫慰。

二月甲戌朔，梁均王友貞討殺其兄友珪，嗣立。

三月癸丑，次蘆水，〔四〕弟迭剌哥〔五〕圖爲奚王，與安端擁千餘騎而至，紿稱入覲。上怒曰：「爾曹始謀逆亂，朕特恕之，使改過自新，尚爾反覆，將不利於朕！」遂拘之。以所部分隸諸軍。而剌葛引其衆至乙室堇淀，〔六〕具天子旗鼓，將自立，皇太后陰遣人諭令避去。會弭姑乃、懷里陽言車駕且至，其衆驚潰，掠居民北走，上以兵追之。剌葛遣其黨寅底石〔七〕引兵徑趨行宮，〔八〕焚其輜重、廬帳，縱兵大殺。皇后急遣蜀古魯救之，〔九〕僅得天子旗鼓而已。其黨神速姑〔一〇〕復劫西樓，焚明王樓。〔一一〕上至土河，〔一二〕秣馬休兵，若不爲意。諸將請急追之，上曰：「俟其遠遁，人各懷土。懷土既切，其心必離，我軍乘之，破之必矣！」盡以先所獲資畜分賜將士，留夷離畢直里姑總政務。〔一三〕

夏四月戊寅，北追剌葛。己卯，次彌里，〔一四〕聞諸弟面木葉山射鬼箭厭禳，〔一五〕乃執叛人解里向彼，亦以其法厭之。至達里淀，〔一六〕選輕騎追及培只河，〔一七〕盡獲其黨輜重生口。先遣室韋及吐渾酋長拔剌、迪里姑等五人分兵伏其前路，命北宰相迪里古〔一八〕爲先鋒進擊之。剌葛率兵逆戰，迪里古以輕兵薄之。其弟遏古只臨陣，射數十人斃，衆莫敢前，相拒至晡，衆乃潰。追至柴河，〔一九〕遂自焚其車乘廬帳而去。前遇拔剌、迪里姑等伏發，合擊，遂大敗之。剌葛奔潰，遺其所奪神帳於路，上見而拜奠之。所獲生口盡縱歸本土。其黨庫古只、磨朵皆面縛請罪。師次札堵河，〔二〇〕大雨暴漲。

五月癸丑，遣北宰相迪輦率驍騎先渡。甲寅，奏擒剌葛、涅里袞阿鉢於榆河，〔二一〕前北宰相蕭實魯、寅底石自剄不殊。遂以黑白羊祭天地。壬戌，剌葛、涅里袞阿鉢詣行在，以稾索自縛，牽羊望拜。上還至大嶺。時大軍久出，輜重不相屬，士卒煮馬駒、採野菜以爲食，孳畜道斃者十七八，物價十倍，器服資貨委棄於楚里河，狼藉數百里，因更剌葛名暴里。丙寅，至庫里，以青牛白馬祭天地。以生口六百，馬二千三百分賜大小鶻軍。

六月辛巳，至榆嶺，以轄賴縣人掃古非法殘民，〔二二〕磔之。甲申，上登都庵山，撫其先奇首可汗遺跡，徘徊顧瞻而興歎焉。聞獄官涅離擅造大校,人不堪其苦,有至死者,命誅之。壬辰，次狼河，〔二三〕獲逆黨雅里、彌里，生埋之銅河南軌下。放所俘還，多爲于骨里所掠。上怒，引輕騎馳擊。復遣驍將分道追襲，盡獲其衆并掠者。庚子，次阿敦濼，以養子涅里思附諸弟叛，以鬼箭射殺之。其餘黨六千，各以輕重論刑。于厥掠生口者三十餘人，亦俾贖其罪，放歸本部。至石嶺西，〔二四〕詔收回軍乏食所棄兵仗，召北府兵驗而還之。以夷離堇涅里袞附諸弟爲叛，不忍顯戮，命自投崖而死。

秋八月己卯，幸龍眉宮，〔二五〕轘〔二六〕逆黨二十九人，以其妻女賜有功將校，所掠珍寶孳畜還主；亡其本物者，命責償其家；不能償者，賜以其部曲。

九月壬戌，上發自西樓。

冬十月庚午，駐赤崖。〔二七〕戊寅，和州回鶻來貢。癸未，乙室府人迪里古、迷骨離部人特里以從逆誅。詔羣臣分決滯訟，以韓知古録其事，只里姑掌捕亡。〔二八〕

十一月，祠木葉山。還次昭烏山，〔二九〕省風俗，見高年，議朝政，定吉凶儀。

十二月戊子，燔柴于蓮花濼。〔三〇〕

〔一〕通鑑：乾化三年（九一三）三月，「燕主守光命大將元行欽將騎七千，牧馬於山北，募山北兵以應契丹」。胡注：「劉守光求救於契丹，故使元行欽募兵於山北以應之。」十月，「盧龍巡屬皆入於晉。燕主守光獨守幽州城，求援於契丹，契丹以其無信，竟不救。守光屢請降於晉，晉人疑其詐，終不許」。十一月甲辰，晉王「自詣幽州」，辛酉，單騎抵城下」。「先是守光愛將李小喜多贊成守光之惡，言聽計從，權傾境內。至是守光將出降，小喜止之。是夕，小喜踰城詣晉軍，且言城中力竭。壬戌，晉王督諸軍四面攻城，克之。擒劉仁恭及其妻妾，守光率妻子亡去。癸亥，晉王入幽州。」十二月，「守光將奔滄州就劉守奇，涉寒，足腫，且迷失道，至燕樂之境，晝匿阬谷，數日不食，令妻祝氏乞食於田父張師造家，師造怪婦人異狀，詰知守光處，并其三子擒之」。遼史拾遺（以下簡稱拾遺）卷一云：「擒劉守光通鑑以爲乾化三年十二月事，在均王嗣立之後，而遼史太祖紀以爲七年正月事，在均王嗣立之前。新五代史亦云：『乾化三年十二月，晉人取幽州。』（舊五代史同。天祐十年即乾化三年。）遼史誤也。」

〔二〕索隱卷一：「案讀史方輿紀要卷六十四有赤水城在陝西西寧鎮西南，吐谷渾所築。李有棠遼史紀事本末從之，非也。是時遼地安能遠及吐谷渾乎。今檢元史特薛禪傳云：按陳子唆嚕火都居赤山塗河迤南地。塗河即遼志上京道之土河，赤水出赤山，赤水城即今烏蘭哈達廢城。一統志：城在承德府赤峯縣境内。正與土河相近。」

〔三〕欒姑即老古，本史卷七三有傳；轄剌僅即耶律欲穩字，卷七三亦有傳。

〔四〕索隱卷一：「按齊召南水道提綱卷二十七，盧河土名烏爾虎河，源出索岳爾濟山，南流，西南經烏朱穆秦左翼東六十里，折西流入右翼界，至克勒河漠之地涸。」

〔五〕迭剌前已兩見，均無「哥」字，惟此與下文八年正月作迭剌哥。哥，尾音。本史卷六四皇子表亦作迭剌。參見本書卷七二補傳。

〔六〕索隱卷一：「案即地理志慶州之轄失濼。金史地理志作合沙地，地即淀之轉音。」

〔七〕本史卷五八儀衛志作匀德實。

〔八〕索隱卷一：「金志慶州城中有遼行宮，南至盧川二百二十里，盧川亦即上盧水也。」

〔九〕蜀古魯，本史卷五五儀衛志四作曷古魯，是。

〔一〇〕神速姑，本史卷六四皇子表作神速。

〔一一〕西樓指面，故云劫；明王樓是點，故記其被焚。

〔一二〕索隱卷一：「案志，土河在永州，太祖置南樓，西距祖、慶二州一百餘里，故紀云不急追也。水道提綱：白狼河亦曰狼水，亦曰土河，又曰老花母林。今稱老哈河，即老河，東北流與潢河會。漢章考此河流長五百餘里，唐書名託紇臣水，亦名吐護真河。金志亦名土河，元史名塗河。」

〔一三〕直里姑下文十一月作只里姑，卷二神册六年正月作只里古。

〔一四〕此彌里即耶律彌里。

〔一五〕聞，原誤問。馮家昇遼史初校（下簡稱馮校）云：「問當作聞。」是，據改。

〔一六〕索隱卷一：「案水道提綱：捕魚兒海亦曰海子，土名達兒鄂模，廣數十里，在克西克騰部西北百七十里。一統志引元史特薛禪傳：『上都東北三百里有答兒海子。』即此達里淀。文選吳都賦注云：『淀如淵而淺。』玉篇：『淀，淺水也。一曰陂淀，泊屬。』」

〔一七〕索隱卷一：「案即今泡子河。查慎行人海紀（卷下）云：『蒙古阿巴海部落地方充俄里有泡子河，產天然鹽，生水中如層冰，厚四、五寸許，鑿取成磚，其味稍淡。』又汪灝隨鑾紀恩：『天然鹽，出蒙古阿巴海部落，地名充俄里，生泡子中。』考阿巴海即一統志阿霸垓，其充俄里地即冲戈爾泊，亦在蒿齊忒左翼北九十五里。」

〔一八〕按即蕭敵魯，本史卷七三本傳字敵輦。下文五月作迪輦。又其弟遏古只本史卷七三有傳，作阿古只。

〔一九〕索隱卷一：「案此時剌葛等又由北方東南竄，將走入渤海國，故追至柴河。金史地理志：『咸平路咸平府銅山縣，遼同州，南有柴河。又新興縣，遼銀州，北有柴河。』是此河在遼同州之南，銀州之北。一統志：『在鐵嶺縣北二里，西北流，折而西入遼河。』又承德府南亦有柴河，則會前白河入灤河。非此紀之柴河。」

〔二〇〕索隱卷一：「案剌葛等既潰於柴河，又西南奔，故追之而渡此河。水道提綱：『遼河源自東北者，古曰小遼水，今曰渾河。西南流有查克丹河，自東北來注之。』查克丹河即此札堵河。」

〔二一〕迪輦即蕭敵魯，參前注〔一八〕。涅里衮阿鉢即轄底，本史卷一一二有傳，字涅烈衮。剌葛時又北走。索隱卷一：「蕭敵魯傳：『剌葛等作亂，潰而北走，率輕騎追之，兼晝夜行，至榆河，敗其黨，獲剌葛以獻。』又阿古只傳：『剌葛北走，與敵魯追，擒於榆河。』又逆臣轄底傳：『與剌葛作亂，北走至榆河被獲。』此榆河在柴河之西北。地理志：『東京道韓州東平軍有榆河，南京道順州歸化軍溫餘河一名榆河。又灤州永安軍有臨榆河，亦一名榆河（此即五代史幽州榆關之榆水）。』皆非此紀之榆河，以志之三榆河偏在東南，與北走之地望不合也。金史地理志：『北京路利州龍山縣，遼故潭州廣潤軍有榆河。』一統志：『圖爾根河在承德府朝陽縣南，漢名南土河，源出錫默特山，東流逕建昌縣境入朝陽縣，屬土默特右翼西界，又東南入大凌河。』元一統志：『榆林河即古榆河。』張穆蒙古遊牧記又引承德府志：『按元李察玉京觀碑跋稱，利州之西憑榆河之渡者長壽山也。利州故城及長壽山並在今建昌縣治東北七十里。圖爾根河流經山下，知即榆河也。』」

〔二二〕轄賴縣即本史卷三三營衛志下六院部轄懶石烈，太祖出生之地。此轄賴縣人殘民，應是尊屬殘平民或是部族人殘漢民。

〔二三〕索隱卷一：「案此又東行。水道提綱：『阿禄科爾沁地有大布蘇圖鄂模，有二源：北源曰韭河，南源曰狼河，土名烏爾圖綽農河。』一統志：『在阿嚕科爾沁旗西南百三十里。』」

〔二四〕上文五月作大嶺，下文會同三年三月亦作石嶺。王曾行程録：「至鐵漿（匠）館，過石子嶺，自此嶺漸出山，七十里至富谷館，八十里至通天館，二十里至中京大定府。」

〔二五〕龍眉宫在上京。下文「上發自西樓」正合。

〔二六〕轘謂轘裂，即車裂。

〔二七〕索隱卷一：「即慶州赤山，在西樓之西。」

〔二八〕按本年三月留夷離畢直里姑總政務，即此只里姑。

〔二九〕木葉山在永州，爲冬捺鉢之地。索隱卷一云：「此昭烏山當在木葉山西南，或即今土默特左翼東南野狐山。」

〔三〇〕即今遼寧海城市西南六十里蓮花泊。本史卷三二營衛志中夏捺鉢：「黑山在慶州北十三里，上有池，池中有金蓮。」

八年春正月甲辰，以曷魯爲迭剌部夷離堇，忽烈爲惕隱。于骨里部人特離敏執逆黨怖胡、亞里只等十七人來獻，上親鞫之。辭多連宗室及有脅從者，乃杖殺首惡怖胡，餘並原釋。于越率懶之子化哥〔一〕屢蓄姦謀，上每優容之，而反覆不悛，召父老羣臣正其罪，并其子戮之，分其財以給衞士。有司所鞫逆黨三百餘人，獄既具，上以人命至重，死不復生，賜宴一日，隨其平生之好，使爲之。酒酣，或歌、或舞、或戲射、角觝，各極其意。明日，乃以輕重論刑。首惡剌葛，其次迭剌哥，上猶弟之，不忍置法，杖而釋之。以寅底石、安端性本庸弱，爲剌葛所使，皆釋其罪。前于越赫底里子解里、剌葛妻轄剌已實預逆謀，命皆絞殺之。寅底石妻涅離脅從，安端妻粘睦姑嘗有忠告，並免。因謂左右曰：「諸弟性雖敏黠，而蓄姦稔惡。嘗自矜有出人之智，安忍兇狠，谿壑可塞而貪黷無厭。求人之失，雖小而可恕，謂重如泰山；身行不義，雖入大惡，謂輕於鴻毛。昵比羣小，謀及婦人，同惡相濟，以危國祚。雖欲不敗，其可得乎？北宰相實魯妻餘盧覩姑於國至親，一旦負朕，從于叛逆，未置之法而病死，此天誅也。〔二〕解里自幼與朕常同寢食，眷遇之厚，冠於宗屬，亦與其父背大恩而從不軌，茲可恕乎！」

秋七月丙申朔，有司上諸帳族與謀逆者三百餘人罪狀，皆棄市。上歎曰：「致人于死，豈朕所欲。若止負朕躬，尚可容貸。此曹恣行不道，殘害忠良，塗炭生民，剽掠財產。民間昔有萬馬，今皆徒步，有國以來所未嘗有。實不得已而誅之。」

冬十月甲子朔，建開皇殿於明王樓基。

〔一〕化哥即滑哥，本史卷一一二有傳。字斯懶，隋國王釋魯之子。卷六四皇子表：玄祖子釋魯字述瀾，此率懶即述瀾。

〔二〕羅繼祖遼史校勘記（以下簡稱羅校）：「蕭實魯曾預於諸弟之亂，自剄不殊，見上七年紀。公主表：太祖一女質古，下嫁淳欽皇后弟蕭室魯。幼爲奥姑。契丹故俗：凡婚燕之禮，推女子之可尊敬者坐於奥，謂之奥姑。未封而卒。疑實魯即尚主之室魯。惟餘盧覩姑與表不合。又表不載室魯官北宰相，外戚表又無室魯名，而神册三年紀乃有命后弟實魯爲先鋒語，豈是年論罪，實魯以懿親獨從寬政歟？」餘盧覩姑即質古，實魯即淳欽皇后之弟蕭室魯，正合契丹甥女嫁舅父之俗。

九年春正月，烏古部叛，討平之。

夏六月，幽州軍校齊行本舉其族及其部曲男女三千人請降，詔授檢校尚書、左僕射，賜名兀欲，給其廪食。數日亡去，幽帥周德威納之。及詔索之，德威語不遜，乃議南征。

冬十月戊申，鈎魚于鴨渌江。〔一〕新羅〔二〕遣使貢方物，高麗〔三〕遣使進寶劍，吴越王錢鏐遣滕彦休〔四〕來貢。

是歲，君基太一神數見，詔圖其像。

〔一〕鴨淥江即鴨緑江。索隱卷一：「案此時未得渤海之西京鴨淥府而得鈎魚于江者，江本女直地，紀上云伐女直降之。」

〔二〕新羅在高麗之南。

〔三〕高麗太祖王建始即位於戊寅年（九一八，遼太祖神册三年）六月丙辰，始號國曰高麗。此時國號泰封，國主弓裔。

〔四〕十國春秋卷八五吴越滕彦休傳：「天寶八年（遼太祖九年）出使於契丹，大得契丹心。」

神册元年春二月丙戌朔，上在龍化州，迭烈部〔一〕夷離堇耶律曷魯等率百僚請上尊號，〔二〕三表乃允。丙申，羣臣及諸屬國築壇州東，上尊號曰大聖大明天皇帝，后曰應天大明地皇后。大赦，建元神册。〔三〕初，闢地爲壇，得金鈴，因名其地曰金鈴岡。壇側滿林曰册聖林。

三月丙辰，以迭烈部夷離堇曷魯爲阿廬朵里于越，百僚進秩、頒賚有差，賜酺三日。立子倍爲皇太子。

夏四月乙酉朔，晉幽州節度使盧國用來降，〔三〕以爲幽州兵馬留後。甲辰，梁遣郎公遠來賀。

六月庚寅，吴越王遣滕彦休來貢。

秋七月壬申，親征突厥、吐渾、党項、小蕃、沙陀諸部，皆平之。俘其酋長及其户萬五千六百，鎧甲、兵仗、器服九十餘萬，寶貨、駝馬、牛羊不可勝算。

八月，拔朔州，擒節度使李嗣本。勒石紀功於青塚南。〔四〕

冬十月癸未朔，乘勝而東。

十一月，攻蔚、新、武、嬀、儒五州，斬首萬四千七百餘級。自代北至河曲踰陰山，盡有其地。遂改武州爲歸化州，嬀州爲可汗州，〔五〕置西南面招討司，選有功者領之。其圍蔚州，敵樓無故自壞，衆軍大譟乘之，不踰時而破。時梁及吴越二使皆在焉，詔引環城觀之，因賜滕彦休名曰述吕。

十二月，收山北八軍。

〔一〕即迭剌部。

〔二〕通鑑考異卷二九：「契丹阿保機稱帝，改元神册。紀年通譜云：舊史不記保機建元事，今契丹中有曆日，通紀百二十年，臣景祐三年（重熙五年，一〇三六）冬北使幽薊，得其曆。因閱年次，以乙亥爲首，次年始著神策之元，其後復有天贊。按五代契丹傳，自耶律德光乃記天顯之名。疑當時未得其傳，不然，虜人恥保機無號，追爲之耳。保機，虜中又號天皇王。……歐陽史曰：『阿保機用其妻述律策，使人告諸部大人曰：「我有鹽池，諸部所食，然諸部知食鹽之利而不知鹽有主人，可乎？當來犒我。」諸部以爲然，共以酒會鹽池。阿保機伏兵其旁，酒酣，伏發，盡殺諸部大人，遂立，不復代。』阿保機稱皇帝，前史不見年月，莊宗列傳契丹傳在莊宗即帝位、李存審守范陽後；漢高祖實録、唐餘録皆云阿保機設策併諸族，遂稱帝，在乾寧中劉仁恭鎮幽州前，薛史在莊宗天祐末。按紀年通譜：阿保機神策元年歲在丙子，乃莊宗天祐十三年，梁貞明二年，似不在天祐末及莊宗即位後。編遺録：開平二年五月，太祖賜阿保機記事猶呼之爲卿，及言『臣事我朝，望國家降使册立』，必未稱帝，安得在劉仁恭鎮幽州前。唐餘録全取漢高祖實録契丹事作傳，最爲差錯。不知其稱帝實在何年，今因其改年號置於此。」

契丹國志卷一：神册元年「阿保機始自稱皇帝，國人謂之天皇王，以妻述律氏爲皇后，置百官，建元曰神册，國號契丹」。

又卷二三：「初，契丹有八部，族之大者曰大賀氏，後分爲八部，部之長號大人，而常推一人爲王，建旗鼓以統八部。每三年則以次相代，或其部有災疾而畜牧衰，則八部聚議，以旗鼓立其次而代之。被代者以爲元約如此，不敢争。及阿保機，乃曰中國之主無代立者。由是阿保機益以威制諸國，不肯代。其立九年，諸部共責誚之。阿保機不得已，傳其旗鼓，而謂諸部曰：『吾立九年，所得漢人多矣，吾欲別自爲一部，以治漢城，可乎？』諸部將許之。漢城在炭山東南灤河上，有鹽鐵之利，乃後魏滑鹽縣也。其地可植五穀，阿保機率漢人耕種，爲治城郭，邑屋廛市如幽州制，漢人安之，不復思歸。阿保機知衆可用。用其妻述律策，使人告諸部大人曰：『我有鹽池之利，諸部所食，然諸部知食鹽之利，而不知鹽有主人，可乎？當來犒我。』諸部以爲然。共以牛酒會鹽池。阿保機伏兵其旁，酒酣，伏發，盡殺諸部大人。復并爲一國。東北諸夷皆畏服之。」宋白續通典曰：「契丹居遼澤之中，潢水南岸，其地東南接海，東際遼河，西包冷陘，北界松陘山，東西三千里，地多松柳，澤多蒲葦。阿保機居漢城在檀州西北五百五十里，城北有龍門山，山北有炭山，炭山西是契丹、室韋二界相連之地，其地灤河上源，西有鹽泊之利，則後魏滑鹽縣也。」

〔三〕晉幽州節度使盧國用來降，與下文二年二月盧文進來降爲一事重出。錢氏考異卷八三論是時幽州節度使爲周德威，不能同時又是盧國用。因文進爲契丹平州節度使，遂誤以契丹所授之官爲唐官。舊五代史卷九七文進字國用，新五代史卷四八作大用。本史卷五七儀衛志三：「神册元年，梁幽州刺史來歸，詔賜印綬。」

〔四〕青塚即昭君墓。册府元龜卷九八七：「天祐十三年八月，契丹阿保機率諸部，號稱百萬，自麟、勝陷振武，長驅雲、朔，北邊大擾。帝親赴援於代北，虜衆方退。」（舊五代史卷一三七外國列傳同。）又舊五代史卷二八云：天祐十三年九月，「時契丹犯塞，帝領親軍北征，至代州北，聞蔚州陷，乃班師」。冊府元龜只言陷振武。舊五代史更指明爲陷蔚州，新五代史卷七二亦稱陷蔚州。通鑑後梁紀云：「貞明二年（九一六）八月，契丹王阿保機帥諸部兵三十萬，號百萬，自麟、勝攻晉蔚州，陷之。虜振武節度使李嗣本。」又考異云：「開元中，振武軍在朔州西北三百五十里單于都護府城内，隸朔方節度使。乾元元年置振武節度使，領鎮北大都護、麟、勝二州。後唐振武節度使亦帶安北都護，麟、勝等州觀察等使。石晉以後，皆帶朔州刺史。據此乃治蔚州。不知遷徙年月。」是温公雖信蔚州之陷，仍不詳振武何時治蔚州。胡注云：「契丹攻蔚州，自麟、勝出，詭道以掩晉不備也。按麟、勝至蔚州，中間懸隔雲、朔，蔚州恐當作朔州。」按：通鑑於虜李嗣本下又云：「遣使以木書求貨於大同防禦使李存璋，存璋斬其使，契丹進攻雲州，存璋悉力拒之。」是由麟、勝前進，先陷朔州，又攻雲州以向蔚州。本史稱拔朔州，可正通鑑之誤。又新五代史卷三六李嗣本傳稱「戰殁」，亦誤。

冊府元龜卷四〇〇：「李存璋爲大同軍防禦使，時契丹陷蔚州，營於魚池，阿保機遣人持木書求賂於存璋，存璋斬其使者不報，賊攻雲州，存璋悉力拒戰，城中舊有鐵車，存璋鎔爲兵器，以授軍士，賊遂退。」

拾遺卷一引通鑑虜李嗣本一節按云：「遼史：先拔朔州，十二月下蔚、新、武、媯、儒五州。通鑑誤。」

通鑑後梁紀貞明二年（九一六）：九月，「晉王自將兵救雲州，行至代州，契丹聞之引去，王亦還」。

册府元龜卷三八七云：天祐十三年「秋，契丹逼雲州，（李）存璋拒守，虜退，以功簡校太傅大同軍節度雲、應等州觀察使」。

〔五〕錢氏考異卷八三：「按地理志，歸化州本漢下洛縣，元魏改文德縣，唐升武州，晉高祖割獻於遼，改今名。太宗紀亦云會同元年改武州爲歸化州，正在石晉賂地之後，此紀所書，恐非其實。又地志可汗州下云：『五代時，奚王去諸以數千帳徙嬀州，自別爲西奚，號可汗州，太祖因之。』此與太祖紀似合，然太祖攻蔚、新、武、嬀、儒五州，得而旋失，其改名可汗，亦當在石晉賂地之後也。」

二年春二月，晉新州裨將盧文進殺節度使李存矩來降。進攻其城，刺史安金全遁，以文進部將劉殷爲刺史。〔一〕

三月辛亥，攻幽州，節度使周德威以幽、并、鎮、定、魏五州之兵拒于居庸關之西，合戰於新州東，大破之，〔二〕斬首三萬餘級，殺李嗣恩之子武八。〔三〕以后弟阿骨只爲統軍，〔四〕實魯爲先鋒，東出關略燕、趙，不遇敵而還。己未，于骨里叛，命室魯以兵討之。

夏四月壬午，圍幽州，不克。〔五〕

六月乙巳，望城中有氣如煙火狀，上曰：「未可攻也。」以大暑霖潦，班師。〔六〕留曷魯、盧國用守之。刺葛〔七〕與其子賽保里叛入幽州。

秋八月，〔八〕李存勗遣李嗣源等救幽州，曷魯等以兵少而還。〔九〕

〔一一〕通鑑後梁紀：貞明三年春二月，「晉王之弟威塞軍防禦使存矩在新州，驕惰不治，侍婢預政。晉王使募山北部落驍勇者及劉守光亡卒以益南討之軍。又率其民出馬，民或鬻十牛易一戰馬，期會迫促，邊人嗟怨。存矩得五百騎，自部送之，以壽州刺史盧文進爲裨將，行者皆憚遠役，存矩復不存恤。甲午，至祁溝關……（小校宫彦章擁盧文進還新州），守將楊全章拒之，又攻武州，雁門以北都知防禦兵馬使李嗣肱擊敗之。周德威亦遣兵追討，文進率其衆奔契丹」。馬令南唐書卷一二曰：「盧文進字大用，范陽人也。爲劉守光騎將。唐莊宗攻范陽，文進先降，拜蔚州刺史。莊宗以屬其弟存矩，存矩爲新州團練使，統山後八軍。莊宗與劉鄩相拒於莘，召存矩會兵擊鄩，存矩募山後勁兵數千人，課民出馬，民以十牛易一馬，山後之人皆怨，而兵又不樂南行，至祁溝關，聚而謀爲亂。文進有女少而美，存矩求爲側室，文進以其大將，不敢拒，雖與，心常歉之也。因與亂軍殺存矩，反攻新州，不克，攻武州，又不克，遂奔於契丹。契丹使守平州。」拾遺卷一云：「文進殺存矩始末，通鑑與南唐書小異，壽州屬吴，文進無遥領刺史之理。從馬氏作蔚州爲是。」

册府元龜卷四四三：「周德威爲盧龍軍節度使，時新州偏將盧文進殺其帥李存矩叛，投契丹，胡騎攻我新州甚急，刺史安金全不能守，棄城而遁，阿保機令文進部將劉殷壽爲刺史，固守其城，帝怒，遣周德威及河東、鎮、定之師三萬攻之，營於城東，俄而文進引契丹大至，德威拔營而歸，因爲契丹所躡，師旅多喪。」

通鑑：後梁貞明三年二月，「吴王遣使遺契丹主以猛火油，曰：『攻城，以此油然火焚樓櫓，敵以水沃之，火愈熾。』契丹主大喜，即選騎三萬欲攻幽州，述律后哂之曰：『豈有試油而攻一國乎！』因指帳前樹謂契丹主曰：『此樹無皮，可以生乎？』契丹主曰：『不可。』述律后曰：『幽州城亦猶是矣。吾但以三千騎伏其旁，掠其四野，使城中無食，不過數年，城自困矣，何必如此躁動輕舉！萬一不勝，爲中國笑，吾部落亦解體矣。』契丹主乃止」。

〔二〕册府元龜卷四五：「明宗初爲邢州節度使，天祐十四年（神册二年）四月，契丹阿保機率衆二十萬攻幽州，周德威間使告急，莊宗召諸將議進趨之計，諸將咸言，虜勢不能持久，野無所掠，食盡自還，然後踵而擊之可也。帝奏曰：『德威盡忠於國家，孤城被攻，危亡在即，不宜更待虜衰，願假臣突騎五千爲前鋒以援之。』莊宗曰：『公言是也。』即命帝與李存審、閻寶率軍赴援，帝爲前鋒，會軍於易州。」（舊五代史卷三五唐明宗紀畧同。）

册府元龜卷二一六：「天祐十四年（神册二年）契丹圍周德威於幽州，帝與李存審帥師同討，自易州北山而行，詰旦微雨，諸將懼雨淋潦，帝祝曰：『彼蒼垂佑，國難終平，敢希浹旬，早得晴朗。』俄而開霽，衆心咸悦。」通鑑後梁紀：「貞明三年（九一七）初，幽州北七百里有渝關（渝關，入營州界及平州石城縣界），下有渝水通海。自關東北循海有道，道狹處纔數尺，旁皆亂山，高峻不可越。比至進牛口，舊置八防禦軍，募土兵守之，田租皆供軍食，不入於薊，幽州歲致繒纊，以供戰士衣。契丹至，輒閉壁不戰，俟其去，選驍勇據隘邀之，由是契丹不敢輕入寇。及周德威爲盧龍節度使，恃勇不修邊備，遂失渝關之險。契丹每芻牧於營、平之間。」宋白續通典：「渝關，關城下有渝水入大海，其關東臨海，北有兔耳山、覆舟山，山皆斗峻，山下尋海岸東北行，狹處纔通一軌，三面皆海，北連陸關，西亂山至進牛柵凡六口，柵戍相接，此所以天限戎狄者也。」

〔三〕嗣恩，原誤嗣本。按新、舊五代史李嗣本傳均不稱有子武八，檢舊五代史卷五二李嗣恩傳云：「有子二人，長曰武八……戰契丹於新州，歿焉。」據改。

〔四〕阿骨只即上文七年四月遏古只，本史卷七三本傳作阿古只。羅校云：「與實魯連文書之，實魯殆亦后弟，即公主表之蕭室魯也。」

〔五〕通鑑後梁紀：「貞明三年（九一七）三月周德威合河東、鎮、定之兵攻（新州）……大爲契丹所敗，奔歸。契丹乘勝進圍幽州，聲言有衆百萬，氈車毳幕，彌漫山澤。盧文進教之攻城，爲地道，晝夜四面俱進，城中穴地然膏以邀之。又爲土山以臨城，城中鎔銅以灑之。日殺千計，而攻之不止。周德威遣間使詣晉王告急，王方與梁相持河上，欲分兵則兵少，欲勿救恐失之，謀於諸將，獨李嗣源、李存審、閻寶勸王救之。……夏四月，晉王命嗣源將兵先進，軍於淶水，閻寶以鎮、定之兵繼之。」册府元龜卷三六七：「天祐十四年，（閻寶）從明宗援幽州，敗契丹，指陳方略，多中事機。」

舊五代史卷九梁紀：貞明三年四月「辛卯，以右千牛衛大將軍劉璩充契丹宣諭使」。（新五代史梁紀同。）

〔六〕新、舊五代史、通鑑均未記「大暑霖潦，班師」。

〔七〕剌葛字率懶，通鑑作撒剌，又作撒剌阿撥。賽保里，本史卷六四皇子表、卷六六皇族表並作賽保。

〔八〕通鑑後梁紀：貞明三年（九一七）秋七月己未，「晉王以李嗣源、閻寶兵少，未足以敵契丹。辛未，更命李存審將兵益之」。

〔九〕通鑑後梁紀：貞明三年（九一七）八月癸巳，「契丹圍幽州且二百日，城中危困，李嗣源、閻寶、李存審步騎七萬會於易州。存審曰：『虜衆吾寡，虜多騎，吾多步，若平原相遇，虜以萬騎蹂吾陣，吾無遺類矣。』嗣源曰：『虜無輜重，吾行必載糧食自隨，若平原相遇，虜抄吾糧，吾不戰自潰矣，不若自山中潛行趣幽州，與城中合勢，若中道遇虜，則據險拒之。』甲午，自易州北行，庚子，踰大房嶺，循澗而東，嗣源與養子從珂將三千騎爲前鋒，距幽州六十里與契丹遇，契丹驚卻，晉兵翼而隨之。契丹行山上，晉兵行澗下，每至谷口，契丹輒邀之，嗣源父子力戰，乃得進。至山口，契丹以萬餘騎遮其前，嗣源以百餘騎先進，免冑揚鞭，胡語謂契丹曰：『汝無故犯我疆場，晉王命我將百萬衆，直抵西樓，滅汝種族！』因躍馬奮檛，三入其陳，斬契丹酋長一人，後軍齊進，契丹兵卻，晉兵始得出。李存審命步兵伐木爲鹿角，人持一枝，止則成寨。契丹騎環寨而過，寨中發萬弩射之，流矢蔽日，契丹人馬死傷塞路。將至幽州，契丹列陳待之，存審命步兵陳於其後，戒勿動，先令羸兵曳柴然草而進，煙塵蔽天，契丹莫測其多少，因鼓譟合戰，存審乃趣後陳起乘之，契丹大敗，席捲其衆，自北山去，委棄車帳鎧仗羊馬滿野，晉兵追之，俘斬萬計。辛丑，嗣源等入幽州，周德威見之，握手流涕」。（契丹國志同，惟有節畧。）

舊五代史卷一三七外國列傳：（天祐）十四年，「契丹乘勝攻幽州，是時或言契丹三十萬，或言五十萬，幽薊之北，所在北騎皆滿。莊宗遣明宗與李存審、閻寶將兵救幽州，遂解其圍」。新五代史卷七二四夷附録：「德威走幽州，契丹圍之。幽薊之間，虜騎遍滿山谷，所得漢人以長繩連頭繫之於木，漢人夜多自解逃去。」

册府元龜卷三四七：符存審，賜姓李，天祐「十四年八月，將兵援周德威於幽州，敗契丹之衆」。

文獻通考卷三四五四裔考契丹上：「後唐莊宗天祐十三年，契丹寇晉蔚州，又攻破新州，莊宗遣周德威擊之，德威兵敗，走幽州，契丹圍之。幽薊之間，虜騎遍野，德威拒守百餘日，契丹兵敗，乃解去。」案此是帶叙，寇蔚州在天祐十三年；圍幽州在天祐十四年。

三年春正月丙申，以皇弟安端爲大内惕隱，命攻雲州及西南諸部。〔一〕二月，達旦國〔二〕來聘。癸亥，城皇都，以禮部尚書康默記充版築使。〔三〕梁遣使來聘。晉、吴越、渤海、高麗、〔四〕回鶻、阻卜、党項及幽、鎮、定、魏、潞等州各遣使來貢。夏四月乙巳，皇弟迭烈哥謀叛，事覺，知有罪當誅，預爲營壙，而諸戚請免。上素惡其弟寅底石妻涅里衮，乃曰：「涅里衮能代其死，則從。」涅里衮自縊壙中，并以奴女古、叛人曷魯只生瘞其中。遂赦迭烈哥。五月乙亥，詔建孔子廟、佛寺、道觀。〔五〕秋七月乙酉，于越曷魯薨，〔六〕上震悼久之，輟朝三日，贈賻有加。〔七〕冬十二月庚子朔，幸遼陽故城。辛丑，北府宰相蕭敵魯薨。戊午，以于越曷魯弟汙里軫爲迭烈部夷離菫，〔八〕蕭阿古只爲北府宰相。甲子，皇孫隈欲生。〔九〕

〔一〕幽州未得，轉攻雲州。册府元龜卷四〇〇：神册元年李存璋以大同軍防禦使，拒契丹之賂，斬其使者，悉力拒戰。又卷三八七：契丹退。存璋以功授大同軍節度、雲應等州觀察使。此次攻雲州，仍是李存璋拒戰。

〔二〕契丹國志作達打國，建炎以來朝野雜記作韃靼，其近漢地者謂之熟韃靼，其遠者謂之生韃靼。

宋黃震古今紀要逸編：「韃靼之近漢者曰熟韃靼，其遠於漢者曰生韃靼。生韃靼有二：曰黑，曰白，皆事女真。黑韃靼至忒没真叛之，自稱成吉思皇帝。又有蒙古國者，在女真東（西）北，至我嘉定四年（一二一一，金大安三年）韃靼始并其名，號稱大蒙古國。」元朝秘史卷三音譯忙豁勒，明譯作「咱每達達每」，可見蒙古亦自稱達達。元朝秘史既有搭搭兒，又有達達。李文田注云：「達達即韃靼。大率克魯連河以東爲金人地，則稱塔塔，克魯連河以西，色楞格河以東爲元人地，則稱達達也。」此説不合。蒙韃備録：「韃靼有三，曰黑，曰白，曰生，所謂白韃靼者容貌稍細。」「所謂生韃靼者，甚貧且拙，且無能爲，但知乘馬隨衆而已。今成吉思皇帝及將相大臣，皆黑韃靼也。」又：「韃國所鄰，前有糾部（乣），左右有沙陁等部爲患，舊有蒙古斯國，在金人天會間亦嘗擾金虜，金虜嘗與之戰。」

〔三〕全遼文卷九賈師訓墓誌銘：「高祖曰去疑，先仕後唐，我大聖天皇時，奉使來貢，因留之。俾督工役，營上都事業，遷將作大匠。」

〔四〕高麗史卷一：「太祖元年夏六月丙辰即位。國號高麗。」則二月國號仍是泰封。吳越取道渤海來貢。

〔五〕此示朝廷對儒、釋、道並重。本史卷七二義宗倍傳：「太祖問侍臣曰：『受命之君，當事天敬神，有大功德者，朕欲祀之，何先？』皆以佛對。太祖曰：『佛非中國教。』倍曰：『孔子大聖，萬世所尊，宜先。』太祖大悅，即建孔子廟。詔皇太子春秋釋奠。」

〔六〕本史卷七三耶律曷魯傳：「（神册）三年七月，皇都既成，燕羣臣以落之，曷魯是日得疾薨。」

〔七〕通鑑後梁紀：貞明四年（九一八）七月，「晉王謀大舉入寇，周德威將幽州步騎三萬，李存審將滄、景步騎萬人，李嗣源將邢、洺步騎萬人及王處直遣將將易定步騎萬人，麟、勝、雲、蔚、新、武等州諸部落奚、契丹、室韋、吐谷渾皆以兵會之。」

舊五代史卷二八：「八月辛丑朔，大閲於魏郊，河東、魏博、幽、滄、鎮、定、邢、洺、麟、勝、雲、朔十鎮之師及奚、契丹、室韋、吐渾之衆十餘萬，部陣嚴肅，旌旗照曜，師旅之盛，近代爲最。」

〔八〕錢氏考異卷八三云：「耶律覿烈傳：『覿烈字兀里軫』，此作汙里軫，音之譌也。紀於是年及五年書汙里軫，於天贊二年書迭剌部夷離堇覿烈，一稱其字，一稱其名。」按覿烈傳神册三年曷魯薨，命覿烈爲迭剌部夷離堇。

〔九〕隈欲，本史卷五世宗紀作兀欲。

遼史補注卷二

本紀第二

太祖下

四年春正月丙申，射虎東山。〔一〕

二月丙寅，修遼陽故城，以漢民、渤海户實之，改爲東平郡，置防禦使。

夏五月庚辰，至自東平郡。

秋八月丁酉，謁孔子廟，命皇后、皇太子分謁寺、觀。〔二〕

九月，征烏古部，道聞皇太后不豫，一日馳六百里還侍太后，病間，復還軍中。

冬十月丙午，次烏古部，天大風雪，兵不能進，上禱于天，俄頃而霽。命皇太子將先鋒軍進擊，破之，俘獲生口萬四千二百，牛馬、車乘、廬帳、器物二十餘萬。自是舉部來附。〔三〕

〔一〕上文三年十二月，幸遼陽故城，下文五月至自東平郡，即遼陽故城。此東山應即指今遼陽以東之山。

〔二〕本史卷一紀神册三年五月，詔建孔子廟、佛寺、道觀，至是分謁，以見三教（儒、釋、道）並重政策。

〔三〕王禕大事記續編：「貞明五年（神册四年，九一九）十二月，契丹陷唐營州。」營州即今朝陽，由東北向西南推進。

新唐書卷三九地理志：「萬歲通天元年（六九六），（營州）爲契丹所陷。」失而又復，再陷契丹。

五年春正月乙丑，始製契丹大字。〔一〕

夏五月丙寅，吳越王復遣滕彥休貢犀角、珊瑚，授官以遣。〔二〕庚辰，有龍見于拽剌山〔三〕陽水上，上射獲之，藏其骨内府。〔四〕

閏六月丁卯，以皇弟蘇爲惕隱，康默記爲夷離畢。

秋八月己未朔，党項諸部叛。辛未，上親征。

九月己丑朔，梁遣郎公遠來聘。〔五〕壬寅，大字成，詔頒行之。皇太子率迭剌部夷離堇汙里軫〔六〕等略地雲内、天德。

冬十月辛未，攻天德。癸酉，節度使宋瑤降，賜弓矢、鞍馬、旗鼓，更其軍曰應天。甲戌，班師。宋瑤復叛。丙子，拔其城，擒宋瑤，俘其家屬，徙其民於陰山南。

十二月己未，師還。

〔一〕契丹國志卷二三：「漢人教之以隸書之半增損之，作文字數千，以代刻木之約。」五代會要卷二九：「漢人陷番者，以隸書之半，就加增減，撰爲胡書，同光之後，稍稍有之。」此初製之字，爲增減漢字筆劃而成者，即契丹大字，對迭剌所製小字而言。契丹大、小字近年均有碑石出土。

〔二〕十國春秋卷八五吴越滕彦休傳：「天寶十三年（九二〇）五月，武肅王復命彦休使契丹，兼餽犀角、珊瑚諸物，契丹主大悦，授彦休官遣還。彦休往返契丹者數四，沿海泝河，跋涉險阻，輯睦鄰封，爲功居多焉。論曰：滕彦休不辱君命，咸有令聞。善夫。」

〔三〕拽剌山亦作夜來山。沈括夢溪筆談卷二四：「黑山在大漠之北，今謂之姚家族，有城在其西南，謂之慶州。山長數十里，有水出其下，所謂黑水也。黑水之西有連山，謂之夜來山，極高峻，近西有遼祖射龍廟在山之上，有龍舌藏於廟中，其形如劍。」索隱卷一：「夜來山陽水，即地理志慶州黑河。一統志：『黑河在巴林旗北一百十里，名喀喇木倫。』」

〔四〕洪皓續松漠紀聞：「阿保機居西樓，宿氈帳中，晨起，見黑龍長十餘丈，蜿蜒其上，引弓射之，即騰空夭矯而逝，墜於黃龍府之西，相去已千五百里，纔長數尺，其骸尚在金國内庫，悟室長子源嘗見之，尾鬣支體皆全，雙角已爲人所截，與余所藏董羽畫出水龍相似，蓋其背上鬣不作魚鬣也。」元好問續夷堅志卷二：「遼祖神册五年三月，黑龍見拽剌山陽水，遼祖馳往，三日乃得至，而龍尚不去，遼祖射之而斃，龍一角，尾長而足短，身長五尺，舌長二尺有半（述案拾遺引作二寸有半），命藏之内庫，貞祐南渡尚在。」附存異聞。

〔五〕舊五代史卷一〇後梁紀：貞明六年（九二〇）「九月庚寅，以供奉官郎公遠充契丹歡好使」。新五代史同。按九月己丑朔，庚寅爲二日。何能反於先一日到達。應有脱文、錯簡。

〔六〕按即耶律覿烈，本史卷七五本傳云：「字兀里軫。」

六年春正月丙午，以皇弟蘇爲南府宰相，迭里爲惕隱。南府宰相，自諸弟搆亂，府之名族多罹其禍，故其位久虛，以鋤得部轄得里、只里古〔一〕攝之。府中數請擇任宗室，上以舊制不可輒變；請不已，乃告于宗廟而後授之。宗室爲南府宰相自此始。

夏五月丙戌朔，詔定法律，正班爵。〔二〕丙申，詔畫前代直臣像爲招諫圖，及詔長吏四孟月〔三〕詢民利病。

六月乙卯朔，日有食之。

冬十月癸丑朔，晉新州防禦使王郁〔四〕以所部山北兵馬内附。丙子，上率大軍入居庯關。

十一月癸卯，下古北口。丁未，分兵畧檀、順、安遠、三河、良鄉、望都、潞、滿城、遂城等十餘城，俘其民徙内地。〔五〕

十二月癸丑，王郁率其衆來朝，上呼郁爲子，賞賚甚厚，而徙其衆于潢水之南。庚申，皇太子率王郁畧地定州，康默記攻長蘆。〔六〕唐義武軍節度使王處直養子都囚其父，自稱留後。〔七〕癸亥，圍涿州，有白兔緣壘而上，是日破其郛。癸酉，刺史李嗣弼以城降。〔八〕乙亥，存勗至定州，王都迎謁馬前。存勗引兵趨望都，遇我軍秃餒五千騎，圍之，存勗力戰數四，不解。李嗣昭領三百騎來救，我軍少却，存勗乃得出，大戰，我軍不利，引歸。存勗至幽州，遣二百騎躡我軍後，我軍反擊，悉擒之。己卯，還次檀州，幽人來襲，擊走之，擒其裨將。詔徙檀、順民于東平、瀋州。〔九〕

〔一〕鋤得部，本史卷三二營衛志中作楮特部，南府三部之一。府之名族指乙室部，另一部爲突舉部。此以宗室迭剌部人任南府宰相，即謂改變原以南府名族任南府宰相之舊制。

〔二〕按此是由部落管理進入國家體制。

〔三〕即正月、四月、七月、十月。

〔四〕王郁，本史卷七五本傳及新五代史并稱郁爲新州防禦使。通鑑作新州團練使。舊五代史卷一三七外國列傳作威塞軍使。按新五代史卷六〇職方考：「新州，唐同光元年置威塞軍。」新五代史卷七二四夷附録：「莊宗討張文禮，圍鎮州。定州王處直懼鎮且亡，晉兵必并擊己，遣其子郁説契丹，使入塞，以牽晉兵。郁謂阿保機曰：『臣父處直使布愚款曰：故趙王王鎔，王趙六世，鎮州金城湯池，金帛山積，燕姬、趙女，羅綺盈廷。張文禮得之而爲晉所攻，懼死不暇，故皆留以待皇帝。』阿保機大喜。其妻述律不肯，曰：『我有羊馬之富，西樓足以娛樂，今捨此而遠赴人之急，我聞晉兵彊天下，且戰有勝敗，後悔何追？』阿保機躍然曰：『張文禮有金玉百萬，留待皇后，可共取之。』於是空國入寇。」

〔五〕陰山雜録：「梁滅，阿保機率兵直抵涿州，時幽州安次、潞、三河、漁陽、懷柔、密雲等縣，皆爲所陷，俘其民而歸，置州縣以居之，不改中國州縣之名。」參見本史卷四〇地理志。

〔六〕本史卷七四康默記傳作「將漢軍攻長蘆水寨。」

〔七〕唐義武軍節度使王處直，唐，原誤晉。據本史卷七五本傳及舊五代史卷五四、通鑑改。舊五代史卷二九後唐紀：天祐十八年（九二一）十月「辛酉，閻寶上言，定州節度使王處直爲其子都幽於别室，都自稱留後」。新五代史卷五云：「王處直叛附於契丹，其子都幽處直以來附。」又舊五代史卷一三七外國列傳云：「（天祐十八年）十月，鎮州大將張文禮弑其帥王鎔，莊宗討之。時定州王處直與文禮合謀，遣威塞軍使王郁復引契丹爲援。」

通鑑後梁紀：龍德元年（九二一）七月，「張文禮雖受晉命，內不自安，復遣間使因盧文進求援於契丹，又遣間使來告曰：『王氏爲亂兵所屠，公主無恙。今臣已北召契丹，乞朝廷發精甲萬人相助，自德、棣渡河，則晉人遁逃不暇矣。』帝疑未決。敬翔曰：『陛下不乘此釁以復河北，則晉人不可復破矣。宜徇其請，不可失也。』趙、張輩皆曰：『今强寇近在河上，盡吾兵力以拒之，猶懼不支，何暇分萬人以救張文禮乎！且文禮坐持兩端，欲以自固，於我何利焉！』帝乃止。晉人屢於塞上及河津獲文禮蠟丸絹書（胡注：「塞上所獲者通契丹之書，河津所獲者通梁之書。」）晉王皆遣使歸之，文禮慚懼。文禮忌趙故將，多所誅滅。符習將趙兵萬人從晉王在德勝，文禮請召歸，以他將代之，且以習子蒙爲都督府參軍，遣人齎錢帛勞行營將士以悦之」。

新五代史卷三九王處直傳：（義武軍節度使、北平王）「（王）處直好巫，而客有李應之者，妖妄人也。處直有疾，應之以左道治之而愈，處直益以爲神，使衣道士服，以爲行營司馬，軍政無大小，咸取決焉。初，應之於陘邑闌得小兒劉雲郎，養以爲子，而處直未有子，乃以雲郎與處直，而紿曰：『此子生而有異。』處直養以爲子，更名曰都，甚愛之。應之由此益横，乃籍管內丁壯，別立新軍，自將之，治第博陵坊，四面開門，皆用左道。處直將吏知其必爲患，而莫能諫也。是時幽州李匡儔假道中山以如京師，處直伏甲城外，以備不虞。匡儔已去，甲士入城圍應之第，執而殺之。因詣處直請殺都，處直不與。明日，第功行賞，因陰疏甲士姓名，自隊長已上藏於別籍，其後因事誅之，凡二十年，無一人免者，而處直終爲都所殺。都爲人狡佞多謀，處直以爲節度副使。張文禮弒王鎔，莊宗發兵討文禮，處直與左右謀曰：『鎮，定之蔽也，文禮雖有罪，然鎮亡定不獨存。』乃遣人請莊宗毋發兵，莊宗取所獲文禮與梁蠟書示處直曰：『文禮負我，師不可止。』處直有孽子郁，當郜之亡於晉也，郁亦奔焉，晉王以女妻之，爲新州防禦使。處直見莊宗必討文禮，益自疑，乃陰與郁交通，使郁北招契丹入塞以牽晉兵，且許召郁爲嗣，都聞之不悦。而定人皆言契丹不可召，恐自貽患，處直不聽。郁自奔晉，常恐處直不容，因此大喜，以爲乘其隙可取之，乃以厚賂誘契丹阿保機。阿保機舉國入寇，定人皆不欲契丹之舉，小吏和昭訓勸都舉事，都因執處直，囚之西宅，自爲留後，凡王氏子孫及處直將校殺戮殆盡。明年正月朔旦，都拜處直於西宅，處直奮起揕其胸而呼曰：『逆賊！ 吾何負爾？』然左右無兵，遂欲嚙其鼻，都掣袖而走，處直遂見殺。」

〔八〕冊府元龜卷九八七云：「契丹阿保機寇幽州，節度使李紹宏帥士固守，契丹引衆而南，攻涿州，圍逼十餘日，陷之。契丹寇定州，王都遣使告急，御親軍赴之。」

冊府元龜卷三四七：天祐「十八年（郭崇韜）從征張文禮於鎮州，契丹引衆至新樂，王師大恐。諸將咸請退還魏州。莊宗猶豫未決。崇韜曰：『阿保機爲王郁所誘，本利貨財，非敦鄰好，苟前鋒小衄，遁走必矣，況我新破汴寇，威鎮北蕃，乘此驅攘，往無不捷……』莊宗從之，王師果捷」。（舊五代史卷五七郭崇韜傳、新五代史卷二四郭崇韜傳並同。）

舊五代史卷一三七外國列傳：十八年「十二月，阿保機傾塞入寇，攻圍幽州，李紹宏以兵城守，契丹長驅陷涿郡，執刺史李嗣弼。進攻易、定，至新樂，渡沙河，王都遣使告急，時莊宗在鎮州行營，聞前鋒報曰『敵渡沙河』，軍中咸恐，議者請權釋鎮州之圍以避之。莊宗曰：『霸王舉事，自有天道，契丹其如我何！國初突厥入寇，至於渭北，高祖欲棄長安，遷都樊鄧。太宗曰：獫狁孔熾，自古有之，未聞遷移都邑。霍去病，漢廷將帥，猶且志滅匈奴，況帝王應運，而欲移都避寇哉。文皇雄武，不數年俘二突厥爲衛士，今吾以數萬之衆，安集山東，王德明斯養小人，阿保機生長邊地，豈有退避之理，吾何面視蒼生哉？爾曹但駕馬同行，看吾破敵。』莊宗親御鐵騎五千，至新城北，遇契丹前鋒萬騎，莊宗精甲自桑林突出，光明照日，諸部愕然緩退，莊宗分二廣以乘之，北騎散退。時沙河微冰，其馬多陷。阿保機退保望都」。

舊五代史卷五〇李克修傳：「天祐十九年，契丹犯燕趙，陷涿郡，嗣弼舉家被俘，遷於幕庭。」新五代史卷一四李克脩傳謂：「契丹攻破涿州，嗣弼歿於虜……新州王郁叛晉，亡入契丹，山後諸州皆叛。嗣肱取媯、儒、武三州，拜新州刺史、山北都團練使。」

通鑑後梁紀：梁龍德元年冬十一月，晉王「自將兵攻鎮州，張處瑾遣其弟處琪、幕僚齊儉謝罪請服，晉王不許，盡鋭攻之，旬日不克……契丹主既許盧文進出兵（胡注：張文禮因盧文進求援於契丹），王郁又説之曰：『鎮州美女如雲，金帛如山，天皇王速往，則皆己物也。不然，爲晉王所有矣。』契丹主以爲然，悉發所有之衆而南。述律后諫曰：『吾有西樓羊馬之富，其樂不可勝窮也，何必勞師遠出，以乘危徼利乎。吾聞晉王用兵，天下莫敵，脱有危敗，悔之何及。』契丹主不聽，十二月辛未，攻幽州，李紹宏嬰城自守，契丹長驅而南，圍涿州，旬日拔之，擒刺史李嗣弼（按舊五代史卷一三七外國列傳亦作「執刺史李嗣弼」）。進攻定州，王都告急於晉，晉王自鎮州將親軍五千救之，遣神武都指揮使王思同將兵戍狼山之南以拒之」（參上文注〔一四〕）。二年春正月「甲午，晉王至新城南，候騎白契丹前鋒宿新樂，涉沙河而南，將士皆失色。……（晉王）乃自帥鐵騎五千先進，至新城北，半出桑林，契丹萬餘騎見之，驚走。晉王分軍爲二逐之，行數十里，獲契丹主之子。時沙河橋狹冰薄，契丹陷溺，死者甚衆。是夕，晉王宿新樂。契丹主車帳在定州城下，敗兵至，契丹舉衆退保望都。晉王至定州，王都迎謁於馬前，請以愛女妻王子繼岌。戊戌，晉王引兵趣望都，契丹逆戰，晉王以親軍千騎先進，遇奚酋禿餒五千騎，爲其所圍。晉王力戰，出入數四，自午至申不解。李嗣昭聞之，引三百騎橫擊之，虜退，（晉）王乃得出。因縱兵奮擊，契丹大敗，逐北至易州。會大雪彌旬，平地數尺，契丹人馬無食，死者相屬於道。契丹主舉手指天，謂盧文進曰：『天未令我至此。』乃北歸。晉王引兵躡之，隨其行止，見其野宿之所，布藁於地，回環方正，皆如編翦，雖去，無一枝亂者。歎曰：『虜用法嚴，乃能如是，中國所不及也。』晉王至幽州，使二百騎躡契丹之後，曰：『虜出境即還。』騎恃勇追擊之，悉爲所擒，惟兩騎自它道走免。契丹主責王郁，縶之以歸，自是不聽其謀」。拾遺卷一云：「望都之敗，通鑑以爲明年正月事，遼史繫之神册六年十二月，必有一誤。」

羅校：「按薛、歐兩史莊宗紀皆與通鑑同。薛史又記王都迎謁在既破契丹後，亦與此異。」

〔九〕索隱卷一：「瀋州時方屬渤海，蓋史通其後事言之。」

天贊元年春二月庚申，復徇幽、薊地。〔一〕癸酉，詔改元，赦軍前殊死以下。〔二〕夏四月甲寅，攻薊州。戊午，拔之，擒刺史胡瓊，以盧國用、涅魯古典軍民事。壬戌，大饗軍士。癸亥，李存勗圍鎮州，張文禮求援，命郎君迭烈、將軍康末怛往擊，敗之，殺其將李嗣昭。辛未，攻石城縣，拔之。

五月丁未，張文禮卒，其子處瑾遣人奉表來謝。〔三〕

六月，遣鷹軍擊西南諸部，以所獲賜貧民。

冬十月甲子，以蕭霞的爲北府宰相。分迭刺部爲二院：斜涅赤爲北院夷離堇，綰思爲南院夷離堇。〔四〕詔分北大濃兀爲二部，立兩節度使以統之。〔五〕

十一月壬寅，命皇子堯骨爲天下兵馬大元帥，畧地薊北。

〔一〕新五代史卷五唐莊宗紀：天祐十九年（九二二）正月，「敗契丹於新城、望都，追奔至於幽州」。舊五代史卷二九唐莊宗紀：「天祐十九年春正月甲午，帝至新城，契丹前鋒三千騎至新樂……時契丹渡沙河口，諸將相顧失色……皆請旋師，唯帝謂不可，乃率親騎至新城，契丹萬餘騎遽見帝軍，惶駭而退，帝分軍爲二廣，追躡數十里，獲阿保機之子，時沙河冰薄，橋梁隘狹，敵争踐而過，陷溺者甚衆，阿保機方在定州，聞前軍敗，退保望都……（帝）引軍至望都，契丹逆戰，帝身先士伍，馳擊數四，敵退而結陣，帝之徒兵亦陣於水次，李嗣昭躍馬奮擊，敵衆大潰，俘斬數千，追擊至易州，獲氈裘毳幕羊馬，不可勝紀，時歲且北至，大雪平地五尺，敵乏芻糧，人馬斃踣道路，纍纍不絶，帝乘勝追襲至幽州。」

契丹國志卷一：「晉王趨望都，遇奚酋秃餒五千騎，爲其所困，力戰，出入數四不解，李嗣昭引三百騎横擊之，乃退，晉王始得出。因縱兵奮擊，太祖兵敗，遂北至易州，會大雪彌旬，平地數尺，人馬死者相屬，太祖乃歸。」契丹國志繫於天贊二年（九二三）正月，錯後一年。

〔二〕册府元龜卷一二一〇：「後唐莊宗初爲晉王，天祐二十年（九二三）二月，契丹寇漁陽，上擇帥北征，郭崇韜以汴寇未平，李繼韜背命，北邊虚弱，非大將無以鎮臨，請命李存審爲燕帥捍之。」

鄭麟趾高麗史卷一：「太祖五年春二月，契丹來遺橐駝、馬及氈。」此是契丹與王氏高麗初次通使。

〔三〕拾遺卷一約引通鑑云：「張文禮本劉仁恭牙將，從其子守文鎮滄州，守文詣幽州省其父，文禮據城作亂，滄人討之，奔鎮州。趙王王鎔養以爲子，更名德明，趙王誅李弘規，文禮因親軍之怨弑趙王。文禮受晉王命爲成德留後，内不自安，復遣使因盧文進求援於契丹，又乞兵於梁，晉王命趙王故將符習爲成德留後，閻寶、史建瑭將兵助之，攻鎮州，拔趙州，刺史王鋋降，文禮驚懼而卒。此龍德元年八月事也。晉王敗契丹於望都，二年正月事也。二月，閻寶圍鎮州，爲文禮子處瑾所敗，晉王命李嗣昭代之。夏四月，張處瑾遣兵迎糧於九門，嗣昭設伏擊之，鎮兵發矢中腦卒。九月，李存審攻破鎮州，誅處瑾，事與遼史異。蓋張文禮之死，當在神册六年，李嗣昭之死，則在天贊元年，此時契丹望都敗後，方畏晉人之不暇，宜不能再援張處瑾。李嗣昭爲鎮兵射死，通鑑不言爲契丹將所殺，疑遼史所紀爲虚，故不具載通鑑文而辨之如右。」羅校：「按書文禮卒於是年者，殆當時處瑾求援仍用文禮名，迨出師敗唐兵來謝，始報文禮已卒，史氏據書，未徵實也。迭烈即逆臣傳之蕭翰（傳言翰一名敵烈），詳本傳。」

〔四〕本史卷一一二逆臣轄底傳：「將刑，太祖謂曰：『叔父罪當死，朕不敢赦。事有便國者，宜悉言之。』轄底曰：『迭剌部人衆勢强，故多爲亂，宜分爲二，以弱其勢。』」又卷七三耶律曷魯傳：「病革，太祖臨視，問所欲言。曷魯曰：『……惟析迭剌部議未決，願亟行之。』」卷三二營衛志中：「太祖之興，以迭剌部强熾，析爲五院、六院。」又卷三三營衛志下云：「天贊元年，以（迭剌部）彊大難制，析五石烈爲五院，六爪爲六院，各置夷離菫。會同元年，更夷離菫爲大王。」又卷四五百官志一：「初，太祖分迭剌夷離菫爲北、南二大王，謂之北、南院。」此分迭剌部之本末也。

〔五〕本史卷三四兵衛志上：「以户口滋繁，糺轄疎遠，分北大濃兀爲二部。」又卷五九食貨志上：「太祖平諸弟之亂，弭兵輕賦，專意於農。嘗以户口滋繁，糺轄疎遠，分北大濃兀爲二部，程以樹藝，諸部效之。」卷一一六國語解：「濃兀，部分名。」卷三七地理志一：「儀坤州……本契丹右大部地。應天皇后建州。」北大濃兀不見營衛志部族。但卷三二營衛志中末云「有右大部、左大部」，則北大濃兀似即左大部矣。

二年春正月丙申，大元帥堯骨剋平州，獲刺史趙思温、裨將張崇。〔一〕

二月，如平州。甲子，以平州爲盧龍軍，置節度使。〔二〕

三月戊寅，軍于箭笴山，〔三〕討叛奚胡損，獲之，射以鬼箭。誅其黨三百人，沉之狗河。〔四〕置奚墮瑰部，以勃魯恩權總其事。

夏四月己酉，梁遣使來聘，吳越王遣使來貢。癸丑，命堯骨攻幽州，迭剌部夷離堇覿烈〔五〕徇山西地。庚申，堯骨軍幽州東，節度使符存審遣人出戰，敗之，擒其將裴信父子。〔六〕

閏月庚辰，堯骨抵鎮州。壬午，拔曲陽。丙戌，下北平。是月，晉王李存勗即皇帝位，國號唐。

五月戊午，堯骨師還。癸亥，大饗軍士，賞賚有差。〔七〕

六月辛丑，波斯國來貢。〔八〕

秋七月，前北府宰相蕭阿古只及王郁徇地燕、趙。〔九〕

冬十月辛未朔，日有食之。〔一〇〕己卯，唐兵滅梁。〔一一〕

〔一〕趙思温，本史卷七六有傳。張崇，新五代史卷四七、舊五代史卷八八本傳并作張希崇。此避天祚延禧嫌名，去「希」字。

舊五代史卷八八張希崇傳云：「率偏師守平州，阿保機南攻，陷其城，掠希崇而去。阿保機詢希崇，乃知其儒人也。因授元帥府判官，後遷盧龍軍行軍司馬。」

按平州陷於契丹，通鑑在乾化元年（九一一）八月；本史繫於太祖六年（九一二）十月，後爲周德威所退，見貞明三年（九一七）八月。此次再剋平州。

〔二〕舊五代史卷九七盧文進傳：「同光之世，文進在平州。」契丹國志卷一：後唐同光元年，「（太祖）遣其將禿餒及盧文進據平、營等州，以擾燕地。」

〔三〕索隱卷一：「此山見地理志中京道遷州。一統志永平府云：『箭笴山在臨渝縣西北七十里，今名茶盆山，凡邊外之山盤礴内向者，茶盆爲大。』」

〔四〕索隱卷一：「按即金史地理志昌州之狗濼。」

〔五〕按迭剌部已於去年十月分爲北、南院，各置夷離堇。此稱迭剌部夷離堇，殆用舊稱。

〔六〕通鑑後唐紀：莊宗同光元年（九二三）三月，「契丹寇幽州，晉王問帥於郭崇韜，崇韜薦横海節度使李存審。時存審卧病。己卯，徙存審爲盧龍節度使，輿疾赴鎮」。又閏四月甲午云：「契丹寇幽州，至易、定而還。時契丹屢入寇，抄掠饋運，幽州食不支半年。」舊五代史但於甲午著契丹寇幽州，至易、定而還，未言屢寇。

册府元龜卷三四七：天祐二十年，「契丹犯燕、薊，郭崇韜奏曰：『……北邊遮虜非存審不可。』……存審卧病……既而詔存審以本官充幽州盧龍節度，自鎮州之任」。

〔七〕册府元龜卷九八〇：「莊宗同光初，滄州奏，偵問（聞）契丹國舅撒剌宴送羊馬於幽州，申和好。」

〔八〕即今伊朗。索隱卷一云：「案唐時波斯已爲大食所滅，見舊唐書大食傳，而遼史兵衛志屬國軍有波斯，此紀又有波斯國。美國林樂知四裔年表：唐懿宗咸通九年（八六八），波斯始背阿剌伯。昭宗景福元年（八九二），色蠻尼自立爲國，此年正值波斯色蠻尼朝，阿剌伯即大食也。」

〔九〕舊五代史卷二九：「九月壬寅朔，帝在朝城，（梁段）凝兵至臨河南，與帝之騎軍接戰。是時澤、潞叛，衛州、黎陽爲梁人所據，州以西、相以南，寇鈔日至，編户流亡，計其軍賦，不支半年。又王郁、盧文進召契丹南侵瀛、涿，及聞梁人將圖大舉，帝深憂之，召將吏謀其大計。」通鑑亦稱：「盧文進、王郁引契丹屢過瀛、涿之南，傳聞俟草枯冰合，深入爲寇。」胡注：「此即言梁龍德二年契丹入鎮、定境。」

〔一〇〕契丹國志卷一：天贊二年（原誤三年）癸未「冬十月朔，日食。彗星見，出輿鬼，長丈餘」。

〔一一〕册府元龜卷九七二云：同光元年「十二月，奚首領李紹威遣使朝貢」。

三年春正月，遣兵畧地燕南。〔一〕

夏五月丙午，以惕隱迭里爲南院夷離菫。是月，徙薊州民實遼州地。渤海殺其刺史張秀實而掠其民。〔二〕

六月乙酉，召皇后、皇太子、大元帥及二宰相、諸部頭等詔曰：「上天降監，惠及烝民。聖主明王，萬載一遇。朕既上承天命，下統羣生，每有征行，皆奉天意。是以機謀在己，取舍如神，國令既行，人情大附。舛訛歸正，遐邇無愆。可謂大含溟海，安納泰山矣！自我國之經營，爲羣方之父母。憲章斯在，胤嗣何憂？升降有期，去來在我。良籌聖會，自有契於天人；衆國羣王，豈可化其凡骨？三年之後，歲在丙戌，時值初秋，必有歸處。然未終兩事，〔三〕豈負親誠？日月非遥，戒嚴是速。」聞詔者皆驚懼，莫識其意。是日，大舉征吐渾、党項、阻卜等部。詔皇太子監國，大元帥堯骨從行。

秋七月辛亥，曷剌等擊素昆那山〔四〕東部族，破之。〔五〕

八月乙酉，至烏孤山，〔六〕以鵝祭天。甲午，次古單于國，〔七〕登阿里典壓得斯山，〔八〕以麃鹿祭。〔九〕

九月丙申朔，次古回鶻城，〔一〇〕勒石紀功。庚子，拜日于蹛林。〔一一〕丙午，遣騎攻阻卜。南府宰相蘇、南院夷離菫迭里畧地西南。乙卯，蘇等獻俘。丁巳，鑿金河水，取烏山石，〔一二〕

輦致潢河、木葉山，以示山川朝海宗嶽之意。癸亥，大食國來貢。甲子，詔礱闢遏可汗故碑，以契丹、突厥、漢字紀其功。〔一三〕是月，破胡母思山〔一四〕諸蕃部，次業得思山，〔一五〕以赤牛青馬祭天地。回鶻霸里遣使來貢。〔一六〕

冬十月丙寅朔，獵寓樂山，〔一七〕獲野獸數千，以充軍食。丁卯，軍于霸離思山。〔一八〕遣兵踰流沙，〔一九〕拔浮圖城，〔二〇〕盡取西鄙諸部。〔二一〕

十一月乙未朔，獲甘州回鶻都督畢離遏，因遣使諭其主烏母主可汗。射虎于烏剌邪里山，抵霸室山。〔二二〕六百餘里且行且獵，日有鮮食，軍士皆給。〔二三〕

〔一一〕冊府元龜卷九八七云：「同光二年正月，契丹寇瓦橋關。以天平軍節度使李嗣源爲北面行營招討使，陝州留後霍彥威爲副，率軍討之。是月契丹還。」（舊五代史卷三一唐莊宗紀畧同。）通鑑後唐紀又云：「宣徽使李紹宏爲監軍，將兵救幽州。」庚戌，「契丹出塞」，癸丑，「李存審奏：『契丹去，復得新州。』」

冊府元龜卷九九四云：「三月，鎮州奏：『契丹將犯塞。』乃令李紹斌、李從珂部署馬軍，分道備之，蕃、漢內外馬步軍副總管李嗣源領諸軍屯於邢州。」舊五代史卷三一但稱：「契丹犯塞，詔李嗣源率師屯邢州。」

通鑑後唐紀：三月「乙巳，鎮州言契丹將犯塞。詔横海節度使李紹斌、北京左廂馬軍指揮使李從珂帥騎兵分道備之。天平節度使李嗣源屯邢州……庚戌，幽州奏契丹寇新城（胡注：新城縣屬涿州）」。舊五代史卷三一同。五代會要卷二九作「阿保機率所部入寇新城」。

〔二〕通鑑後唐紀：「（五月）幽州言，契丹將入寇。甲寅，以横海節度使李紹斌充東北面行營招討使，將大軍渡河而北。契丹屯幽州東南，城門之外，虜騎充斥，饋運多爲所掠。」（舊五代史卷三二、册府元龜卷九八七略同。）

〔三〕按兩事謂東征渤海，西討西夏。本史卷七五耶律鐸臻傳云：「天贊三年將伐渤海……鐸臻……請先西討……太祖從之。」

〔四〕索隱卷一：「索昆那山即今烏珠穆沁左翼旗東北索岳爾濟山，山之南即内蒙古科爾沁右翼前旗；山之北即外蒙古車臣汗左翼前旗。水道提綱：『山甚高大，袤延數百里，其西麓臨大漠。』」

〔五〕通鑑後唐紀：秋七月「庚申，置威塞軍於新州。契丹恃其强盛，遣使就帝求幽州以處盧文進。時東北諸夷皆役屬契丹，惟渤海未服，契丹主謀入寇，恐渤海掎其後，乃先舉兵擊渤海之遼東，遣其將秃餒及盧文進據營、平等州以擾燕地。」舊五代史卷三二：同光二年七月壬戌，「幽州奏：『契丹阿保機東攻渤海。』……九月迴軍」。（通鑑、五代會要卷二九同。）

〔六〕烏孤山，似即烏古部之山。今蒙古人民共和國肯特山。

〔七〕索隱卷一：「按漢書匈奴傳，單于庭初直代雲中，元封以後，定都龍城。蕭圖玉傳：『開泰元年七月，石烈太師阿里底殺其節度使，西奔窩魯朵城，蓋古所謂龍庭單于城也。』此紀古單于國尚未至龍庭，爲漢初直代雲中之單于庭，在今車臣汗部。」遺址在今和碩柴達木湖附近。

〔八〕索隱卷一：「按水道提綱：『阿爾泰山支峯綿亘北漠，東爲湯努，爲杭愛。』又云：『阿爾泰頂東南一幹曰昂奇山，曰馬喇噶山，又東行而阿爾泰頂東大幹杭愛山南行支阜自北來相接，又南又東爲杭愛山，尾甚高大。』此紀阿里典即今阿爾泰，亦作阿勒坦，壓得斯山爲阿爾泰之分支，故仍繫阿爾泰下。」

〔九〕册府元龜卷九八〇：同光「二年八月，幽州進契丹國舅撒剌宴書」。參上文二年注〔七〕。

〔一〇〕本史卷三〇天祚紀作卜古罕城，卷九三蕭圖玉傳作窩魯朵城，故址即今鄂爾渾河上游哈剌巴剌哈孫。

索隱卷一：「案唐書，黠戛斯大破回鶻，焚其牙帳，言將徙就合羅川居回鶻故國，此紀古回鶻城即合羅川。元代和林也。遼碑在和林城，見耶律鑄雙溪醉隱集，其集有龍庭詩注和林西北地可證。知此紀上云古單于國非即龍庭。」

〔一一〕索隱卷一：「案蹛林亦見史記匈奴傳索隱：地名。李牧傳『襜襤』也，漢書注：服虔曰，蹛音帶，師古曰，蹛者，繞林木而祭也。本史國語解，蹛林即松林故地，考此松林非遼之平地松林（平地松林詳後），今名昭莫多。水道提綱：『土喇河又南經興安嶺西支阜，其南岸即昭莫多，地有松蒙古遊牧記：『土喇河東喀魯倫河西有東庫倫，其地曰昭莫多，譯言有林木也。』在土謝圖汗中旗境古蹛林地，其地東庫倫當三音諾顔旗和林之東北，有巴彦集魯克山，又即唐書薛延陀傳之都尉鞬山，此紀之壓得斯山矣。」

考蹛、太只清濁之分，蒙古語台魯爾 Tairur 在漢初譯法常有以 n 代 r 之例，故 Tairur 可讀爲 Tairun，蹛林或即源此。蓋塔米爾河之台魯爾倭赫池，匈奴、蒙古均以爲聖地。韋昭云：蹛音多藍反。史記索隱引姚氏云：「案李牧傳大破匈奴，滅昝襤，此字與韋昭音頗同。」昝襤，漢書卷五四馮唐傳作淡林，史記索隱引如淳又作儋林。

〔一二〕按「鑿」、「取」二字互舛，應作「取金河水，鑿烏山石」。羅校：「水當作冰。」九月金河，似尚無冰可鑿。索隱卷一二云：「耶律鑄雙溪醉隱集金蓮花甸詩注：和林西百餘里有金蓮花甸，金河界其中，東匯爲龍渦，是即此紀金河。今塔米爾河東流瀦爲台魯勒倭黑池，亦即龍渦矣。塔米爾河源出杭愛山烏可克嶺，蓋即烏山，取其石輦歸上京，逾大漠而東南也。」

〔一三〕闕遏可汗碑，近年於和林回鶻故城發見，可見太祖雖下詔磨礲故碑立紀功碑，並未實現，或另用新石，否則何得再見闕遏可汗碑。闕遏，舊唐書卷一九五回紇傳作毗伽，雙溪醉隱集作苾伽。

〔一四〕索隱卷一：「今唐努山烏梁海。」本月破胡母思山諸蕃部，下月逾流沙拔浮圖城。可見胡母思山在流沙浮圖城東北。流沙當今金山南天山北之沙漠，浮圖城當今烏魯木齊東境之城。胡母思山在其東北，即當今金山一帶之支山。漢西域圖考卷三謂此浮圖城與唐初可汗浮圖城並屬車師後庭下，似亦認胡母思山爲金山支山。按俄人布萊梯思奈得中世紀研究云：謙謙州即拉施特史之Kemkemdjut無疑，彼言其鄰接乞兒吉思也。考此地在今克姆河或葉尼塞河之上游，土人尚稱曰克姆，猶云「河」也。正源曰烏魯克姆，大河也。一小支曰克姆齊克，小河也。小河流域内尚有地名曰克姆齊克。元史譯文證補卷二六下云：「唐書有水曰劍河……劍河即元史之謙河在唐努烏梁海境内……華字無姆音，不得已而以穆、木等字代之，故水道提綱作克穆河別作克木，亦作客木。」忽母、胡母、克母等當是Kh或K，h互轉。思是尾音。契丹語顎音重讀作「胡母」，亦有可能。地在和林北，西南行過今阿爾泰則至天山北路，與「踰流沙拔浮圖城」方位相合。故胡母思山諸蕃部當是居住唐努山一帶之部族。

〔一五〕索隱卷一：「案今珠勒都斯山。西域釋地，山在珠勒都斯之地，北連雪山，回環千餘里，水草豐茂。」

〔一六〕通鑑：九月癸卯，「契丹攻渤海，無功而還」。丁巳，「幽州言契丹入寇」。舊五代史卷三二：九月「庚戌，有司自契丹至者，言女真、迴鶻、黄頭室韋合勢侵契丹」。（册府元龜卷九九五同。）

〔一七〕索隱卷一：「案即祁連山，一名雪山，又名折羅漫山，實南天山。」

〔一八〕索隱卷一：「案即北天山之鹽池山。」日本長澤和俊絲綢之路史研究，謂是巴爾庫勒淖爾附近、東部天山肥沃之牧地。

〔一九〕和瑛三州輯略卷一：「又東名鹽池山，此山之南，沙磧漫野，即希爾哈戈壁，所謂千里瀚海也。」

〔二〇〕索隱卷一：「浮圖城即宋史西夏傳浮圖堡，其西鄙諸部在天山東南，亦西夏所屬役者，遼祖此行本意在服西夏。」

日本松井等契丹可敦城考：浮圖城即唐代之可汗浮圖城，見新唐書卷一一〇阿史那社尒傳。

新唐書卷二二一上高昌傳：貞觀十年，侯君集平高昌，西突厥葉護可汗屯可汗浮圖城來降，以其地爲庭州。

新唐書卷四〇地理志：「北庭大都護府，本庭州。」舊唐書卷四〇地理志：「瀚海軍，在北庭都護府城內。」耶律楚材西游録卷上：「其南有回鶻城，名別石把，有唐碑，所謂瀚海軍。」

歐陽玄圭齋集高昌偰氏家傳：「北庭，今名別失八里城也。」

西域水道記卷三：「烏魯木齊東北濟木薩之北二十餘里有護堡子破城，唐之金滿縣（北庭都護府治）殘碑、唐造像碣，元造像碣在焉。」則元之別失八里在唐北庭都護府治，即西突厥可汗浮圖城也。」嶋崎昌認爲即今新疆之古城。見東洋學報四十六卷二、三號可汗浮圖城考。

〔二一〕通鑑後唐紀：同光二年冬十月辛未，「易、定言契丹入寇」。舊五代史卷三二作「契丹寇易、定北鄙」。

舊五代史卷三二：十月庚辰，「幽州奏：契丹入寇，至近郊」。

〔二二〕自唐以來，甘州與漠北有密切聯繫。亦進貢後唐。舊五代史卷一三八莊宗册仁美爲英義可汗，即烏母主。此是回程，由天山而抵阿爾泰山之分支諸山。乾隆續修大清一統志（以下簡稱清一統志）卷四二一：「阿爾泰山綿亘二千餘里，東南分二山，如黑雲二道界瀚海中，東爲庫克西勒克山，又東北接巴顏山。層峯不斷千餘里，横絶沙漠。天山自西方來，亦蜿蜒而東南，横亘沙漠中千餘里。」索隱卷一云：「巴顏山即此紀霸室山。」

〔三〕舊五代史卷三二：十一月戊午，「契丹寇蔚州」。十二月「壬午，契丹寇嵐州」。通鑑後唐紀：同光二年（九二四）十一月「庚申，蔚州言契丹入寇」，十二月「己巳，命宣武節度使李嗣源將宿衛兵三萬七千人赴汴州，遂如幽州禦契丹……壬午，北京言契丹寇嵐州」。（胡注：同光之初，以鎮州爲北都，太原爲西京；尋廢北都，復爲鎮州，以太原爲北京。）五代會要卷二九：「十二月，（契丹）又入寇嵐州。」

册府元龜卷四三一：「後唐李存賢爲幽州節度使，時契丹强盛，城門之外，鞠爲胡貊。援軍自瓦橋關，萬衆防衛，與胡騎一日數戰，存賢曉夕警備，廢寢與食。」

舊五代史卷五九烏震傳：「契丹犯塞，漁陽路梗，震率師運糧，三入薊門。」

新五代史卷六：同光二年，「冬，契丹侵漁陽，嗣源敗之於涿州」。新五代史卷四七李瓊傳：「同光二年，契丹犯塞，明宗出涿州，遇契丹，與戰不勝，諸將各稍引去，而晉高祖獨戰不已，契丹漸合而圍之。瓊引高祖衣與俱遯，至劉李河，而追兵且及，瓊浮水先至南岸，高祖至河中流，馬踣，瓊以長矛援出之，又以所乘馬與高祖，而步護之，走十餘里，乃得免。」

四年春正月壬寅，以捷報皇后、皇太子。〔一〕

二月丙寅，大元帥堯骨畧党項。丁卯，皇后遣康末怛問起居，進御服、酒膳。乙亥，蕭阿古只畧燕、趙還，進牙旗兵仗。辛卯，堯骨獻党項俘。

三月丙申，饗軍于水精山。〔二〕

夏四月〔三〕甲子，南攻小蕃，〔四〕下之。皇后、皇太子迎謁於札里河。〔五〕癸酉，回鶻烏母主可汗遣使貢謝。

五月甲寅，清暑室韋北陘。〔六〕

秋九月癸巳，至自西征。〔七〕

冬十月丁卯，唐以滅梁來告，即遣使報聘。庚辰，日本國來貢。辛巳，高麗國來貢。

十一月丁酉，幸安國寺，飯僧，赦京師囚，縱五坊鷹鶻。己酉，新羅國來貢。

十二月乙亥，詔曰：「所謂兩事，一事已畢，惟渤海世讎未雪，豈宜安駐？」乃舉兵親征渤海大諲譔。〔八〕皇后、皇太子、大元帥堯骨皆從。

閏月壬辰，祠木葉山。壬寅，以青牛白馬祭天地于烏山。己酉，次撒葛山，射鬼箭。丁巳，次商嶺，夜圍扶餘府。〔九〕

〔一〕册府元龜卷九八七云：同光「三年（九二五）正月，李嗣源上言，於涿州東南殺敗契丹，生擒首領三十人，遣人告捷。是月嗣源送所獲契丹俘囚首領衢多等八人，斬於應天門外」。舊五代史、通鑑、五代春秋、契丹國志等並記「正月契丹寇幽州」。惟五代會要繫於二月。舊五代史卷三二：二月「丙子，李嗣源奏：涿州東南殺敗契丹，生擒首領三十人」。當於正月戰捷，二月捷報到達。新五代史繫於去年冬，則屬帶叙。按此役應是雙方並有斬獲，故雙方各自報捷。舊五代史卷五九張温傳：「温字德潤……從莊宗襲契丹於幽州，收新州，歷銀槍効義都指揮使，再任武州刺史。同光初契丹陷嬀、儒、檀、順、平、薊六州，武州獨全……清泰初，屯兵鴈門，逐契丹出塞。」

〔二〕索隱卷一：「案此已東返至今内蒙古。突吕不傳：『太祖犒師水精山。』一統志：『水精山在科爾沁左翼西北二百里，蒙古名吉爾巴爾。』」

〔三〕據舊五代史、新五代史、五代會要：「癸亥朔，日有食之。」契丹國志繫於天贊五年，誤。

〔四〕本史卷四六北面屬國官、卷三六屬國軍、卷七〇屬國表均有小蕃。小蕃主要指党項、西夏，其他党項部落亦稱小蕃。詳卷四六北面屬國官。索隱卷一：「小蕃即嗢熱也。」洪皓松漠紀聞：「嗢熱者，國最小，不知其始所居，後爲契丹徙置黄龍府南賓州。」今考新唐書卷一四一下吐蕃奴部有渾末，亦曰嗢末。

〔五〕索隱卷一：「案此河即上紀楚里河。」

〔六〕册府元龜卷九七二云：同光三年「五月，契丹阿保機遣使拽鹿孟貢方物」。五代會要同。

〔七〕舊五代史卷三二云：同光三年「六月癸亥，雲州上言：去年契丹從磧北歸帳，達靼因相掩擊，其首領于越族帳自磧北以部族羊馬三萬來降。已到南界，今差使人來赴闕奏事」。索隱卷一：「『契丹從磧北歸帳』，可知此年西征，往返皆行磧北，與後興宗伐西夏軍所行道不同，以此時未得唐山後諸州也。」

〔八〕高麗史卷一：「太祖八年（九二五）秋九月丙申，渤海將軍申德等五百人來投。庚子，渤海禮部卿大和鈞均老、司政大元鈞、工部卿大福謩，左右衛將軍大審理等率民一百户來附。渤海，本粟末靺鞨也。唐武后時，高句麗人大祚榮走保遼東，睿宗封爲渤海郡王，因自稱渤海國，并有扶餘、肅慎等十餘國，有文字、禮樂、官府、制度，五京十五府六十二州，地方五千餘里，衆數十萬，鄰於我境，而與契丹世讎。至是，契丹主謂左右曰：『世讎未雪，豈宜安處？』乃大舉攻渤海大諲譔，圍忽汗城，大諲譔戰敗乞降，遂滅渤海，於是其國人來奔者相繼。」「十二月戊子，渤海左首衛小將冒豆干、檢校開國男朴漁等率民一千户來附。」

高麗史卷八六年表：「太祖天授八年，契丹滅渤海國，世子大光顯來附。」高麗史卷二列光顯奔高麗於高麗太祖十七年。應是八年投附，十七年奔抵高麗。

册府元龜卷九七六：天成三年「十月甲子，差春州刺史米海金押國信賜契丹王。及迴使梅老秀里等辭，賜物有差」。

〔九〕今吉林農安縣。

天顯元年春正月己未，白氣貫日。庚申，拔扶餘城，誅其守將。丙寅，命惕隱安端、前北府宰相蕭阿古只等將萬騎爲先鋒，遇諲譔老相兵，破之。皇太子、大元帥堯骨、南府宰相蘇、北院夷離堇斜涅赤、南院夷離堇迭里是夜圍忽汗城。〔一〕己巳，諲譔請降。庚午，駐軍于忽汗城南。辛未，諲譔素服稾索牽羊，率僚屬三百餘人出降。上優禮而釋之。甲戌，詔諭渤海郡縣。丙子，遣近侍康末怛等十三人入城索兵器，爲邏卒所害。丁丑，諲譔復叛，攻其城，破之。駕幸城中，諲譔請罪馬前。詔以兵衛諲譔及族屬以出。祭告天地，復還軍中。〔二〕

二月庚寅，安邊、〔三〕鄚頡、〔四〕南海、〔五〕定理〔六〕等府及諸道節度、刺史來朝，慰勞遣之。以所獲器幣諸物賜將士。壬辰，以青牛白馬祭天地。大赦，改元天顯。以平渤海遣使報唐。〔七〕甲午，復幸忽汗城，閱府庫物，賜從臣有差。以奚部長勃魯恩、王郁自回鶻、新羅、〔八〕吐蕃、党項、室韋、沙陀、烏古等從征有功，優加賞賚。丙午，改渤海國爲東丹，忽汗城爲天福。册皇太子倍爲人皇王以主之。以皇弟迭剌爲左大相，渤海老相爲右大相，渤海司徒大素賢爲左次相，耶律羽之爲右次相。赦其國内殊死以下。丁未，高麗、濊貊、

鐵驪、靺鞨來貢。〔九〕

三月戊午，遣夷離畢康默記、左僕射韓延徽攻長嶺府。甲子，祭天。丁卯，幸人皇王宮。己巳，安邊、鄚頡、定理三府叛，遣安端討之。丁丑，三府平。壬午，安端獻俘，誅安邊府叛帥二人。癸未，宴東丹國僚佐，頒賜有差。甲申，幸天福城。乙酉，班師，以大諲譔舉族行。

夏四月丁亥朔，次傘子山。辛卯，人皇王率東丹國僚屬辭。是月，唐養子李嗣源反，郭存謙〔一〇〕弒其主存勗，嗣源遂即位。

五月辛酉，南海、定理二府復叛，大元帥堯骨討之。

六月丁酉，二府平。丙午，次慎州，唐遣姚坤以國哀來告。〔一一〕

秋七月丙辰，鐵州刺史衛鈞反。乙丑，堯骨攻拔鐵州。庚午，東丹國左大相迭剌卒。辛未，衛送大諲譔于皇都西，築城以居之。賜諲譔名曰烏魯古，妻曰阿里只。〔一二〕盧龍行軍司馬張崇叛，奔唐。〔一三〕甲戌，次扶餘府，上不豫。是夕，大星隕于幄前。辛巳平旦，子城上見黃龍繚繞，可長一里，光耀奪目，入于行宮。有紫黑氣蔽天，踰日乃散。是日，上崩，年五十五。天贊三年上所謂「丙戌秋初，必有歸處」，至是乃驗。壬午，皇后稱制，權決軍國事。〔一四〕

八月〔一五〕辛卯，康默記等攻下長嶺府。〔一六〕甲午，皇后奉梓宮西還。壬寅，堯骨討平諸州，奔赴行在。乙巳，人皇王倍繼至。〔一七〕

九月壬戌，南府宰相蘇薨。丁卯，梓宮至皇都，權殯于子城西北。己巳，上謚昇天皇帝，廟號太祖。〔一八〕

冬十月，盧龍軍節度使盧國用叛，奔于唐。〔一九〕

十一月丙寅，殺南院夷離菫耶律迭里、郎君耶律匹魯等。

〔一〕今黑龍江省寧安縣西南六十里東京城。

〔二〕五代會要卷二九：同光四年（天顯元年）「正月，阿保機復寇渤海國。又遣梅老鞋里已下三十七人，貢馬三十匹。詐修和好」（詐，一本作許）。（册府元龜卷九九八同，又云：「時阿保機將寇渤海，僞修好於我，慮乘虛掩擊故也。」與「詐修和好」之意合。）册府元龜卷九九五：同光「四年正月，北面招討使李紹真奏北來奚首領云：『契丹阿保機寇渤海國。』」

通鑑後唐紀：天成元年（同光四年）正月，「契丹主擊女真及渤海」。七月，「拔其夫餘城」。

〔三〕今伯力南烏蘇里江流域。

〔四〕今黑龍江省五常縣。

〔五〕今遼寧省海城市。

〔六〕定理在安邊南。

〔七〕此亦修好之使。新五代史卷六唐紀：天成元年四月，「渤海國王大諲譔使大陳林來」。應是求援。

〔八〕西征不應有新羅。

〔九〕按高麗等原附渤海，至是渤海平，遂來貢。

〔一〇〕存謙，新、舊五代史、通鑑、契丹國志並作從謙。錢氏考異卷八三：「存謙當作從謙。」

〔一一〕册府元龜卷六六〇：「明宗初纂嗣，遣（供奉官姚）坤齎空函告哀，至西樓，屬阿保機在渤海，又徑至慎州，崎嶇萬里。既謁見，阿保機延入穹廬，阿保機身長九尺，被錦袍，大帶垂後，與妻對榻引見坤。坤未致命，阿保機先問曰：『聞爾漢土河南北各有一天子，信乎？』坤曰：『河南天子，今年四月一日雒城軍變，今凶問至矣。河北總管令公比爲魏州軍亂，先帝詔令除討，既聞内難，軍衆離心，及京城無主，上下堅册令公，請主社稷，今已順人望登帝位矣。』……阿保機曰：『漢國兒與我雖父子，亦曾彼此讎掣，俱有惡心，與爾今天子彼此無惡，足得歡好，爾先復命，我續將馬三萬騎，至幽、鎮，已來與爾家天子面爲盟約，我要幽州，令漢兒把捉，更不復侵汝漢界。』」通鑑：「天成元年秋七月，帝遣供奉官姚坤（考異曰：漢高祖實録作苗紳，今從莊宗列傳）告哀於契丹，契丹主聞莊宗爲亂兵所害，慟哭曰：『我朝定兒也，吾方欲救之，以渤海未下，不果往，致吾兒及此。』哭不已。虜言朝定，猶華言朋友也。又謂坤曰：『今天子聞洛陽有急，何不救？』對曰：『地遠不能及。』曰：『何故自立？』坤爲言帝所以即位之由。契丹主曰：『漢兒喜飾説，毋多談。』突欲侍側曰：『牽牛以蹊人之田而奪之牛，可乎？』（蹊田奪牛，見左傳宣公十一年。）坤曰：『中國無主，唐天子不得已而立，亦猶天皇王初有國，豈强取之乎？』契丹主曰：『理當然。』又曰：『聞吾兒專好聲色、遊畋，宜其及此。我自聞之，舉家不飲酒，散遣伶人，解縱鷹犬。若亦效吾兒所爲，行自亡矣。』又曰：『吾兒與我雖世舊，然屢與我戰争，於今天子則無怨，足以修好，若與我大河之北，吾不復南侵矣。』坤曰：『此非使臣之所得專也。』契丹主怒，囚之。旬餘，復召之曰：『河北恐難得，得鎮、定、幽州亦可也。』給紙筆，趣令爲狀，坤不可。欲殺之。韓延徽諫，乃復囚之。」舊五代史卷一三七：「（阿保機）問（姚坤）：『漢收得西川，信不？』坤曰：『去年九月出兵，十一月十六日收下東、西川，得兵馬二十萬，金帛無算，皇帝初即位，未辦送來，續當遣使至矣。』阿保機忻然曰：『聞西川有劍閣，兵馬從何過得？』坤曰：『川路雖險，然先朝收復河南，有精兵四十萬，良馬十萬騎，但通人行處，便能去得，視劍閣如平地耳。』阿保機善漢語，謂坤曰：『吾解漢語，歷口不敢言，懼部人效我，令兵士怯弱故也。』」

〔一三〕通鑑後唐紀：七月，「契丹主攻渤海，拔其扶餘城，更命曰東丹國。」拾遺卷一引東國通鑑：「高麗太祖九年春，契丹滅渤海，渤海王大諲譔戰敗乞降，改渤海爲東丹國，册太子倍爲人皇王以主之。置諲譔於臨潢之西，賜名曰烏魯古，於是渤海世子大光顯及將軍申德、禮部卿大和鈞、均老、司政大元鈞、工部卿大福謨、左右衛將軍大審理、小將冒豆于、檢校開國男朴漁、工部卿吴興等率其餘衆前後來奔高麗者數萬户。王待之甚厚，賜光顯姓名王繼，附之宗籍，使奉其祀。僚佐皆賜爵」。本史卷一一六國語解：「烏魯古、阿里只，太祖及述律后受諲譔降時所乘二馬名也。」按烏魯古、阿里只亦是官名，參見金史卷五七百官志及金史國語解，又本書卷一一六國語解太祖紀注。

〔一三〕按張崇奔唐事，新舊五代史、通鑑及册府元龜卷九七八並繫於天成三年（遼天顯三年）閏八月。新五代史卷四七張希崇傳：「希崇字德峯，幽州薊人也。少好學，通左氏春秋。劉守光不喜儒士，希崇因事軍中爲偏將，將兵戍平州。其後契丹攻陷平州，得希崇，知其儒者也，以爲盧龍軍行軍司馬。明宗時，盧文進自平州亡歸，契丹因以希崇代文進爲平州節度使，遣其親將以三百騎監之。居歲餘，虜將喜其爲人，監兵少怠，希崇因與其麾下謀走南歸。其麾下皆言兵多，不可俱亡，懼不得脱，因勸希崇獨去。希崇曰：『虜兵守我者三百騎爾。烹其將，其兵必散走。且平州去虜帳千餘里，使其聞亂而呼兵，則吾與汝等在漢界矣。』衆皆曰『善』。乃先爲穽，實以石灰。明日，虜將謁希崇，希崇飲之以酒，殺之穽中，兵皆潰去。希崇率其麾下，得生口二萬南歸。明宗嘉之，拜汝州防禦使。」册府元龜卷一六六：天成三年「十月戊午，契丹署平州刺史張希崇將麾下八十餘人歸闕。見於玄德殿，便召赴宴，例加賞賜。希崇，幽州人，陷蕃歲久，契丹署於平州，至是殺其蕃兵，率平、營人户來歸」。（又見册府元龜卷四〇五，卷八七九，卷九〇〇）

〔一四〕册府元龜卷九七二：「七月，契丹國王遣梅老里述骨之進内官一人，馬二匹，地衣真珠裝、金釧、金釵等。渤海使人大昭佐等六人朝貢。」新五代史卷六作「契丹使梅老述骨來」。舊五代史卷三六作「契丹、渤海國俱遣使朝貢」。未記使名。

〔一五〕據舊五代史、新五代史、五代會要：「乙酉朔，日有食之。」契丹國志誤作天贊六年。

〔一六〕新五代史卷六：天成元年「八月己亥，契丹寇邊」。舊五代史、通鑑並同，通鑑繫於庚子。

〔一七〕丁酉，梓宮至烏州。癸卯，契丹境内一齊舉哀。辛亥，至龍州。紀未書，參見下文注〔一八〕。

〔一八〕五代會要卷二九：「天成元年九月，攻渤海國扶餘城，下之，命其長子突欲爲國主，號東丹王，其月二十七日，阿保機得疾而死。第二子元帥太子德光嗣立。」

册府元龜卷九八〇：「天成元年九月，幽州趙德鈞奏，先差軍將陳繼威使契丹部内，今使還，得狀稱：『今年七月二十日，至渤海界扶餘府，契丹族帳在府城東南隅。繼威既至，求見，不通。竊問漢兒，言：契丹主阿保機已得疾，其月二十七日，阿保機身死。八月三日，隨阿保機靈柩發離扶餘城，十三日，至烏州，阿保機王妻始受却當府所持書信。二十七日，至龍州。契丹王妻令繼威歸本道，仍遣撩括梅老押馬三匹充答信同來。繼威見契丹部族商量來年正月葬阿保機於木葉山下，兼差近位阿思没姑餒持信與先入蕃天使供奉官姚坤同來，赴闕告哀。兼聞契丹部内取此月十九日，一齊舉哀。朝廷及當府前後所差人使，繼威來時見處分，候到西樓日，即并放歸。』」

〔一九〕册府元龜卷九七七：「十月契丹平州守將領幽州節度使盧文進率户口兵馬車帳來降。」五代會要卷二九：「十月，遣使没骨餒來告哀，明宗輟其月十九日朝參以禮之。其月僞平州守將領幽州節度使盧文進率户口兵馬車帳來降。」文進，本書卷七五有補傳。册府元龜卷九八〇：「十月辛丑，契丹告哀使没骨餒見言契丹國王阿保機今年七月二十七日薨。勑曰：『朕以近纘皇圖，恭修帝道，務安夷夏，貴洽雍熙。契丹王世豫歡盟，禮交聘問，遽聞凶訃，倍軫悲懷。可輟今月十九日朝參。』」

新五代史卷六：冬十月「辛丑，契丹使没骨餒來告阿保機哀，廢朝三日」。田況儒林公議卷下曰：「契丹自阿保機雄據燕北之地，修其國，有威法，諸戎就漸爲制。常得中國所賜紈錦，以其尤精緻者藉地，使牧豎汙踐之，親近者或問其故，曰：我國家他日富盛，此等固當踐之，其用意規貪侈毒，豈易盈哉。」

二年八月丁酉，葬太祖皇帝于祖陵，置祖州天城軍節度使以奉陵寢。統和二十六年七月，進謚大聖大明天皇帝。重熙二十一年九月，加謚大聖大明神烈天皇帝。〔二〕太祖所崩行宫在扶餘城西南兩河之間，後建昇天殿于此，而以扶餘爲黄龍府云。

贊曰：遼之先，出自炎帝，世爲審吉國，其可知者蓋自奇首云。〔二〕奇首生都菴山，徙潢河之濱。傳至雅里，〔三〕始立制度，置官屬，刻木爲契，穴地爲牢。讓阻午而不肯自立。雅里生毗牒。毗牒生頦領。〔四〕頦領生耨里思，大度寡欲，令不嚴而人化，是爲肅祖。肅祖生薩剌德，嘗與黄室韋挑戰，矢貫數札，是爲懿祖。懿祖生匀德實，始教民稼穡，善畜牧，國以殷富，是爲玄祖。玄祖生撒剌的，〔五〕仁民愛物，始置鐵冶，教民鼓鑄，是爲德祖，即太祖之父也。世爲契丹遥輦氏之夷離堇，〔六〕執其政柄。德祖之弟述瀾，〔七〕北征于厥、室韋，南畧易、定、奚、霫，始興板築，置城邑，教民種桑麻，習織組，已有廣土衆民之志。而太祖受可汗之禪，遂建國。東征西討，如折枯拉朽。東自海，西至于流沙，北絶大漠，信威萬里，歷年二百，豈一日之故哉！周公誅管、蔡，人未有能非之者。剌葛、安端之亂，太祖既貸其死而復用之，非人君之度乎？舊史扶餘之變，亦異矣夫！

〔一〕全遼文卷六耿知新墓誌銘：「自唐末會我聖元皇帝肇運，廓據遼東。」又卷六韓椅墓誌銘稱太祖淳欽皇后曰聖元神睿真列（貞烈）皇后。卷一〇道宗哀册有「猗歟聖元，天帝之孫」。聖元指太祖，尊稱。未必是謚。

本史卷三太宗紀天顯五年八月稱太祖大聖皇帝，又稱大聖天皇，見全遼文卷九賈師訓墓誌銘。五代會要卷二九：「葬阿保機於西樓，僞謚大聖皇帝。」

〔二〕范鎮東齋紀事卷五：「契丹之先，有一男子乘白馬，一女子駕灰牛，相遇於遼水之上，遂爲夫婦，生八男子，則前史所謂迭爲君長者也。此事得於趙志忠，志忠嘗爲契丹史官，必其真也。前史雖載八男子，而不及白馬、灰牛事，契丹祀天，至今用灰牛、白馬。予嘗書其事於實録契丹傳。王禹玉恐其非實，删去之。予在陳州時，志忠知扶溝縣，嘗以書問其八男子迭相君長時爲中原何代，志忠亦不能答，而云約是秦、漢時。」金史卷六七回離保傳贊：「庫莫奚、契丹起於漢末，盛於隋、唐之間，俱强爲鄰國，合併爲君臣，歷八百餘年，相爲終始。」先世傳説，參本書卷三二營衛志部族古八部注〔六〕。

〔三〕雅里又作涅里、泥禮，詳本史卷六三世表。

〔四〕本史卷三七地理志慶州：「五代祖勃突」，若耨里思爲四代祖，則頦領亦作勃突。參卷六三世表。

〔五〕本史卷一〇三蕭韓家奴傳：「太祖之父的魯。」北廷雜記：「太祖之父諱斡里。」

〔六〕按本史卷一一二轄底傳，轄底異母兄罨古只，即曾任本部夷離堇，可見爲世選而非傳嫡。

〔七〕本史卷六四皇子表：玄祖四子：「德祖第四。釋魯字述瀾，第三。」卷二〇紀云伯父釋魯，是。事蹟見本書卷七二補傳。

遼史補注卷三

本紀第三

太宗上

太宗孝武惠文皇帝，諱德光，字德謹，小字堯骨。〔一〕太祖第二子，母淳欽皇后蕭氏。唐天復二年生，神光異常。獵者獲白鹿、白鷹，人以爲瑞。及長，貌嚴重而性寬仁，軍國之務多所取決。

天贊元年，授天下兵馬大元帥，尋詔統六軍南徇地。明年，下平州，獲趙思温、張崇。回破箭笴山胡遜奚，〔二〕諸部悉降。復以兵掠鎮、定，所至皆堅壁不敢戰。師次幽州，符存審拒于州南，縱兵邀擊，大破之，擒裨將裴信〔三〕等數十人。及從太祖破于厥里諸部，定河壖党項，下山西諸鎮，取回鶻單于城，東平渤海，破達盧古部，東西萬里，所向皆有功。

天顯元年七月，太祖崩，皇后攝軍國事。〔四〕

明年〔五〕秋，〔六〕治祖陵畢。〔七〕冬十一月壬戌，人皇王倍率羣臣請于后曰：「皇子大元帥勳望，中外攸屬，宜承大統。」后從之。是日即皇帝位。〔八〕癸亥，謁太祖廟。丙寅，行柴册禮。戊辰，還都。壬申，御宣政殿，羣臣上尊號曰嗣聖皇帝。大赦。有司請改元，不許。〔九〕十二月庚辰，尊皇太后爲太皇太后，皇后爲應天皇太后，立妃蕭氏爲皇后。禮畢，閱近侍班局。辛巳，諸道將帥辭歸鎮。己丑，祀天地。庚寅，遣使諭諸國。辛卯，閱羣牧于近郊。戊戌，女直遣使來貢。壬寅，謁太祖廟。甲辰，閱旗鼓、客省諸局官屬。丁未，詔選遥輦氏九帳子弟可任官者。

〔一〕五代會要卷二九：「德光本名曜屈之（新五代史卷七二、契丹國志卷一並作耀屈之），慕中國之名，故改爲德光。初，阿保機有三子：長號人皇王，次號元帥太子，次曰安端少君。及阿保機死，其妻述律氏令第二子元帥太子德光勾當兵馬，令少子安端少君往渤海代突欲，將立爲嗣。而元帥太子素爲部族所敬，又其母述律氏亦常鍾愛，故因而立之。」釋念常佛祖歷代通載（簡稱佛祖通載）卷一七：「遼祖德光，名耀屈之，姓劉氏，阿保機第二子，誕於大部落東牙帳，生時黑雲覆帳，火光照耀，有聲如雷。及長雄傑有大志，精騎射。」

〔二〕按本史卷二太祖紀天贊二年三月作胡損，指奚酋胡損本人。此指胡損餘部。

〔三〕羅校：「紀天贊二年四月作『擒其將裴信父子。』」

〔四〕通鑑後唐紀明宗天成元年（九二六）八月：「丁亥，契丹述律后使少子安端少君守東丹。與長子突欲奉契丹主之喪，將其衆發夫餘城」。庚子，幽州言：『契丹寇邊。』命齊州防禦使安審通將兵禦之。」冬十月「庚子，幽州奏契丹盧龍節度使盧文進來奔。初，文進爲契丹守平州，帝即位，遣間使說之，以易代之後，無復嫌怨，文進所部皆華人，思歸，乃殺契丹戍平州者，帥其衆十餘萬、車帳八千乘來奔」。

冊府元龜卷九九五：「天成元年十一月，青州霍彥威奏：『得登州狀申，契丹先發諸部攻逼渤海國，自阿保機身死，雖已抽退，尚留兵馬在渤海扶餘城，今渤海王弟部領兵士攻圍扶餘城契丹。』」

〔五〕高麗史卷一：「太祖十年（天顯二年，九二七）三月甲寅，渤海工部卿吳興等五十人、僧載雄等六十人來投。」

〔六〕據新、舊五代史、五代會要：「八月己卯朔，日有食之。」

冊府元龜卷九九九：「天成二年（九二七）八月，新州奏得契丹書，乞置互市。」

〔七〕冊府元龜卷九九九云：「天成二年十月，幽州奏：『契丹王差人持書求碑石，欲爲其父表其葬所。』」（舊五代史同。）

〔八〕通鑑後唐紀：「契丹述律后愛中子德光，欲立之，至西樓，命與突欲俱乘馬立帳前，謂諸酋長曰：『二子吾皆愛之，莫知所立，汝曹擇可立者，執其轡。』酋長知其意，爭執德光轡，讙躍曰：『願事元帥太子。』后曰：『衆之所欲，吾安敢違。』遂立之爲天皇王。……天皇王性孝謹，母病不食亦不食，侍於母前，應對或不稱旨，母揚眉視之，輒懼而趨避，非復召，不敢見也。」（契丹國志卷二同。）

〔九〕五代會要卷二九：天成「二年十一月，又遣使梅老等二十餘人朝貢，兼申和好之意。明宗命飛勝指揮使安念德齎錦綺綾羅及金花銀器寶裝酒器等賜之。又賜其母述律氏繡被一張，並寶裝纓絡」。（舊五代史卷三八、册府元龜卷九七六畧同。繫於十二月戊寅朔。）

三年春正月己酉，閱北剋兵籍。庚戌，閱南剋兵籍。丁巳，閱皮室、拽剌、墨離三軍。己未，黄龍府羅涅河女直、達盧古〔一〕來貢。庚午，以王郁爲興國軍節度使，守中書令。〔二〕

二月，〔三〕幸長濼。〔四〕己亥，惕隱涅里衮進白狼。辛丑，達盧古來貢。

三月乙卯，東蒐。癸亥，獵殺攊山。〔五〕乙丑，獵松山。〔六〕唐義武軍節度使王都遣人以定州來歸。唐主出師討之，使來乞援，命奚秃里鐵剌往救之。〔七〕

四月戊寅，東巡。己卯，祭麃鹿神。丁亥，於獵所縱公私取羽毛革木之材。甲午，取箭材赤山。丙申，獵三山。〔八〕鐵剌敗唐將王晏球于定州。唐兵大集，鐵剌請益師。辛丑，命惕隱涅里衮、都統查剌赴之。〔九〕

五月丙午，建天膳堂。〔一〇〕獵索剌山。戊申，至自獵。丁卯，命林牙突呂不討烏古部。

己巳，女直來貢。〔一一〕

六月己卯，行瑟瑟禮。〔一二〕

秋七月丁未，突呂不獻討烏古捷。壬子，王都奏唐兵破定州，鐵剌死之，涅里衮、查剌等數十人被執。上以出師非時，甚悔之，厚賜戰歿將校之家。庚午，有事于太祖廟。〔一三〕

八月丙子，突厥〔一四〕來貢。庚辰，詔建應天皇太后誕聖碑于儀坤州。〔一五〕

九月己卯，突呂不遣人獻討烏古俘。癸未，詔分賜羣臣。己丑，幸人皇王倍第。庚寅，遣人使唐。辛卯，再幸人皇王第。癸巳，有司請以上生日爲天授節，皇太后生日爲永寧節。〔一六〕

冬十月癸卯朔，〔一七〕以永寧節，上率羣臣上壽於延和宮。己酉，謁太祖廟。唐遣使遺玉笛。甲子，天授節，上御五鑾殿受羣臣及諸國使賀。〔一八〕

十一月丙子，鼻骨德來貢。辛丑，自將伐唐。

十二月癸卯，祭天地。庚戌，聞唐主復遣使來聘，上問左右，皆曰：「唐數遣使來，實畏威也，未可輕舉，觀釁而動可也。」上然之。甲寅，次杏堝，〔一九〕唐使至，遂班師。時人皇王在皇都，詔遣耶律羽之遷東丹民以實東平。其民或亡入新羅、女直，因詔困乏不能遷者，許上國富民給贍而隸屬之。升東平郡爲南京。〔二〇〕

〔一〕本史卷六九部族表作達盧骨，卷三三營衛志作達魯號。下文二月辛丑，達盧古來貢，疑是重出。索隱卷一：「金史地理志長春縣有達魯古河，即遼達盧古所在地，爲黄龍府所屬。」

〔二〕册府元龜卷九七六：天成「三年（九二八）正月己酉，契丹王阿保機妻差使送前振武副使劉在金到行闕，賜在金錢帛銀器金帶，鋪陳氈褥甚厚」。（又卷九八〇同。）五代會要卷二九：天成「三年正月，復入寇，陷平州而去」。舊五代史卷三九明宗紀：天成三年春正月辛酉，「契丹陷平州」。又卷一三七外國列傳：「是歲定州王都作亂，求援于契丹，德光遂陷平州。」新五代史、通鑑並作正月丁巳陷平州。通鑑胡注云：「元年冬，盧文進來奔，唐得平州，至是復爲契丹所陷。」册府元龜卷九七二：天成「三年正月，契丹使禿納梅老已下五十人進奉」。又卷九七六云：正月「甲子，契丹禿納梅老以下五十進奉。仍各賜錦衣銀帶束帛有差，宣散指揮使奔托山押國信賜契丹王妻。（以上舊五代史卷三九明宗紀同。）契丹指揮使郭知瑗歸國，賜賚加等」。

〔三〕據新、舊五代史、五代會要、通鑑：「丁丑朔，日有食之。」契丹國志卷三誤爲天顯二年二月。

〔四〕本史卷三七地理志一：「饒州……有長水濼。」契丹國志名長泊。

〔五〕索隱卷一：「案字書，羖䍽，山羊。是即道宗紀羖羊山。一統志：羖羊山在科爾沁左翼東北三百里。蒙古名五虎爾几台，是山與紀上云東蒐合。又有羖䍽山在蘇尼特左翼東南百里。」

〔六〕索隱卷一：「案地理志上京道松山有三，中京道亦有松山，此則遼饒州之松山也。」

〔七〕錢氏考異卷八三云：「鐵刺，五代史作秃餒。譯音之轉。」册府元龜卷九九九：「四月幽州奏：『得契丹書，求覓樂器，云要蓄中所有，即亦遵副。』帝曰：『招懷之道且宜依隨』。」（舊五代史卷三九亦記幽州上言：契丹有書求樂器。）册府元龜卷八六〇：「王都爲定州節度，臨戎數年，惟以慘虐爲務，不敢並語，周元豹（通鑑作玄豹）見之曰：『形若鯉魚，難免刀几。』」通鑑後唐紀天成三年夏四月：「初，義武節度使兼中書令王都鎮易、定十餘年，自除刺史以下官，租賦皆贍本軍，及安重誨用事，稍以法制裁之，帝亦以都篡父位惡之。時契丹數犯塞，朝廷多屯兵於幽、易間，大將往來，都陰爲之備，浸成猜阻。都恐朝廷移之他鎮，腹心和昭訓勸都爲自全之計，都乃求婚於盧龍節度使趙德鈞。又知成德節度使王建立與安重誨有隙，遣使結爲兄弟，陰與之謀復河北故事。（胡注：「欲復如唐河北諸鎮世襲，不輸朝廷貢賦，不受朝廷徵發。」）建立陽許而密奏之。都又以蠟書遺青、徐、潞、益、梓五帥，離間之。又遣人説北面副招討使歸德節度使王晏球，晏球不從，乃以金遺晏球帳下，使圖之，不克。（四月）癸巳，晏球以都反狀聞，詔宣徽使張延朗與北面諸將議討之。」舊五代史、五代春秋並記四月，定州王都反。新五代史卷七二四夷附録云：「定州王都反，唐遣王晏球討之，都以蠟丸書走契丹求援。」

〔八〕索隱卷一云：「案一統志：三山在錦州府寧遠州西百五十五里，三峯並秀，高五里，周三十餘里。遼志來州有三州山即此。」

〔九〕通鑑後唐紀天成三年四月：「庚子，詔削奪王都官爵。壬寅，以王晏球爲北面招討使，權知定州行州事。以横海節度使安審通爲副招討使，以鄭州防禦使張虔釗爲都監，發諸道兵會討定州。是日，晏球攻定州，拔其北關城，都以重賂求救於奚酋秃餒。」

〔一〇〕契丹國志卷一一：天慶九年「夏，金人攻陷上京路，祖州則太祖之天膳堂……焚燒略盡」。（三朝北盟會編政宣上帙二一引亡遼録同。）

〔一一〕通鑑後唐紀：「天成三年五月，秃餒以萬騎，突入定州，晏球退保曲陽，都與秃餒就攻之，晏球與戰於嘉山下，大破之。秃餒以二千騎奔還定州。」辛酉，「王晏球聞契丹發兵救定州，將大軍趣望都，遣張延朗分兵退保新樂，延朗遂之真定，留趙州刺史朱建豐將兵修新樂城。契丹已自他道入定州，與王都夜襲新樂，破之，殺建豐。乙丑，王晏球、張延朗會於行唐。丙寅，至曲陽，王都乘勝悉其衆與契丹五千騎合萬餘人。邀晏球等於曲陽。丁卯，戰於城南，晏球集諸將校令之曰：『王都輕而驕，可一戰擒也。今日諸君報國之時也，悉去弓矢以短兵擊之，回顧者斬。』於是騎兵先進，奮檛揮劍，直衝其陣，大破之。僵屍蔽野。契丹死者過半，餘衆北走，都與秃餒得數騎僅免。盧龍節度使趙德鈞邀擊契丹，北走者殆無孑遺」。羅校：「鐵刺入定州，薛、歐兩史皆在五月，薛史云：『五月丁卯，鎮州奏，今月十八日，王師不利於新樂。』疑即指爲鐵刺所敗，而月日不符。」

舊五代史卷三九明宗紀：天成三年五月辛亥，「王晏球上言，收奪得定州北、西二關城」。……「己未，幽州奏，契丹秃餒領二千騎西南趨定州。」……丁卯，鎮州奏，今月十八日，王師不利於新欒。壬申，王晏球奏，今月二十一日，大破定州賊軍及契丹于曲陽，斬獲數千人，王都與禿餒以數十騎復入於定州。」

〔二三〕舊五代史卷三九：六月己丑，「幽州趙德鈞奏，殺契丹千餘人於幽州東，獲馬六百匹」。册府元龜卷四五：「（後唐）明宗天成末，王都據定州叛，契丹王遣原知感（即查剌）等九人將騎三萬援都。嘉山之戰，爲王晏球、符彦卿、高行周追擊，敗之。至幽州界，並爲趙德鈞所擒，獻於京師，諸將請誅之，帝曰：『此八九人，胡之驍將也，彼以死報主，蕃中絶望也，不如留之，以愧其情，必紓邊患。』長興中，乃賜姓名，易蕃號。」卷六九四：「劉遂清爲易州刺史，時王都與契丹連結，將使遏其寇衝，既至郡，大有禦侮之略，境内賴焉。」卷三六〇：「天成二年，王都謀叛，據定州，乃以晏球爲招討使攻之。時都北連契丹，契丹遣奚首領禿餒率虜千騎援都，突入定州。晏球引軍保曲陽，王都、禿餒出軍來戰，晏球預督勵士卒以待之，及賊虜至，一戰敗之於嘉山之下，追襲至於城門，因進軍攻之，得其西關城，乃高其壁壘，營於其間，爲定州府署，令百姓轉輸租税，城既堅峻，進攻無利，但食其租税以守之。俄而契丹首領惕隱率虜騎五千來援都。是時大雨，虜至唐河，晏球出師逆戰。晏球令龍武左右廂指揮使高行周、符彦卿前鋒渡唐河，與虜相遇，三戰，惕隱大敗，追至易州，河水暴漲，所在陷溺，獲虜二千騎而還，惕隱以餘衆還寨。幽州趙德鈞知其敗也，令牙將武從諫率勁騎追擊，德鈞分兵扼諸要路，旬日之内，盡獲惕隱已下酋長七百餘人。……張虔釗……天成中與諸將圍王都於中山，大敗契丹於嘉山之下。及平定州，以功授滄州節度使。」

〔三〕本史殿本考證：「按鐵剌通鑑作禿餒，死在四年，而遼史併書於三年定州之戰下。」羅校：「按薛、歐兩史唐明宗紀皆載王晏球破定州，擒鐵剌，在天成四年二月，即遼天顯四年，此殆誤，云王都奏尤誤。緣鐵剌被執時，都亦舉族自焚，安得有奏報之事？薛史記是年七月甲子，王晏球奏破契丹兵與此似合。然定州實未破，鐵剌亦未被執，豈都當時曾妄奏，史臣遂據以載筆歟？」

舊五代史卷三九明宗紀：天成三年秋七月「甲子，王晏球奏，今月十九日契丹七千騎來援定州，王師逆戰于唐河北，大破之」，（追至滿城，又破之，斬二千級，獲馬千匹。）「己巳，王晏球奏，此月二十一日，追契丹至易州，掩殺四十里，擒獲甚衆」。

通鑑：秋七月「壬戌，契丹復遣其酋長惕隱將七千騎救定州，王晏球逆戰於唐河北，大破之。甲子，追至易州，時久雨水漲，契丹爲唐所俘斬及陷溺死者不可勝數」。

舊五代史卷六四王晏球傳：「俄而契丹首領特哩衮率勇騎五千至唐河，是時大雨，晏球出師逆戰，特哩衮復敗，追至易州，河水暴漲，所在陷没，俘獲二千騎而還。」

册府元龜卷九八七：天成三年「七月，幽州趙德鈞以生兵接於西路，生擒首領惕隱等五十餘人，接殺皆盡。契丹彊盛僅三十年，雄據北戎，諸蕃竄伏，屢爲邊患，漢兵嘗憚之。前後戰争罕得其利，是役也，曲陽之敗，已失千騎，唐河之陣，兵號七千。潰敗之後，溝渠之益，官軍襲殺，人不暇食。秋雨繼降，泥濘莫進，人飢馬乏，散投村落，所在村人持白梃毆之，德鈞生兵接於要路，惟奇峯嶺北有棄馬潛遁脱者數十，餘無噍類」。

新五代史卷四六王晏球傳：「契丹又遣惕隱以七千騎益都，晏球遇之唐河，追擊至滿城，斬首二千級，獲馬千匹。」按命惕隱赴援，本史在四月。舊五代史、通鑑俱作七月戰契丹於唐河北。冊府元龜亦記七月趙德鈞接戰，因秋雨得利，應以七月爲是。

五代會要卷二九：天成三年七月，「王晏球又獲契丹絹書二封來進。明宗命宣示羣臣，莫有識其文字者。契丹本無文記，唯刻木爲信，漢人陷蕃者，以隸書之半，就加增減，撰爲胡書，同光之後，稍稍有之」。

〔一四〕本史卷七〇屬國表亦著突厥。按此時突厥已久亡，應是遺人，即土耳其人承用舊名來貢者。索隱卷一云：「元史地理志附録作途魯吉、元史譯文證補引西域史作突而基。皆此紀突厥之音轉。」

〔一五〕舊五代史卷三九：天成三年閏八月，「契丹平州刺史張希崇上表歸順」。

通鑑後唐記：閏八月「戊申，趙德鈞獻契丹俘惕隱等，諸將皆請誅之，帝曰：『此曹皆虜中之驍將，殺之則虜絶望，不若存之以紓邊患。』乃赦惕隱等酋長五十人，置之親衛，餘六百人悉斬之。契丹遣梅老季素等入貢。初，盧文進來降，契丹以蕃漢都提舉使張希崇代之爲盧龍節度使，守平州，遣親將以三百騎監之。希崇本書生，爲幽州牙將，没於契丹，性和易，契丹將稍親信之，因與其部曲謀南歸。部曲泣曰：『歸固寢食所不忘也，然虜衆我寡奈何？』希崇曰：『吾誘其將殺之，兵必潰去。此去虜帳千餘里，比其知而徵兵，吾屬去遠矣。』衆曰：『善。』乃先爲穽，實以石灰，明日，召虜將飲，醉，并從者殺之，投諸穽中。其營在城北，亟發兵攻之，契丹衆皆潰去。希崇悉舉其所部二萬餘口來奔。詔以爲汝州刺史」。册府元龜卷九七七：天成「三年閏八月，契丹平州刺史張希崇殺其契丹首領，以一城居人歸國，命中使齎茶藥接之」。

册府元龜卷一二八：天成三年十月，「代州刺史檢校司空張朗超授檢校太保。初，契丹主赴援太原，代州張朗、忻州丁審琪守城，蕃軍由城下過，都不誘迫，時端明殿學士呂琦在忻州及供奉殿直四五人，州兵僅千人，琦謁審琪曰：『虜勢經城不問，可見其心，迴日必無全理，與使君率在城軍民入五臺避虜於鎮州界，策之上也。』審琪從之。翌日詰旦，琦等遣人會審琪，拒關不納，軍士欲攻牙城，琦曰：『家國如斯，自相屠害，非人情。』遂率州兵趨真定。審琪即日降契丹。惟朗屢煞虜族帳，故超授獎之」。卷一七〇：「天成三年十一月，以契丹僞署平州刺史光禄大夫檢校太保張希崇爲汝州刺史，加檢校太傅，隨行官員二十四人，各以資授諸道官。」

舊五代史卷三九作「閏八月乙卯，契丹遣使來貢獻。」

册府元龜卷九七二：「閏八月，契丹使梅老季（素）吐蕃、回紇等使各貢奉。」

〔一六〕高麗史卷一：「太祖十一年（天顯三年，九二八）三月戊申，渤海金神等六十户來投。」「七月辛亥，渤海人大儒範率民來附。」「九月丁酉，渤海人隱繼宗等來附，見於天德殿，三拜。人謂失禮。大相含弘曰：『失土人三拜，古之禮也。』」

〔一七〕本史卷四四朔考作壬寅，注：「大任癸卯異」，此沿陳大任舊文。本月爲壬寅朔。

〔一八〕册府元龜卷九七六：「十月甲子，差春州刺史米海金押國信賜契丹王。及迴使梅老秀里等辭，賜物有差。」

〔一九〕索隱卷一：「案志中京道武安州有杏堝新城，金志大定府武平縣遼築城杏堝，初名新州。統和初更爲武安州，是杏堝當在今喀喇沁右翼廢武平縣。」

〔二〇〕是年東丹遣裴璆率九十三人使日本，璆原渤海正堂守，爲渤海曾兩使日本。至是復遣之至。日本主以我滅渤海爲失信。且使人無人臣節，重詰責之。璆奉狀謝曰：「璆背真向僞，忍耻偷生。不救先主於樽俎之間；猥謟新主於兵戈之際。望振鷺（見詩周頌，喻操行純潔）而面慚，詠相鼠（見詩國風，喻無禮之意）而股戰，不忠不義，罪無可逃。」卒不獲將命而還。（見渤海國志長編。）

四年春正月壬申朔，宴羣臣及諸國使，觀俳優角觝戲。己卯，如瓜堝。〔一〕

二月庚戌，閱遥輦氏户籍。〔二〕

三月甲午，望祀羣神。

夏四月辛亥，至自瓜堝。壬子，謁太祖廟。癸丑，謁太祖行宫。甲寅，幸天城軍，謁祖

陵。辛酉，人皇王倍來朝。癸亥，録囚。〔三〕

五月癸酉，謁二儀殿，宴羣臣。女直來貢。戊子，射柳于太祖行宫。癸巳，行瑟瑟禮。〔四〕

六月丙午，突吕不獻烏古俘，戊申，分賜將士。己酉，西巡。己未，選輕騎數千獵近山。癸亥，駐蹕涼陘。〔五〕

秋七月庚辰，觀市，曲赦繫囚。甲午，祠太祖而東。

八月辛丑，至自涼陘，謁太祖廟。癸卯，幸人皇王第。己酉，謁太祖廟。

九月庚午，如南京。戊寅，祠木葉山。己卯，行再生禮。癸巳，至南京。〔六〕

冬十月壬寅，幸人皇王第，宴羣臣。甲辰，幸諸營，閱軍籍。庚戌，以雲中郡縣未下，大閱六軍。甲子，詔皇弟李胡帥師趣雲中討郡縣之未附者。

十一月丙寅朔，以出師告天地。丁卯，餞皇弟李胡于西郊。壬申，命大内惕隱告出師于太祖行宫。甲申，觀漁三叉口。〔七〕

十二月戊申，女直來貢。戊午，至自南京。

〔一〕瓜堝爲産瓜之堝，猶杏堝爲産杏之堝，以物名地。索隱卷一：「其地遼、金志俱無考，以聲求之，或即明之寬河……瓜堝聲轉爲寬河。」此說失於傅會。

〔二〕通鑑後唐紀：天成四年（九二九）春正月，「王都、秃餒欲突圍走，不得出。二月癸丑，定州都指揮使馬讓能開門納官軍，都舉族自焚，擒秃餒及契丹二千人……秃餒至大梁，斬於市」。新五代史卷三九王處直傳：「（王）晏球屯軍望都，與都及契丹戰，大敗之曲陽，都及秃餒得數騎遯去。閉城不復出。初，莊宗軍中鬮得一男子，愛之，使冒姓李，名繼陶，養於宮中以爲子。明宗即位，安重誨出以乞段徊，徊亦惡而逐之。都使人求得之。至是，紿其衆曰：『此莊宗太子也。』被以天子之服，使巡城上，以示晏球軍，軍士識者曰：『繼陶也。』共詬之。都居城中，兵少，惟以契丹二千人守城，呼秃餒爲餒王，屈身事之。諸將有欲出降者，都伺察嚴密，殺戮無虚日，以故堅守經年。天成四年二月，城破，都與家屬皆自焚死。」新五代史卷四六王晏球傳：「定州王都反，以晏球爲招討使，與宣徽南院使張延朗等討之。都遣人北招契丹，契丹遣秃餒將萬騎救都。晏球聞秃餒等兵且來，留張延朗屯新樂，自逆於望都。而契丹從他道入定州，與都出不意擊延朗軍，延朗大敗，收餘兵會晏球趨曲陽，都乘勝追之。晏球先至水次，方坐胡牀指麾，而都衆掩至，晏球與左右十餘人連矢射之，都衆稍却，而後軍亦至。晏球立高岡，號令諸將皆橐弓矢用短兵，回顧者斬。符彦卿以左軍攻其左，高行珪以右軍攻其右，中軍騎士抱馬項馳入都軍，都遂大敗，自曲陽至定州，横尸棄甲六十餘里。都與秃餒入城，不敢復出。契丹又遣惕隱以七千騎益都。晏球遇之唐河，追擊至滿城，斬首二千級，獲馬千匹。契丹自中國多故，彊於北方，北方諸夷無大小皆畏伏，而中國之兵遭契丹者，未嘗少得志。自晏球擊敗秃餒，又走惕隱，其餘衆奔潰投村落，村落之人以鋤耰白梃所在擊殺之，無復遺類。惕隱與數十騎走至幽州西，爲趙德鈞擒送京師。明宗下詔責誚契丹。契丹復數遣使至中國，求歸惕隱等，辭甚卑遜，輒斬其使以絶之……晏球攻定州，久不克，明宗數遣人促其破賊，晏球以謂未可急攻。……久之，都城中食盡，先出其民萬餘人，數與秃餒謀決圍以走，不果，都將馬讓能以城降，都自焚死。」册府元龜卷四三五：天成四年二月「戊申，晏羣臣於玉華殿，樂作，王晏球馳報已獲王都首級，生擒契丹秃餒等二千餘人，宴罷賜物加等」。舊五代史卷四〇作「二月乙巳，王晏球奏此月三日，收復定州，獲王都首級」。與通鑑所記癸丑不同。

〔三〕新五代史卷六明宗紀：天成四年「四月，契丹寇雲州。癸丑，契丹使撩括梅里來求秃餒，殺之」。舊五代史卷四〇：四月壬子「契丹寇雲州」。通鑑同。並著斬撩括梅里等。

〔四〕新五代史卷六：天成四年五月乙酉，「契丹寇雲州」。舊五代史卷四〇：五月丙申，「雲州奏契丹犯塞」。（通鑑同。）胡注：「一月之間，再寇雲州者，契丹主耶律德光漸西徙也。」

〔五〕本史卷三七地理志：慶州有饅頭山。索隱卷一：「薛映記，涼淀在饅頭山南。」「此涼陘即營衛志夏捺鉢處。」

〔六〕高麗史卷一：「太祖十二年（天顯四年，九二九）六月庚申，渤海人洪見等以船二十艘載人物來附。」「九月丙子，渤海正近等三百餘人來投。」

〔七〕今遼寧營口海城市西六十里。遼河、渾河、太子河合流入海處。水道提綱:「三岔河口,中即遼河,東一小水來合。」金史卷二四地理志稱遼河大口。

五年春正月庚午,皇弟李胡拔寰州捷至。甲午,朝皇太后。

二月己亥,詔修南京。〔一〕癸卯,李胡還自雲中,朝于行在。丙午,以先所俘渤海户賜李胡。丙辰,上與人皇王朝皇太后。太后以皆工書,命書于前以觀之。辛酉,召羣臣議軍國事。〔二〕

三月丙寅,朝皇太后。丁卯,皇弟李胡請赦宗室舍利郎君以罪繫獄者,詔從之。己巳,幸皇叔安端第。辛未,人皇王獻白紵。乙亥,册皇弟李胡爲壽昌皇太弟,〔三〕兼天下兵馬大元帥。壬午,以龍化州節度使劉居言同中書門下平章事。乙酉,宴人皇王僚屬便殿。庚寅,駕發南京。

夏四月乙未,詔人皇王先赴祖陵謁太祖廟。丙辰,會祖陵。人皇王歸國。〔四〕

五月戊辰,詔修裹潭離宫。〔五〕乙酉,謁太祖廟。

六月〔六〕己亥,射柳于行在。乙卯,如沿柳湖。丁巳,拜太祖御容于明殿。己未,敵烈德來貢。〔七〕

秋七月壬申，烏古來貢。戊子，薦時果于太祖廟。

八月丁酉，以大聖皇帝、皇后宴寢之所號日月宫，〔八〕因建日月碑。丙午，如九層臺。〔九〕

九月己卯，詔舍利普寧撫慰人皇王。庚辰，詔置人皇王儀衛。〔一〇〕丁亥，至自九層臺，謁太祖廟。

冬十月戊戌，遣使賜人皇王胙。癸卯，建太祖聖功碑於如迂正集會堝。〔一一〕甲辰，人皇王進玉笛。

十一月戊寅，東丹奏人皇王浮海適唐。〔一二〕

〔一〕按即本史卷三八地理志二東京遼陽府。

〔二〕按此「命書于前以觀之」及「召羣臣議軍國事」與天顯元年「命二子俱乘馬立帳前，命諸酋擇可立者執其轡」，屬於同一性質之儀式，惟僅餘形式而已。此是太宗與人皇王倍第二次推選大汗。

〔三〕弟，原誤「子」。據下文八年正月、本史卷七二本傳及卷六四皇子表改。

〔四〕舊五代史卷四一明宗紀：長興元年（九三〇）四月「丁巳，雲州奏：『掩襲契丹，獲頭口萬計。』」册府元龜卷九八七：「長興元年四月，雲州奏：『掩殺契丹、吐渾、突厥等，斬首級四十六，獲契丹副行首尼列以下十人，牛羊駞馬萬計。』」

〔五〕胡嶠陷北記：「自上京東去四十里至真珠寨，始食菜。明日，東行，地勢漸高，西望平地松林，鬱然數十里，遂入平川，多草木，始食西瓜。云契丹破回紇得此種，以牛糞覆棚而種，大如中國冬瓜而味甘。又東行。至褭潭，始有柳，而水草豐美，有息雞草尤美而本大，馬食不過十本而飽。」在修南京之後，於此水草豐美，有柳有湖之地，又修離宮。此是對上京而言之離宮，冬夏捺鉢，固自若也。金史卷二四地理志：「臨潢府……遼爲上京。」注：「有合裊地。」裊、褭字異音同，並奴鳥切。金亦有避暑行宮。

〔六〕「六月」二字原脱。本史卷四四朔考：五月甲子朔，是月無己亥、乙卯、丁巳、己未。此四日應屬六月，據補。又據新、舊五代史、五代會要、通鑑後唐紀：「癸巳朔，日有食之。」契丹國志卷二：「天顯四年（契丹國志記天顯差一年）（原注：後唐明宗長興改元。）夏六月（癸巳）朔，日食」同。

〔七〕本史卷六九部族表作敵烈。卷四六百官志有迪烈德國王府，亦曰敵烈，亦曰迭烈德。又有敵烈軍詳穩司，紀、傳中並作敵烈或敵剌、迪烈得。金史卷三太宗紀則作迪烈、迪烈底。

〔八〕大聖皇帝即太祖，亦稱聖元皇帝。

〔九〕册府元龜卷四三五：長興元年「八月，太原節度使奏：『代州刺史白文琦破契丹於七里峯，斬首千餘級，生擒將校七千餘人。』」

〔一〇〕按此儀衛顯然爲監視看管。

〔一一〕本史卷一太祖紀元年正月作如迂王集會堝。卷一一六國語解：「集會堝，下，窩、陀二音。地名。」卷三七地理志一：「祖州……有聖蹤殿，立碑述太祖遊獵之事。殿東有樓，立碑以紀太祖創業之功。皆在州西五里。」

〔一二〕五代會要卷二九：「長興元年十一月，契丹渤海東丹王突欲，率番官四十餘人，馬百匹，自登州泛海内附。明宗御文明殿召對，及其部曲，慰勞久之，賜以衣冠、金玉帶、鞍馬、錦綵、器物等。突欲進本國印三面，宣示宰臣。其年十二月，中書門下奏：『契丹國東丹王突欲遠泛滄溟，來歸皇化，請賜姓名。仍准番官入朝例安排。』」舊五代史卷四一：長興元年十一月丙戌，「青州奏：『得登州狀，契丹阿保機男東丹王突欲越海來歸國。』」按此係奏聞之日。另於明年正月壬申記到闕召對。五代會要帶叙於此。通考卷三四五：「阿保機死，長子東丹王突欲當立，其母述律愛德光，德光智勇素服諸部，共希旨請立德光，突欲不得立。長興元年，自扶餘泛海奔唐……契丹自阿保機時，侵滅諸國，稱雄北方，及救王都，爲王晏球所敗，喪其萬騎，又失赫邈等，皆名將，而述律尤思念突欲，由是卑辭厚幣，數遣使聘中國，因求歸赫邈、荊刺等，唐輒斬其使而不報。當此之時，中國之威幾振，距幽州七百里有榆關，東臨海，北有兔耳、覆舟山，山皆陡絶，並海，東北有路，狹僅通車，其旁地可耕植。唐時置東、西狹、西渌疇、米磚、長楊、黄花、紫蒙、白狼等戍以扼契丹，於此戍兵，常自耕食。惟衣絮歲給幽州。久之皆有田宅，養子孫，以堅守爲己利。自唐末幽、薊戍兵廢散，契丹因得出陷平、營，而幽、薊之人，歲苦寇鈔，自涿州至幽州百里，人跡斷絶，轉餉常以兵護送，契丹多伏兵鹽溝以擊走之。莊宗之末，趙德鈞鎮幽州，於鹽溝置良鄉縣。又於幽州東五十里築城，皆戍以兵，及破赫邈等，又於其東置三河縣，由是幽、薊之人始得耕牧，而輸餉可通，德光乃西徙橫帳居撥剌泊，出寇雲、朔之間，明宗患之，以石敬瑭鎮河東，總大同、彰國、振武、威塞等軍禦之，應順、清泰之間，調發饋餉，遠近勞敝。」

通鑑後唐紀：長興元年十一月，「契丹東丹王突欲自以失職，帥部曲四十人，越海自登州來奔」。考異云：「實録：阿保機妻令元帥太子往渤海，代慕華歸西樓，欲立爲契丹王。而元帥太子既典兵柄，不欲之渤海，遂自立爲契丹王。謀害慕華，其母不能止，慕華懼，遂航海内附。」突欲兩次選汗失敗，遂浮海奔唐。

六年春正月甲子，西南邊將以慕化轄戛斯國〔一〕人來。乙丑，敵烈德來貢。丁卯，如南京。〔二〕

三月辛未，召大臣議軍國事。丁亥，人皇王倍妃蕭氏率其國僚屬來見。〔三〕

夏四月己酉，唐遣使來聘。是月置中臺省于南京。〔四〕

五月乙丑，祠木葉山。乙亥，至自南京。壬午，謁太祖陵。〔五〕

閏月庚寅，射柳于近郊。

六月壬申，如凉陘。壬午，烏古來貢。

秋七月丁亥，女直來貢。己酉，命將校以兵南畧。壬子，薦時果于太祖廟。東幸。

八月庚申，皇子述律生，告太祖廟。辛巳，鼻骨德來貢。〔六〕

九月甲午，詔修京城。〔七〕

冬十月丁丑，鐵驪來貢。

十一月〔八〕乙酉，唐遣使來聘。

十二月甲寅朔，祭太祖廟。丙辰，遣人以詔賜唐盧龍軍節度使趙德鈞。〔九〕

〔一〕按此即今柯爾克孜。史記、漢書匈奴傳稱堅昆，至唐爲黠戛斯。胡嶠陷北記作轄戛。下文卷六穆宗紀作轄戛斯，卷一一三逆臣盆都傳則作黠戛斯。至元稱吉利吉思。

〔二〕册府元龜卷一七〇：「長興二年（九三一）正月，東丹王突欲率衆自渤海國内附。上御文明殿對突欲及其部曲，慰勞久之，賜鞍馬、衣服、金玉帶、錦綵、器物。又大將軍、副將軍已下分物有差。宰臣率百僚稱賀。二月，幸東丹王突欲之第，賜突欲絹三百疋，至晚還宫。」又卷九七二記突欲於二年正月進馬十四、氈帳及諸方物。又進本國印三面。按即五代會要帶叙於去年十一、十二月之事。

冊府元龜卷四三五：「府州防禦使折從阮奏：「部領兵士攻圍契丹勝州，降之。見進兵趨朔州。」

〔三〕按人皇王倍入唐時，只携高美人及部分僚屬，其妻蕭氏仍在東丹。至此蕭氏率僚屬往見太宗。冊府元龜卷一七〇：長興二年「三月辛酉，中書門下奏：『東丹王突欲遠汎滄波，來歸皇化，既服冠帶，難無姓名。兼惕隱等傾以力助王都，罪同禿餒，爰從必死，並獲再生，每預入朝，各宜授氏，庶使族編姓譜，世荷聖恩，況符前代之規，永慰遠人之欸，自突欲以下，請別賜姓名，仍準本朝蕃官入朝例安排。』敕旨，付中書門下商量聞奏。……敕旨：『突欲宜賜姓東丹名慕華，仍授光禄大夫、檢校太保、安東都護兼御史大夫、上柱國、渤海郡開國公，食邑一千五百户，充懷化軍節度，瑞、慎等州觀察處置押蕃落等使。其從慕華歸國部曲，罕只宜賜姓罕名支通，穆葛宜賜姓穆名順義，撒羅宜賜姓羅名實德，易密宜賜姓易名師德，蓋禮宜賜姓蓋名來賓。仍授罕只等五人歸化、歸德小將軍、中郎將。先助禿餒擒獲蕃官惕隱官蕃名赫邈，宜賜姓狄名懷惠，相公官蕃名怛列，宜賜姓列名知恩；仍並授銀青階檢校散騎常侍。舍利官蕃名萠剌，宜賜姓原名知感；福郎宜賜姓服名懷造；奚王副使竭失訖宜賜姓乞名懷有。三人並授銀青階檢校太子賓客。』」狄懷惠，通鑑作懷忠。

〔四〕按中臺省爲渤海官府，見於新唐書卷二一九渤海傳，猶唐之中書省。太祖天顯元年，渤海平，即命左右、大次四相。蓋沿渤海舊制並署作簡省。

〔五〕冊府元龜卷九八〇：「長興二年五月癸亥，青州上言，有百姓過海北樵採，附得東丹王堂兄京尹汚整書問慕華行止，欲修貢也。閏五月，青州進呈東丹國首領耶律羽之書二封。」按汚整爲兀里軫異譯，即耶律觀烈，卷七五有傳。時任南京（東平）留守，故稱京尹。

〔六〕册府元龜卷九七二：長興二年「八月，契丹遣使邪姑兒朝貢」。新五代史繫於八月己未。舊五代史卷一三七外國列傳云：「長興二年，東丹王突欲在闕下，其母繼發使申報，朝廷亦優容之。」

〔七〕通鑑後唐紀：長興二年「秋九月己亥，更賜東丹慕華姓名曰李贊華」。（舊五代史卷四二、册府元龜卷一七〇並同。）又云：「仍改封隴西郡開國公兼應有先配在諸軍契丹直等，並宜賜姓名。」

〔八〕據新、舊五代史：「甲申朔，日有食之。」契丹國志卷二誤作五年。五代會要卷一〇：長興「二年十一月甲申朔，先是司天奏計朔日合食二分」。

〔九〕册府元龜卷九八〇：長興二年「十二月丙辰，幽州奏：『契丹乞通和好。』」通考卷三四五四裔考：「契丹自阿保機時侵滅諸國，稱雄北方，後救王都，爲王晏球所敗，喪其萬騎，又失赫邈等，皆名將；而述律尤思念突欲，由是卑辭厚幣，數遣使聘中國，因求歸赫邈、萴剌等，唐輒斬其使而不報，當此之時，中國之威幾振。」

册府元龜卷九七二：「十二月，党項首領來進所奪得契丹旗並馬。」

七年春正月壬辰，征西將軍課里遣拽剌鐸括奏軍事。己亥，唐遣使來聘。〔一〕癸卯，遣人使唐。〔二〕戊申，祠木葉山。

二月壬申，捘剌迪德使吴越還，吴越王遣使從，獻寶器。復遣使持幣往報之。〔三〕

三月己丑，林牙迪離畢指斥乘輿，囚之。丁未，遣使諸國。〔四〕戊申，上率羣臣朝于皇太后。

夏四月甲戌，唐遣使來聘。致人皇王倍書。己卯，女直來貢。

五月壬午朔，幸祖州，謁太祖陵。〔五〕

六月戊辰，御製太祖建國碑。戊寅，烏古、敵烈德來貢。庚辰，觀角觝戲。〔六〕

秋七月辛巳朔，賜中外官吏物有差。癸未，賜高年布帛。丙戌，召羣臣耆老議政。壬辰，唐遣使遺紅牙笙。癸巳，使復至，懼報定州之役也。壬寅，唐盧龍軍節度使趙德鈞遣人進時果。丁未，薦新于太祖廟。〔七〕

八月壬戌，捕鵝于沿柳湖，風雨暴至，舟覆，溺死者六十餘人，命存恤其家，識以爲戒。戊辰，林牙迪離畢逸囚，復獲而鞫之，知其事本誣構，釋之。

九月庚子，阻卜來貢。〔八〕

冬十月乙卯，唐遣使來聘。己巳，遣使雲中。

十一月丁亥，遣使存問獲里國。丁未，阻卜貢海東青鶻三十連。〔九〕

十二月辛亥，以叛人泥离衮家口分賜羣臣。丁巳，西狩，駐蹕平地松林。

〔一〕册府元龜卷九九九：長興三年（九三二）「三月甲午，禮賓使梁進德自契丹使迴，稱契丹王請放萴剌舍利還本國」。五代會要卷二九同，並注云：「萴剌，亦定州所獲蕃將也。」通鑑及胡注亦同。

〔二〕册府元龜卷九八〇：長興「三年正月庚子，契丹遣使拽骨等來朝」。（又卷九七二、新、舊五代史並同。）

按本年正月癸未朔，庚子十八日。癸卯二十一日。不能到達於前，遣使在後，設非舛誤，或是兩次遣使。

〔三〕舊五代史卷四三明宗紀：長興三年二月己卯，「懷化軍節度使李贊華進契丹地圖」。

册府元龜卷九九九：「二月，雲州上言：契丹遣使來求果子，帝曰：『虜中雖闕此物，亦非彼實。然蓋當面偵諜，宜阻其求。但報云，遣使入朝，當有處分。』」（卷四五同。）

又卷九七二：「二月契丹穆順義（穆葛賜姓名）先是遣還本國，迴，進馬三匹及方物、藥。」

按吳越遣使獻寶器屬帶叙。十國春秋卷七九：「長興四年春正月，契丹使者拽剌迪德還國，遣使從貽寶器。」

〔四〕册府元龜卷九七二：「三月，契丹遣使都督起阿鉢等一百一十人進馬一百疋及方物。」「又契丹遣使鐵葛羅卿獻馬三十疋。」

舊五代史卷四三：「三月甲申，契丹遣使朝貢。」（新五代史同。）

五代會要卷二九：三月，契丹「遣使鐵葛羅卿進馬三十匹，亦求萴刺歸國故也」。通鑑後唐紀：「初，契丹舍利萴刺與惕隱皆爲趙德鈞所擒，契丹屢遣使請之。上謀於羣臣，德鈞等皆曰：『契丹所以數年不犯邊，數求和者，以此輩在南故也。縱之則邊患復生。』上以問冀州刺史楊檀，對曰：『萴刺，契丹之驍將，曏助王都謀危社稷，幸而擒之，陛下免其死，爲賜已多。契丹失之，如喪手足，彼在朝廷數年，知中國虛實，若得歸，爲患必深，彼纔出塞，則南向發矢矣。恐悔之無及。』上乃止。」檀即楊光遠。

〔五〕五代會要卷二九：「五月，鐵葛羅卿迴，明宗欲放萴刺等令歸，大臣争之，未決。會幽州節度使趙德鈞上表論奏及易州刺史楊檀皆言不可遣，其事乃止。仍遣萴骨舍利隨其使歸，不欲全阻其請也。」（册府元龜卷九八〇同。）

通鑑後唐紀：長興三年五月「己亥，契丹使者迭羅卿辭歸國，上曰：『朕志在安邊，不可不少副其求。』乃遣萴骨舍利與之俱歸。契丹以不得萴刺，自是數寇雲州及振武」。新五代史卷五一楊光遠傳：「光遠字德明，其父曰阿噔啜，蓋沙陀部人也。光遠初名阿檀……明宗時爲嬀、瀛、冀、易四州刺史，以治稱。」通鑑清泰二年五月胡注：檀後避明宗廟諱，賜名光遠。

册府元龜卷九七六：「五月，契丹入朝使繡骨梅里辭歸蕃，賜分物鞍馬、錦袍、銀帶。」

〔六〕通鑑後唐紀：長興三年「初，契丹既强，寇抄盧龍諸州皆徧，幽州城門之外，虜騎充斥，每自涿州運糧入幽州，虜多伏兵於閻溝，掠取之。及趙德鈞爲節度使，城閻溝而戍之，爲良鄉縣，糧道稍通。幽州東十里之外，人不敢樵牧。德鈞於州東五十里城潞縣（今通縣）而戍之，近州之民始得稼穡。至是，又於州東北百餘里，城三河縣以通薊州運路，虜騎來争，德鈞擊却之。九月庚辰朔，奏城三河畢，邊人賴之」。（舊五代史卷九八本傳、新五代史卷七二四夷附録一、燕北雜記、讀史方輿紀要卷一，並同。）

舊五代史卷四三：長興三年六月，「幽州趙德鈞奏，新開東南河，自王馬口至淤口，長一百六十五里（本傳作二百里）闊六十五步，深一丈二尺，以通漕運，舟勝千石，畫圖以獻」。對於當時生産、漕運、防務皆有貢獻。

〔七〕五代會要卷二九：「七月，又遣使都督述禄進馬三十四。」下文八年二月，剋實魯使唐還。似即此事。

舊五代史卷四三：九月乙巳，「契丹遣使自幽州進馬」。此與五代會要所記七月遣使或是一事。

册府元龜卷四三五：「（後唐）李守貞奏：『大軍至望都縣，相次至長城北，遇虜寇千餘騎，轉鬬四十里，斬蕃將解里相公。』」（又卷九八七同。）

〔八〕本史太祖紀、聖宗紀、兵衛志、百官志、屬國表，耶律鐸軫、耶律弘古、蕭迂魯、蕭圖玉諸傳内作阻卜。又有西阻卜、北阻卜。

〔九〕新五代史卷七二四夷附録一：「（幽薊）輸餉可通，德光乃西徙横帳居撥剌泊（舊五代史、通鑑並作捺剌泊）出寇雲、朔之間，明宗患之，以石敬瑭鎮河東。」（舊五代史卷四三唐明宗紀、卷七五晉高祖紀並同。）

舊五代史卷四三：十一月「乙巳，雲州奏：契丹主在黑榆林南捺剌泊治造攻城之具。帝遣使賜契丹主銀器、綵帛。」

通鑑長興三年十月丙辰胡注：「是後，石敬瑭鎮河東，因契丹部落近在雲、應，遂資其兵力以取中國，而燕雲十六州之地，遂皆爲北方引弓之民。」

通鑑：長興三年冬十一月「丁亥，以石敬瑭爲北京留守、河東節度使，兼大同、振武、彰國、威塞等軍蕃漢馬步總管，加兼侍中。……蔚州刺史張彥超本沙陀人，嘗爲帝養子，與石敬瑭有隙，聞敬瑭爲總管，舉城附於契丹。契丹以爲大同節度使」。

舊五代史卷七〇張敬達傳：長興「四年還雲州（節度使），時以契丹率族帳自黑榆林捺剌泊至没越泊，云借漢界水草，敬達每聚兵塞下，以遏其衝，契丹竟不敢南牧，邊人賴之」。

又按：「連」亦作「聯」。李德裕會昌一品集卷六與黠戛斯可汗書，稱其曾獻馬百匹，鶻十聯。新五代史卷七四四夷附録：「長興四年，回鶻來獻白鶻一聯。」高麗史卷二八：「忠烈王四年（宋端宗景炎三年、一二七八）秋七月壬寅，帝賜王海東青一連。」朝鮮世宗實録卷三有賜讓寧鷹子二連，馬三匹。又「上王賜馬四匹，鷹子二連」。永樂大典站赤四：「至元二十三年，欽奉聖旨：『打捕鷹鷂，每鷹一連，日支鷹食肉四兩。』」以「匹」與「連」對，又鷹一連日支肉四兩，一連應即一隻。高麗史卷三二：「忠烈王二十七年二月癸酉，脱脱大王遣人來獻海青二翮。」二翮亦謂一隻。

八年春正月戊子，女直來貢。庚子，命皇太弟李胡、左威衛上將軍撒割率兵伐党項。癸卯，上親餞之。

二月辛亥，吐谷渾、阻卜來貢。乙卯，剋實魯使唐還，〔一〕以附獻物分賜羣臣。

三月辛卯，皇太弟討党項勝還，宴勞之。丙申，唐遣使請罷征党項兵，上以戰捷及党項已聽命報之。

夏四月戊午，党項來貢。

五月己丑，獵獨牛山，惕隱迪輦〔二〕所乘内厩騮馬斃，因賜名其山曰騮山。〔三〕戊戌，如沿柳湖。〔四〕

六月甲寅，阻卜來貢。甲子，回鶻阿薩蘭〔五〕來貢。

秋七月戊寅，行納后禮。癸未，皇子提離古〔六〕生。丁亥，鐵驪、女直、阻卜來貢。

冬十月乙巳，阻卜來貢。丙午，至自沿柳湖。辛亥，唐遣使來聘。己未，遣拔剌使唐。〔七〕辛未，烏古吐魯没來貢。

十一月辛丑，太皇太后崩，遣使告哀于唐及人皇王倍。是月，唐主嗣源殂，子從厚立。

十二月丁卯，党項來貢。

〔一〕五代會要卷二九「（去年）七月遣使都督述禄進馬三十四」即此事。舊五代史繫於去年九月。

〔二〕本史卷七七耶律洼傳：「洼字敵輦。……太宗即位爲惕隱。」迪輦即敵輦。

〔三〕案騮山即獨牛山賜名。索隱卷一引一統志謂騮山在喀剌沁左翼北十二里。獨牛山在四子部落旗西北五十里。誤。

〔四〕册府元龜卷九八〇：長興「四年五月丙戌，契丹國使述骨卿三十四人入朝」。（新、舊五代史並同。）又云：「其年契丹耶律德光以兄東丹王突欲在闕下，其母繼發使申款，朝廷亦優容之。賜突欲姓李氏，名贊華，出鎮滑州，以莊宗夫人（後宮）夏氏嫁之。」

〔五〕阿薩蘭此言「獅子」。王延德西州程記：「時四月，師子王避暑於北廷……師子王邀延德至其北廷。」此回鶻阿薩蘭即回鶻師子王。

〔六〕羅校：「皇子表，太宗五子：長穆宗，次罨撒葛，靖安皇后生。次天德、敵烈、必攝，宮人蕭氏生。穆宗生見上六年，罨撒葛生又見下九年。則此當是天德，蓋表以嫡庶爲次也。」

〔七〕舊五代史卷四五唐閔帝紀：應順元年正月，「乙亥，契丹遣使朝貢」。（新五代史同，並著没辣干之名。）册府元龜卷九八〇：「閔帝應順元年正月乙亥，契丹遣使都督没辣干來朝，獻馬四百、駝十、羊二千。先是遣供奉官西方璟入契丹復命，故有是獻。」（又卷九七二同。）

九年春正月癸酉，漁于土河。丙申，党項貢駝、鹿。己亥，南京進白麞。閏月戊午，唐遣使告哀，即日遣使弔祭。壬戌，東幸。女直來貢。〔一〕

二月壬申，祠木葉山。戊寅，葬太皇太后於德陵。前二日，發喪于菆塗殿，上具衰服以送。後追謚宣簡皇后，詔建碑于陵。

三月癸卯，女直來貢。

夏四月，唐李從珂弒其主自立。人皇王倍自唐上書請討。

五月甲辰，如沿柳湖。癸丑，女直來貢。大星晝隕。

六月己巳朔，〔二〕鼻骨德來貢。辛未，唐李從厚謝弔祭所遣使初至闕。

秋〔三〕八月壬午，自將南伐。乙酉，拽剌解里手接飛雁，上異之，因以祭天地。

九月庚子，西南星隕如雨，乙卯，次雲州。〔四〕丁巳，拔河陰。〔五〕

冬十月丁亥，畧地靈丘，父老進牛酒犒師。〔六〕

十一月辛丑，圍武州之陽城。壬寅，陽城降。癸卯，注只城〔七〕降，括所俘丁壯籍于軍。

十二月壬辰，皇子阿鉢撒葛里〔八〕生，皇后不豫。是月駐蹕百湖〔九〕之西南。〔一〇〕

〔一〕册府元龜卷九九九：「應順元年（九三四）正月，雲州張温言：『契丹在州境互市。』閏正月，雲州上言：『契丹至州界市易。』」

〔二〕按本史卷四四朔考，六月庚午朔。是。

〔三〕册府元龜卷九九九：清泰元年（九三四）七月，「雲州言：『契丹首領述律梅里求互市』，從之」。

〔四〕通鑑：後唐清泰元年九月「己未，雲州奏：『契丹入寇。』北面招討使石敬瑭奏自將兵屯百井以備契丹。辛酉，敬瑭奏振武節度使楊檀擊契丹於境上，卻之」。檀即光遠。見天顯七年注〔二〕。舊五代史卷四六亦作九月己未契丹寇境，應是上奏之日，此作乙卯，當是進兵之日。

舊五代史卷一二三安叔千傳：『清泰初，契丹寇雁門，叔千從晉祖迎戰，敗之。』

〔五〕本史卷四一地理志五：河陰屬應州。金史卷二四地理志西京路應州山陰縣注：「本名河陰。大定七年以與鄭州屬縣同，故更焉。」

〔六〕舊五代史卷四六：冬十月「戊寅，契丹寇雲、應州，詔河東節度使石敬瑭率兵屯代州」。通鑑後唐紀：清泰元年十二月「壬申，石敬瑭奏，契丹引去，罷兵歸」。胡注：「自百井歸晉陽也。」

〔七〕索隱卷一：「明史地理志，山西省山西司東勝衛有燕只所，即此洼只城。」

〔八〕本史卷六四皇子表：太宗五子，罨撒葛第二。羅校：「罨，一音烏合切。與鉢音近。」

〔九〕索隱卷一引一統志：「土默特二旗，遼爲興中府治興中縣。百湖在左翼東六十里。蒙古名兆布拉克。」

册府元龜卷九八七：清泰元年「十二月，北面招討使、河東節度使石敬瑭送擒獲契丹首領來海金等至京師」。

〔一〇〕高麗史卷二：「太祖十七年（天顯九年）秋七月，渤海國世子大光顯率衆數萬來投，賜姓名王繼，附之宗籍。特授元甫守白州，以奉其祀。賜僚屬爵，軍士田宅有差。」「冬十二月，渤海陳林等一百六十人來附。」按大光顯附高麗事，高麗史卷八六年表載於太祖八年乙酉，即遼天贊四年。參見本書卷二天贊四年注〔八〕。

十年春正月戊申，皇后崩于行在。

二月戊寅，百僚請加追謚，不許。辛巳，宰相涅里衮謀南奔，事覺，執之。

三月戊午，党項來貢。

夏四月，吐谷渾酋長退欲德率衆内附。丙戌，皇太后父族及母前夫之族二帳並爲國舅，以蕭緬思〔一〕爲尚父領之。己丑，録囚。

五月甲午朔，始製服行后喪。丙午，葬于奉陵。〔二〕上自製文，謚曰彰德皇后。癸丑，以舍利王庭鶚〔三〕爲龍化州節度使。〔四〕

六月乙丑，吐渾來貢。辛未，幸品不里淀。〔五〕

秋七月乙卯，獵南赤山。〔六〕

冬十一月丙午，幸弘福寺爲皇后飯僧，見觀音畫像，乃大聖皇帝、應天皇后及人皇王所施，顧左右曰：「昔與父母兄弟聚觀于此，歲時未幾，今我獨來！」悲嘆不已。乃自製文題于壁，以極追感之意。讀者悲之。

十二月庚辰，如金瓶濼，〔七〕遣拽剌化哥、窟魯里、阿魯掃姑等捉生敵境。

〔一〕緬思，本史卷六七外戚表作勉思。

〔二〕本史卷三七地理志一：「懷州奉陵軍。上，節度，本唐歸誠州。太宗行帳放牧於此。天贊中，從太祖破扶餘城，下龍泉府，俘其人，築寨居之。會同中，掠燕薊，所俘亦置此。」是此地爲太宗頭下城寨。「太宗崩，葬西山，曰懷陵。大同元年，世宗置州以奉焉。」至此始稱奉陵軍。

〔三〕庭鶚又名鶚，以漢人稱舍利，或因其父已官節度使。

全遼文卷一三王裕墓誌銘：「（祖入遼爲）龍化州節度使……烈考諱鶚，龍化州節度使、金紫光禄大夫檢校太傅兼御史大夫上柱國，封太原縣，食邑三佰户。」王裕本書卷七九有補傳。

〔四〕舊五代史清泰二年（九三五）五月丙申，新州、振武奏：契丹寇境。新五代史同。通鑑後唐紀：清泰二年「五月丙申，契丹寇新州及振武」。

〔五〕品不里淀，亦作頻蹕淀。索隱卷一：「即別里不泉。金史地理志：『泰州，遼時本契丹二十部族牧地。縣一，長春（注：遼長春州，有別里不泉）。』考長春爲今科爾沁左翼前旗地，則品不里淀即今旗東南十里巴漢岳里泊。」

舊五代史卷四七：「六月甲子朔，新州上言，契丹入寇。」乙丑，「振武奏：契丹二萬騎在黑榆林」。壬申，「契丹寇應州」。又卷七〇張敬達傳：「契丹率族帳自黑榆林捺剌泊至没越泊，云借漢界水草，敬達每聚兵塞下，以遏其衝。契丹竟不敢南牧，邊人賴之。」

新五代史卷五一楊光遠傳：「清泰二年，徙鎮中山，兼北面行營都虞候。禦契丹於雲、應之間。」

册府元龜卷九八七：清泰「二年北面總管奏，雲州殺退契丹，具籍報前軍奪甲馬」。

王仁裕玉堂閒話：「乙未歲（清泰二年、九三五），契丹據河朔，晉師拒於澶淵，天下騷然，疲於戰伐。翰林學士王仁裕奉使馮翊，路由於鄭，過僕射陂，見州民及軍營婦女填咽於道路，皆執錯采小旗子，插於陂中，不知其數，詢其居人，皆曰：『鄭人比家夢李衛公云，請多造旗幡，置於陂中。我見集得無數兵爲中原剪除戎寇，所乏者旌旗耳。是以家別獻此幡幟。』初未之信，以爲妖言，累旬月之間，擊敗契丹，及使回，過其陂，使僕者下路，草際存者尚多。」

〔六〕索隱卷一：「慶州赤山，在今巴林旗東北二百五里。此山在其南，故曰南赤山。」

〔七〕索隱卷一：「今阿霸垓左翼南二十里金河泊。」

十一年春正月，鈎魚于土河。庚申，如潢河。

三月庚寅朔，女直來貢。

夏四月庚申，謁祖陵。戊辰，還都，謁太祖廟。辛未，燕民之復業者陳汴州事宜。癸酉，女直諸部來貢。癸未，賜回鶻使衣有差。

五月戊戌，清暑沿柳湖。〔一〕

六月戊午朔，鼻骨德來貢。乙酉，吐谷渾來貢。

秋七月辛卯，烏古來貢。壬辰，蒲割䫻公主率三河烏古來朝。丙申，唐河東節度使石敬瑭爲其主所討，遣趙瑩因西南路招討盧不姑〔二〕求救，上白太后曰：「李從珂弑君自立，神人共怒，宜行天討。」時趙德鈞亦遣使至，河東復遣桑維翰來告急，遂許興師。〔三〕

八月己未，遣蕭轄里報河東師期。丙寅，吐谷渾來貢。庚午，自將以援敬瑭。〔四〕

九月癸巳，有飛鶖〔五〕自墜而死，南府夷離堇曷魯恩得之以獻。〔六〕卜之，吉。上曰：「此從珂自滅之兆也！」丁酉，入雁門。戊戌，次忻州，祀天地。己亥，次太原。〔七〕庚子，遣使諭敬瑭曰：「朕興師遠來，當即與卿破賊。」會唐將高行周、符彦卿以兵來拒，遂勒兵陳于太原。及戰，佯爲之却。唐將張敬達、楊光遠又陣于西，未成列，以兵薄之。而行周、彦卿爲伏兵所斷，首尾不相救。敬達、光遠大敗，棄仗如山，斬首數萬級。敬達走保晉安寨，〔八〕夷離堇的魯與戰，死之。敬瑭率官屬來見，上執手撫慰之。癸卯，圍晉安。〔九〕甲辰，以的魯子徒離骨〔一〇〕嗣爲夷離堇，仍以父字爲名，以旌其忠。南宰相鶻離底、奚監軍寅你已、將軍陪阿臨陣退懦，上召切責之。

冬十月甲子，封敬瑭爲晉王，〔一一〕幸其府。敬瑭與妻李率其親屬捧觴上壽。初圍晉安，分遣精兵守其要害，以絶援兵之路。而李從珂遣趙延壽以兵二萬屯團栢谷，〔一二〕范延廣〔一三〕以兵二萬屯遼州，幽州趙德鈞以所部兵萬餘由上黨趨延壽軍，合勢進擊。知此有備，皆逗留不進。〔一四〕從珂遂將精騎三萬出次河陽，〔一五〕親督諸軍。然知其不救，但日酣飲悲歌而已。丁卯，召敬瑭至行在所，賜坐。上從容語之曰：「吾三千里舉兵而來，一戰而勝，殆天意也。觀汝雄偉弘大，宜受兹南土，世爲我藩輔。」遂命有司設壇晉陽，備禮册命。

十一月丁酉，册敬瑭爲大晉皇帝。〔一六〕自戊戌至戊申，候騎兩奏南有兵至，復奏西有兵至。〔一七〕命惕隱迪輦注拒之。唐將張敬達在圍八十餘日，〔一八〕内外隔絶，軍儲殆盡，至濯馬糞、屑木以飼馬，馬饑至自相啖其騣尾，死則以充食。光遠等勸敬達出降，敬達曰：「吾有死而已。爾欲降，寧斬吾首以降。」

閏月甲子，楊光遠、安審琦殺敬達以降。〔一九〕上聞敬達至死不變，謂左右曰：「凡爲人臣，當如此也！」命以禮葬。所降軍士及馬五千匹以賜晉帝。〔二〇〕丙寅，祀天地以告成功。庚午，僕射蕭酷古只奏趙德鈞等諸援兵將遁，詔夜發兵追擊。德鈞等軍皆投戈棄甲，自相蹂踐，擠于川谷者不可勝紀。仍命皇太子馳輕騎據險要，追及步兵萬餘，悉降之。辛未，兵度團柏谷，以酒肴祀天地。俄追及德鈞父子，乃率衆降。次潞州，召諸將議，皆請班師，從之。〔二一〕命南宰相解領、鶻離底、奚監軍寅你已、將軍陪阿先還。壬申，惕隱涅、林牙迪離畢來獻俘。晉帝辭歸，上與宴飲。酒酣，執手約爲父子。以白貂裘一、厩馬二十、戰馬千二百餞之。命迪離畢將五千騎送入洛。臨別，謂之曰：「朕留此，候亂定乃還耳。」〔二二〕辛巳，晉帝至河陽，李從珂窮蹙，召人皇王倍同死，不從，遣人殺之，乃舉族自焚。〔二三〕詔收其士卒戰歿者瘞之汾水上，以爲京觀。晉命桑維翰爲文，紀上功德。

十二月乙酉朔，〔二四〕遣近侍撻魯存問晉帝。丙戌，以晉安所獲分賜將校。戊子，遣使馳奏皇太后，及報諸道師還。庚寅，發太原。辛卯，聞晉帝入洛，遣郎君解里德撫問。壬辰，次細河，〔二五〕閱降將趙德鈞父子兵馬。戊戌，次雁門，以沙太保所部兵分隸諸將。庚戌，幸應州。癸丑，唐大同、彰國、振武三節度使〔二六〕迎見，留之不遣。

〔一〕舊五代史卷四八：「清泰三年五月壬寅，削奪石敬瑭官爵，便令張敬達進軍攻討。」

〔二〕盧不姑即耶律魯不古，本史卷七六有傳。西南路招討，傳作「西南邊大詳穩」。下文會同元年四月與本傳同。

〔三〕按此係約括前後事言之。趙德鈞密賂契丹後，石敬瑭大懼，遂遣桑維翰告急。本史殿本考證：「通鑑：『石敬瑭遣間使求救於契丹，令桑維翰草表。』據此則桑維翰草表求救於契丹，未嘗親往告急。晉高祖本紀及維翰傳並無石敬瑭遣維翰如契丹告急事。」此就興師以前言。桑維翰告急，通鑑繫於閏十一月，此以過晷，遂誤叙後事於前。

通鑑後晉紀：天福元年（九三六）五月「辛卯，以敬瑭爲天平節度使，以馬軍都指揮使河陽節度使宋審虔爲河東節度使」。甲午，以建雄節度使張敬達爲西北蕃漢馬步都部署。趣敬瑭之鄆州，敬瑭疑懼，謀於將佐曰：『吾之再來河東也，主上面許終身不除代，今忽有是命，得非如今年千春節與公主所言乎。我不興亂，朝廷發之，安能束手死於道路乎？今且發表稱疾，以觀其意。若其寬我，我當事之；若加兵於我，我則改圖耳。』」「掌書記洛陽桑維翰曰：『主上初即位，明公入朝，主上豈不知蛟龍不可縱之深淵邪！然卒以河東復授公，此乃天意，假公以利器。明宗遺愛在人，主上以庶孽代之，羣情不附。公，明宗之愛壻，今主上以反逆見待，此非首謝可免，但力爲自全之計。契丹素與明宗約爲兄弟，今部落近在雲、應，公誠能推心屈節事之，萬一有急，朝呼夕至，何患無成。』敬瑭意遂決。」「戊戌，昭義節度使皇甫立奏敬瑭反。」「壬寅，制削奪敬瑭官爵。乙巳，以張敬達兼太原四面排陳使，河陽節度使張彦琪爲馬步軍都指揮使，以安國節度使安審琦爲馬軍都指揮使，以保義節度使相里金爲步軍都指揮使，以右監門上將軍武廷翰爲壕寨使。丙午，以張敬達爲太原四面兵馬都部署，以義武節度使楊光遠爲副部署。丁未，又以張敬達知太原行府事，以前彰武節度使高行周爲太原四面招撫、排陣等使，張敬達將兵三萬營於晉安鄉。」

契丹國志卷二：「夏五月，唐以石敬瑭爲天平節度使，敬瑭拒命謀叛，唐發兵討之。秋七月，唐殺石敬瑭子弟四人，敬瑭令掌書記桑維翰草表稱臣於契丹帝，且請以父禮事之，約事捷之日，割盧龍一道及雁門關以北諸州爲獻。表至，契丹大喜，復書許俟仲秋傾國赴援。」

册府元龜卷三〇九：「桑維翰自後唐末帝清泰三年爲太原掌書記，時高祖將起義，頗慮孤壘無成，憂不遑處，維翰揚言曰：『蝮蛇在手，壯士解腕，今日朝廷待以匪人，無復首免之理，但極力自完，萬一不濟，契丹族帳在雲、應，朝呼夕至，何患無成。』高祖釋然。自是民請搆蕃軍者多矣，然關防重疊，去者多獲。朝廷又以虜性多疑，必不以高祖單詞容易應副。高祖使有達虜廷者，報曰：『仲秋，吾傾寨奉援。』且牢守備。』朝廷知之。攻城頗急，城中乏食，慮難支久，乃令小僕何福懇告蕃首，時八月末也。蕃首曰：『北候漸涼，别無顧慮，爾名曰福，戰捷之繇。』數日出軍，與何福俱來。壬寅，契丹至，及高祖建號，制授禮部侍郎知樞密院事，尋改中書侍郎平章事。」

秦再思洛中紀異：「契丹主德光嘗晝寢，夢一神人花冠美姿容，輜軿甚盛，自天而下，衣白衣，佩金帶，執金骨朵，有異獸十二隨其後，内一黑色兔入德光懷而失之。神人語德光曰：『石郎使人喚汝，汝須去。』覺，告其母，忽之不以爲異。後復夢，即前神人也。衣冠儀貌，宛然如故。曰：『石郎已使人來喚汝。』既覺而驚，復以告母。母曰：『可命筮之。』乃召胡巫，筮言：『太祖從西樓來，言中國將立天王，要爾爲助，爾須去。』未浹旬，石敬瑭反於河東，爲後唐張敬達所敗，亟遣趙瑩持表重賂，許割燕雲，求兵爲援。契丹帝曰：『我非爲石郎興師，乃奉上帝敕使也。』率兵十萬直至太原，唐師遂衄，立石敬瑭爲晉帝。後至幽州城中，見大悲菩薩佛像，驚告其母曰：『此即向來神人，冠冕如故，但服色不同耳。』因立祠木葉山，名菩薩堂。德光生於癸卯年，黑兔入懷，此其兆也。」

〔四〕册府元龜卷九八〇：「清泰三年八月戊午，契丹遣使梅里來朝。其年契丹遣使銀折梅里入朝。」新、舊五代史並記八月戊午一次。又舊五代史、通鑑並記「八月癸亥，應州奏，契丹三千騎攻城。」

〔五〕索隱卷一：「案史記司馬相如傳始見鱵鵲，徐廣注爲水鳥。漢書作箴疵。張揖注：『似魚虎而蒼黑色。』文選上林賦注同。說文：鵲，鱵鵲也。是皆以鱵鵲爲鳥名，無單名鵲者。當是鵀字之譌，鵀爲鳶之本字。」

〔六〕本史卷七七耶律吼傳：「吼字曷魯，六院部夷離堇蒲古只之後。」册府元龜卷九二、卷九六天福二年十一月稱北朝曷魯相公，即此人。羅校：府當作院。

〔七〕舊五代史卷一三七：「清泰三年，晉高祖爲張敬達等攻圍甚急，遣指揮使何福齎表乞師，願爲臣子。德光白其母曰：『兒昨夢太原石郎發使到國，今果至矣，事符天意，必須赴之。』德光乃自率五萬騎，由雁門至晉陽。」

〔八〕通鑑後晉紀：「九月，契丹主將五萬騎，號三十萬，自揚武谷（考異：『代州今有楊武寨，其北有長城嶺聖佛谷。今從漢高祖實録作揚武。』）而南，旌旗不絶五十餘里。」「辛丑，契丹主至晉陽，陳於汾北之虎北口，與唐騎將高行周符彥卿合戰，敬瑭乃遣劉知遠出兵助之，張敬達、楊光遠、安審琦以步兵陳於城西北山下，契丹遣輕騎三千，不被甲，直犯其陳，唐兵見其羸，爭逐之，至汾曲，契丹涉水而去，唐兵循岸而進，契丹伏兵自東北起，衝唐兵斷而爲二，步兵在北者，多爲契丹所殺，騎兵在南者引歸晉安寨，契丹縱兵乘之，唐兵大敗。步兵死者近萬人，騎兵獨全。敬達等收餘衆保晉安。是夕，敬瑭出北門見契丹主，契丹主執敬瑭之手，恨相見之晚。敬瑭問曰：『皇帝遠來，士馬疲倦，遽與唐戰而大勝，何也？』契丹主曰：『始吾自北來，謂唐必斷雁門諸路，伏兵險要，則吾不可得進矣。使人偵視皆無之，吾是以長驅深入，知大事必濟也。兵既相接，我氣方鋭，彼氣方沮，若不乘此急擊之，曠日持久，則勝負未可知矣。此吾所以亟戰而勝，不可以勞逸常理論也。』敬瑭甚歎伏。」

〔九〕册府元龜卷三七四：「九月，契丹軍至，張敬達大敗，晉高祖與蕃衆期迫，一夕而圍合。自晉安營南門之外，長百餘里，闊五十里，布以氈帳，用毛索懸之銅鈴，令部伍多畜犬以備警急，營中常有夜遁者，出則犬吠鈴動，跬步不能行焉。自是敬達與麾下雜部曲五萬人，馬萬匹，無繇四奔，但見穹廬如岡阜相屬，諸軍相顧，色如死灰。」（卷四四四同。）契丹國志卷二：九月，敬瑭「引（契丹）兵（會圍晉安寨……唐潞王大懼。下詔親征，潞王至懷州，以晉安爲憂，問策於羣臣，吏部侍郎龍敏請立李贊華爲契丹主，令天雄、盧龍二鎮分兵送之，自幽州趨西樓，朝廷露檄言之，契丹必有内顧之憂。然後選募精鋭以擊之，此亦解圍之一策也。潞王深以爲然。而執政恐其無成，議竟不決。潞王憂沮，日夕酣飲悲歌，羣臣或勸其北行，則曰：『卿勿言，石郎使我心膽墮地。』」

册府元龜卷九八七：清泰「三年九月甲辰，北面行營都招討使張敬達奏，此月十五日與契丹戰於太原城下，王師敗績。時契丹主自率部族來援太原。（時晉高祖起義）高行周、符彦卿率左右廂騎軍出鬭，蕃軍引退。巳時後，蕃軍復成列。張敬達、楊光遠、安審琦等陣於賊城西北、倚山横陣，諸將奮擊，蕃軍屢却。至晡，我騎軍將移陣，蕃軍如山而進，王師大敗。詔遣侍衛步軍都指揮使符彦饒率兵屯河陽。詔范延光率兵繇青山路趨榆次，詔幽州趙德鈞繇飛狐路出軍賊後，耀州防禦使潘環合防戎軍出磁、隰，以援張敬達」。（舊五代史同。）

新五代史卷八：天福元年「九月，契丹耶律德光入自鴈門，與唐兵戰，敬達大敗。敬瑭夜出北門見耶律德光，約爲父子」。

五代春秋卷下：「九月，契丹救河東，張敬達及契丹戰於城下，敬達師敗績，退師晉安，契丹圍晉安。」

新五代史卷三三張敬達傳：「九月，契丹耶律德光自鴈門入，旌旗相屬五十餘里。德光先遣人告敬瑭曰：『吾欲今日破敵可乎？』敬瑭報曰：『大兵遠來，而賊勢方盛，要在成功，不必速也。』使者未復命，而兵已交。敬達陣於西山，契丹以羸騎三千，革鞭木鐙，人馬皆不甲胄，以趨唐軍。

唐軍爭馳之，契丹兵走，追至汾曲，伏發，斷唐軍爲二，其在北者皆死，死者萬餘人。敬達收軍栅晉安，契丹圍之。」

通鑑後晉紀：「敬瑭引兵會契丹圍晉安寨……敬達遣使告敗於唐，自是聲問不復通。唐主大懼，遣彰聖都指揮使符彦饒將洛陽步騎兵屯河陽，詔天雄節度使兼中書令范延光將魏州兵二萬由青山趨榆次，盧龍節度使東北面招討使兼中書令北平王趙德鈞將幽州兵出契丹軍後，耀州防禦使潘環糺合西路戍兵，由晉、絳兩乳嶺出慈、隰，共救晉安寨。契丹主移帳於柳林，遊騎過石會關，不見唐兵。」

〔一〇〕本史卷七五本傳作耶律圖魯窘，其父的魯作敵魯古。

〔一一〕封石敬瑭爲晉王事，新五代史、通鑑俱不載。但由舊五代史所載册晉帝文中，可知確有其事。（參見注〔一六〕。）

〔一二〕本史卷七六趙延壽傳作團柏峪。新、舊五代史張敬達傳作團柏谷。通鑑作團柏。

〔一三〕延廣，新五代史卷五一本傳作延光，此避太宗德光諱改。

〔一四〕通鑑後晉紀：「初趙德鈞陰蓄異志，欲因亂取中原，自請救晉安寨。唐主命自飛狐踵契丹後，抄其部落，德鈞請將「銀鞍契丹直」三千騎（趙德鈞在幽州以契丹來降之驍勇者置「銀鞍契丹直」）由土門路西入，帝許之。趙州刺史北面行營都指揮使劉在明先將兵戍易州，德鈞過易州，命在明以其衆自隨，在明，幽州人也。德鈞至鎮州，以董温琪領招討副使，邀與偕行。又表稱兵少，須合澤、潞兵，乃自吳兒谷趣潞州。癸酉，至亂柳。時范延光受詔將部兵二萬屯遼州，德鈞又請與魏博軍合，延光知德鈞合諸軍，志趣難測，表稱魏博兵已入賊境，無容南行數百里，與德鈞合，乃止。」「十一月以趙德鈞爲諸道行營都統，依前東北面行營招討使，以趙延壽爲河東道南面行營招討使，以翰林學士張礪爲判官。庚寅，以范延光爲河東道東南面行營招討使，以宣武節度使同平章事李周副之。辛卯，以劉延朗爲河東道南面行營招討副使。趙延壽遇趙德鈞於西湯（新五代史作西唐舊五代史作西唐店）。悉以兵屬德鈞……德鈞志在併范延光軍，逗遛不進，詔書屢趣之，德鈞乃引兵北屯團柏谷口。」「閏月，趙延壽獻契丹主所賜詔及甲馬弓劍，詐云德鈞遣使致書於契丹主，爲唐結好，說令引兵歸國。其實別爲密書，厚以金帛賂契丹主云，若立己爲帝，請即以見兵南平洛陽，與契丹爲兄弟之國，仍許石氏常鎮河東。契丹主自以深入敵境，晉安未下，德鈞兵尚彊，范延光在其東，又恐山北諸州邀其歸路，欲許德鈞之請，帝聞之大懼，亟使桑維翰見契丹主，說之曰：『大國舉義兵以救孤危，一戰而唐兵瓦解，退守一柵，食盡力窮，趙北平父子，不忠不信，畏大國之彊，且素蓄異志，按兵觀變，非以死殉國之人，何足可畏。而信其誕妄之辭，貪毫末之利，棄垂成之功乎。且使晉得天下，將竭天下之財以奉大國，豈此小利之比乎。』契丹主曰：『爾見捕鼠者乎，不備之，猶或齧傷其手，況大敵乎。』對曰：『今大國已扼其喉，安能齧人乎。』契丹主曰：『吾非有渝前約也，但兵家權謀，不得不爾。』對曰：『皇帝以信義救人之急，四海之人，俱屬耳目，奈何二三其命，使大義不終，臣竊爲皇帝不取也。』跪於帳前，自旦至暮，涕泣争之。契丹主乃從之。指帳前石謂德鈞使者曰：『我已許石郎。此石爛，可改矣。』」

〔一五〕河陽原作河橋。據新五代史卷七舊五代史卷四八及通鑑改。

〔一六〕通鑑後晉紀：十一月丁酉，「契丹主作册書命敬瑭爲大晉皇帝，自解衣冠授之，築壇於柳林，是日即皇帝位，割幽、薊、瀛、莫、涿、檀、順、新、嬀、儒、武、雲、應、寰、朔、蔚十六州以與契丹，仍許歲輸帛三十萬匹。己亥，制改長興七年爲天福元年」。（胡注：「此清泰三年也，而以爲唐明宗長興七年，以潞王爲篡也。」）

舊五代史卷七五晉高祖紀載册文云：

「維天顯九年，歲次丙申，十一月丙戌朔，十二日丁酉，大契丹皇帝若曰：於戲，元氣肇開，樹之以君，天命不恒，人輔維德，故商政衰而周道盛，秦德亂而漢圖昌，人事天心，古今靡異。咨爾子晉王，神鍾睿哲，天贊英雄，叶夢日以儲祥，應澄河而啟運，迨事數帝，歷試諸艱，武畧文經，迺由天縱，忠規孝節，固自生知。猥以渺躬，奄有北土，暨明宗之享國也，與我先哲王保奉明契，所期子孫順承，患難相濟，丹書未泯，白日難欺。顧予纂承，匪敢失墜，爾惟近戚，實係本枝，所以予視爾若子，爾待予猶父也。朕昨以獨夫從珂，本非公族，竊據寶圖，棄義忘恩，逆天暴物，誅翦骨肉，離間忠良，聽任矯諛，威虐黎獻，華夷震悚，内外崩離，知爾無辜，爲彼致害，敢徵衆旅，來逼嚴城，雖併吞之志甚堅，而幽顯之情何負，達於聞聽，深激憤驚，乃命興師，爲爾除患，親提萬旅，遠殄羣兇，但赴急難，罔辭艱險，果見神祇助順，卿士叶謀，旗一麾而棄甲平山，鼓三作而殭屍徧野，雖以遂予本志，快彼羣心，將期稅駕金河，班師玉塞。矧今中原無主，四海未寧，茫茫生民，若墜塗炭，況萬幾不可以暫廢，大寶不可以久虚，拯溺救焚，當在此日。爾有庇民之德，格于上下，爾有戡難之勳，光于區宇，爾有無私之行，通乎神明，爾有不言之信，彰乎兆庶。予懋乃德，嘉乃丕績，天之曆數在爾躬，是用命爾，當踐皇極，仍以爾自茲并土，首建義旂，宜以國號曰晉。朕永與爲父子之邦，保山河之誓。於戲，補百王之闕禮，行茲盛典，成千載之大義，遂我初心。爾其永保兆民，勉持一德，慎乃有位，允執厥中，亦惟無疆之休，其誡之哉。」此次册敬瑭爲晉帝，各史均未著册使。下文會同元年册敬瑭爲英武明義皇帝，本史作耶律述蘭即牒蠟與趙思温，新五代史卷八本紀、卷七二四夷附録並稱爲韓頴即韓延徽，彼此歧互。通鑑、册府元龜等俱不載册使姓名。册加徽號，在當時爲重典，何以南北記録不同，疑韓頴册晉爲此次出使，會同元年出使者爲牒蠟與趙思温。

契丹立晉，五代會要作「十一月」。舊五代史卷四八唐紀作「閏十一月丁卯」，卷七五晉紀作「十一月丁酉」，前後歧互。通鑑考異：「廢帝實録：『閏月丁卯，胡主石諱（敬瑭）爲天子於柳林。』誤也。今從晉高祖實録、薛史契丹册文。」即作十一月丁酉。蓋契丹立晉爲此日，而唐人至閏十一月丁卯始奏聞，廢帝實録誤以奏聞之日爲立晉之日。舊五代史唐紀亦沿誤。新五代史、通鑑、十國春秋及本史並作十一月丁酉，是。

〔一七〕奏，原作於，據永樂大典卷四八〇引文改。

〔一八〕「唐將張」三字原脱，據大典卷四八〇引文補。

〔一九〕新五代史卷三三張敬達傳：「廢帝遣趙延壽、范延光等救之，延壽屯團柏谷，延光屯遼州，相去皆百餘里。契丹兵圍敬達者，自晉安寨南，長百餘里，闊五十里，敬達軍中望之，但見穹廬連屬如岡阜，四面亙以毛索，掛鈴爲警，縱犬往來。敬達軍中有夜出者，輒爲契丹所得，由是閉壁不敢復出。延壽等皆有二心，無救敬達意。敬達猶有兵五萬人、馬萬匹，久之食盡，削木篩糞以飼其馬，馬死者食之，已而馬盡。副招討使楊光遠勸敬達降晉，敬達自以不忍背唐，而救兵且至，光遠促之不已，敬達曰：『諸公何相迫邪！何不殺我而降？』光遠即斬敬達降。契丹耶律德光聞敬達死，哀其忠，遣人收葬之。」（册府元龜卷三七四、舊五代史卷七〇張敬達傳並畧同。）通鑑後晉紀：閏（十一）月，「晉安寨被圍數月，高行周、符彦卿數引騎兵出戰，衆寡不敵，皆無功。芻糧俱竭，削柹淘糞以飼馬，馬相啗，尾鬣皆秃，死則將士分食之，援兵竟不至。張敬達性剛，時謂之張生鐵。楊光遠、安審琦勸敬達降於契丹，敬達曰：『吾受明宗及今上厚恩，爲元帥而敗軍，其罪已大，况降敵乎！今援兵旦暮至，且當俟之，必若力盡勢窮，則諸君斬我首携之出降，自求多福，未爲晚也。』光遠目審琦欲殺敬達，審琦未忍。高行周知光遠欲圖敬達，常引壯騎尾而衛之，敬達不知其故。謂人曰：『行周每踵余後，何意也。』行周乃不敢隨之，諸將每旦集於招討使營。甲子，高行周、符彦卿未至，光遠乘其無備，斬敬達首，帥諸將上表降於契丹。契丹主素聞諸將名，皆慰勞，賜以裘帽。因戲之曰：『汝輩亦大惡漢，不用鹽酪，啗戰馬萬匹。』光遠等大慚，契丹主嘉張敬達之忠，命收葬而祭之。謂其下及晉諸將曰：『汝曹爲人臣，當效敬達也。』」

〔二〇〕通鑑後晉紀：「時晉安寨馬猶近五千，鎧仗五萬，契丹悉取以歸其國。悉以唐之將卒授帝，語之曰：『勉事而主。』」

〔二一〕通鑑後晉紀：「帝以晉安已降，與契丹主將引兵而南，欲留一子守河東，咨於契丹主，契丹主令帝盡出諸子自擇之，帝兄子重貴，父敬儒，蚤卒，帝養以爲子。貌類帝而短小。契丹主指之曰：『此大目者可也。』乃以重貴爲北京留守太原尹河東節度使。契丹以其將高謨翰爲前鋒，與降卒皆進。丁卯，至團柏，與唐兵戰，趙德鈞、趙延壽先遁，符彥饒、張彥琦、劉延朗、劉在明繼之，士卒大潰，相騰踐死者萬計。」壬申，「趙德鈞、趙延壽南奔潞州，唐敗兵稍稍從之，其將時賽帥盧龍輕騎東還漁陽，帝先遣昭義節度使高行周還具食，至城下，見德鈞父子在城上，行周曰：『僕與大王鄉曲，敢不忠告，城中無斗粟可守，不若速迎車駕。』甲戌，帝與契丹主至潞州，德鈞父子迎謁於高河，契丹主慰諭之，父子拜帝於馬首，進曰：『別後安否？』帝不顧，亦不與之言。（胡注：以其欲争爲帝，恨之也。）契丹主問德鈞曰：『汝在幽州所置「銀鞍契丹直」何在？』德鈞指示之，契丹主命盡殺之於西郊，凡三千人。遂鎖德鈞、延壽，送歸其國」。

〔二二〕册府元龜卷九八〇：「晉高祖即位於晉陽，改號天福元年，車駕將入洛。閏十一月甲戌，契丹主舉酒言於帝曰：『余遠來赴義，大事已成，皇帝頃赴京都，今已令太相温勒兵相送，至於河梁，要過河者即多少任意，余亦且在此州，俟京洛已定，便當北轅。』執手相泣，久不能別，脱白貂裘以衣帝。贈馬二十匹，戰馬一千二百匹，仍誡曰：『子子孫孫，無勿相忘焉。』」通鑑後晉紀：「帝將發上黨，契丹主舉酒屬帝曰：『我若南向，河南之人必大驚駭，汝宜自引漢兵南下，人必不甚懼，有急則下山救汝，若洛陽既定，吾即北返矣。』」「又曰：『劉知遠、趙瑩、桑維翰皆創業功臣，無大故勿棄也。』」

索隱卷一：「案通鑑後晉紀，送入洛者太相温。考異曰：『廢帝實録作高謨翰，范質陷蕃記作高模翰，歐陽史作高牟翰，蓋蕃名太相温，漢名高謨翰，今從晉高祖實録。』胡注：案吐蕃、契丹皆有太相。錢大昕胡注辯正云：『太當爲大字，相温其官名。遼史作詳穩，此有譌字。』其廿二史考異云：『詳穩襲漢人相公之稱。』檢高模翰傳未嘗爲詳穩，亦未言將兵送石敬瑭，惟耶律鐸臻傳附弟突吕不傳云：『天顯十一年送晉主入洛。』突吕不與此紀迪離畢音合，其字鐸衮，故晉高祖實録作太相温，唐廢帝實録及歐陽史皆譌，胡注固不知遼史，錢氏但辨大相温亦失考。」高模翰曾受命賜敬瑭酒饌，因誤爲護送至洛耳。

〔一三〕五代史闕文：「晉高祖引契丹圍晉安寨降楊光遠，清泰帝至自懷覃，京師父老迎帝於上東門外，帝垂泣不止，父老奏曰：『臣等伏聞前唐時，中國有難，帝王多幸蜀以圖進取，陛下何不且入西川。』帝曰：『本朝兩川節度皆用文臣，所以玄宗、僖宗避寇幸蜀，今孟氏已稱尊矣，吾何歸乎？』因慟哭入内，舉族自焚。」

洛中記異曰：「先是甲子歌至清泰三年丙申歲云：『數在五樓前。』又云『但看八九月，兵至□于原。』後大軍於太原南五樓村前大戰，至九月晉主勾契丹至於城下，王師敗績，至十一月，戎王遣蕃軍送晉祖歸洛陽即兵至□于原之應也。」通鑑後晉紀：「己丑，唐主命河陽節度使萇從簡與趙州刺史劉在明守河陽南城，遂斷浮梁歸洛陽。遣宦者秦繼旻、皇城使李彥紳殺昭信節度使李贊華於其第。己卯，帝至河陽，萇從簡迎降，舟楫已具。（胡注：唐主雖斷河梁，而萇從簡具舟楫以濟晉兵）。彰聖軍執劉在明以降，帝釋之，使復其所。唐主命馬軍都指揮使宋審虔，步軍都指揮使符彥饒，河陽節度使張彥琪，宣徽南院使劉延朗將千餘騎至白馬阪行戰地。（胡注：白司馬阪也，在洛陽北，史逸「司」字。）有五十餘騎，奔於北軍。諸將謂審虔曰：『何地不可戰，誰肯立於此？』乃還。庚辰，唐主又與四將議復向河陽，而將校皆已飛狀迎帝。帝慮唐主西奔，遣契丹千騎，扼澠池。辛巳，唐主與曹太后、劉皇后、雍王重美及宋審虔等携傳國寶登玄武樓自焚。皇后積薪欲燒宮室，重美諫曰：『新天子至，必不露居，他日重勞民力，死而遺怨，將安用之。』乃止。王淑妃謂太后曰：『事急矣，宜且避匿，以俟姑夫。』太后曰：『吾子孫婦女，一朝至此，何忍獨生！妹自勉之。』淑妃乃與許王從益匿於毬場獲免。是日晚，帝入洛陽，止於舊第，唐兵皆解甲待罪，帝慰而釋之。帝命劉知遠部署京城，知遠分漢軍使還營，館契丹於天宮寺，城中肅然，無敢犯令。」

〔二四〕通鑑後晉紀：「十二月乙酉朔，帝如河陽，餞太相温及契丹兵歸國。」癸巳，「詔贈李贊華燕王，遣使送其喪歸國」。

〔二五〕按初六日發太原，初八日次細河，十四日次雁門。細河在太原、雁門之間，應是今牧馬河或其支流。

〔二六〕大同爲雲州，彰國爲應州，振武爲朔州軍額。羅校：「三節度不書名，考薛史唐末帝紀，清泰元年十二月己巳，以北面馬軍都指揮使易州刺史安叔千爲安北都護、振武軍節度使。齊州防禦使尹暉爲彰國軍節度使。二年八月辛巳，以權知雲州右神武統軍沙彦珣爲雲州節度使，則三節度者叔千、暉、彦珣也。上文云：以沙太保所部兵分隸諸將，即指彦珣。」

十二年春正月〔一〕丙辰，次堆子口，〔二〕唐大同軍節度判官吴巒閉城拒命，遣崔廷勳圍其城。庚申，上親征，至城下諭之，巒降。〔三〕辛酉，射鬼箭于雲州北。壬戌，祀天地。癸亥，遣國舅安端發奚西部民各還本土。丙寅，皇太后遣侍衛實魯趣行，是夕，率輕騎先進。丁丑，皇子述律迎謁于灤河，告功太祖行宫。戊寅，朝于皇太后，進珍玩爲壽。〔四〕

二月丁亥，以軍前所獲俘叛入幽州者皆斬之。壬寅，詔諸部休養士卒。癸卯，晉遣唐所掠郎君剌哥、文班吏蕭觧里還朝。〔五〕

三月庚申，晉遣使來貢。丁卯，晉天雄軍節度使范延廣潛遣人請内附，不納。己巳，

遣郎君的烈古、梅里迭烈〔六〕使晉。壬午，晉使及諸國使來見。〔七〕

夏四月甲申，地震。幸平地松林，〔八〕觀潢水源。

五月甲寅，幸頻蹕淀。壬申，震開皇殿。〔九〕

六月〔一〇〕甲申，晉遣户部尚書聶延祚等請上尊號，及歸雁門以北與幽、薊之地，仍歲貢帛三十萬疋，詔不許。〔一一〕庚戌，侍中列率言，范延廣叛晉，引兵南向。〔一二〕

秋七月辛亥朔，詔諸部治兵甲。癸丑，幸懷州，謁奉陵。〔一三〕甲子，晉遣使來告范延廣反。庚午，遣耶律褭古里使晉議軍事。

八月癸未，晉遣使復請上尊號，不許。庚寅，晉及太原劉知遠、南唐李昪各遣使來貢。庚子，晉遣使以都汴及范延廣降來告。

九月壬子，鼻骨德來貢。庚申，遣直里古使晉及南唐。〔一四〕癸亥，术不姑、女直來貢。辛未，遣使高麗、鐵驪。癸酉，回鶻來貢。

冬十月庚辰朔，皇太后永寧節，晉及回鶻、燉煌諸國皆遣使來賀。壬午，詔回鶻使胡離只、阿剌保，問其風俗。丁亥，諸國使還，就遣蒲里骨皮室胡末里使其國。

十一月己未，遣使求醫于晉。丁卯，鐵驪來貢。

十二月甲申，東幸，祀木葉山。己丑，醫來。

〔一〕五代會要卷一〇：「天福二年（九三七）正月乙卯朔，先是司天奏：正月二日，太陽虧蝕，宜避正殿、開諸門、蓋藏兵器。是日太陽虧十分，内蝕三分，在尾宿十七度，日出東方，已帶蝕三分，漸生，至卯時復滿。」本年日蝕在正月二日。契丹國志繫於會同元年正月朔，誤。

舊五代史、通鑑並作正月甲寅朔。乙卯，日有食之。通鑑考異：「實録：『正月甲寅朔，乙卯日食。』十國紀年：『蜀乙卯朔，日食。』蓋晉人避三朝日食而改曆耳。」

〔二〕索隱卷一：「按即水經濕水注白狼堆，在今故應州西北。」

〔三〕通鑑後晉紀：天福二年春二月戊子，「契丹主自上黨過雲州，大同節度使沙彦珣出迎，契丹主留之，不使還鎮。節度判官吴巒在城中，衆推巒領州事，閉城不受契丹之命，契丹攻之，不克。應州馬軍都指揮使金城郭崇威亦耻臣契丹，挺身南歸。契丹主過新州，命威塞節度使翟璋斂犒軍錢十萬緡……契丹主勞翟璋曰：『當爲汝除代，令汝南歸。』己亥，璋表乞徵詣闕，既而契丹遣璋將兵討叛奚，攻雲州有功，留不遣，璋鬱鬱而卒。」

册府元龜卷七二四：「晉吴巒爲沙彦珣從事，累遷大同軍節度判官。高祖建號，契丹之援太原也，彦珣據雲中，二三顧望。及契丹還塞，彦珣出城迎謁，尋爲所虜。時巒在城中，謂其衆曰：『豈有禮義之人而臣於夷狄乎！』即與雲中將吏闔門拒守，契丹大怒，攻之半歲不能下，高祖致書於契丹，乃解圍而去。召巒歸闕，授徐州節度副使。」

新五代史卷二九吴巒傳：「巒字寶川，鄆州盧縣人也。少舉明經不中，清泰中，爲大同沙彦珣節度判官，晉高祖起太原，召契丹爲援，契丹過雲州，彥珣出城迎謁，爲契丹所虜。城中推巒主州事，巒即閉門拒守，契丹以兵圍之。高祖入立，以雲州入於契丹，而巒猶守城不下。契丹圍之凡七月。高祖義巒所爲，乃以書告契丹，使解兵去。高祖召巒，以爲武寧軍節度副使，諫議大夫，復州防禦使。」拾遺卷二二云：「巒後在出帝時，大臣以巒前守雲中不下，遣巒代王令溫守貝州。契丹攻貝州，城破投井死。遼史諭降之事非實。」

〔四〕通鑑後晉紀：天福元年閏十一月，「德鈞見述律太后，悉以所齎寶貨并籍其田宅獻之。太后問曰：『汝近者何爲往太原。』德鈞曰：『奉唐主之命。』太后指天曰：『汝從吾兒求爲天子，何妄語耶。』又自指其心曰：『此不可欺也。』又曰：『吾兒將行，吾戒之云：趙大王若引兵北向渝關，亟須引歸，太原不可救也。汝欲爲天子，何不先擊退吾兒，徐圖亦未晚，汝爲人臣，既負其主，不能擊敵，又欲乘亂邀利，所爲如此，何面目復求生乎？』德鈞俛首不能對。又問：『器玩在此，田宅何在？』德鈞曰：『在幽州。』太后曰：『幽州今屬誰？』曰：『屬太后。』太后曰：『然則又何獻焉。』德鈞益慙。自是鬱鬱不多食，踰年而卒。張礪與延壽俱入契丹，契丹主復以爲翰林學士」。

舊五代史卷七六：天福二年春正月庚申，「定州奏：『契丹改幽州爲南京。』」

通鑑後晉紀：天福二年正月丙辰，「契丹以幽州爲南京」。

新五代史卷七二四夷附録：「契丹當莊宗、明宗時，攻陷營、平二州，及已立晉，又得鴈門以北幽州節度管內，合一十六州，乃以幽州爲燕京。」

本年正月甲寅朔，丙辰初三日，庚申初七日。似是改稱與奏到之差。本史繫改稱於明年十一月改元之時。南京又曰燕京，並見本史卷四〇地理志四。

〔五〕册府元龜卷九九五：「晉高祖天福二年二月，新州翟璋奏：契丹點發新、毅、蔚等州軍馬與契丹討奚族達剌干，今已歸服。」又卷九八〇：「二年二月，契丹太子解里舍利梅老等到闕見。」新五代史卷八：天福二年春「二月丁酉，契丹使皇太子解里來」。皇太子係依中原傳統稱，時契丹並未立太子。五代會要卷二九：「二年二月，德光遣使子解里舍利梅老來聘。」

〔六〕按本史卷四五百官志舍利司下有舍利、梅里。新五代史卷二梁開平元年四月，「契丹阿保機使袍笏梅老來。」五代會要卷二九：唐同光四年阿保機又遣梅老鞵里來貢馬。「梅老」即「梅里」。遼史於梁、唐諸使皆不著，著梅里始見於此。

〔七〕新五代史卷八：夏四月丁亥，「趙瑩使於契丹。」辛卯，「契丹使宮苑使李可興來」。（李可興來並見册府元龜九八〇。）舊五代史卷八九趙瑩傳：「高祖建號……車駕入洛，使持聘謝契丹。」

〔八〕索隱卷一：「按遼平地松林有二，其一在今扎魯特左翼旗東南六十里。一統志：『蒙古名阿他尼喀喇莫多。』其一在今克什克騰旗西。』一統志：『旗西一百五十里潢河，蒙古名西喇木倫，源出百爾赫賀爾洪。』此則上京路潢源之平地松林也。與七年西狩之平地松林異。」

〔九〕震字接上月甲申地震，謂開皇殿遭遇震災。

〔一〇〕據通鑑、契丹國志：「戊寅朔，日有食之。」

〔一一〕册府元龜卷六五三：「聶延祚爲太子賓客，善揣人情，多有材藝，飲博諧戲，無所不通。累奉使杭越及荆湖藩鎮，侯王見者愛之。亦嘗使於契丹，善待之。」

〔一二〕册府元龜卷九七二：「天福二年六月，契丹使夷離畢進馬二百匹，人參、貂鼠皮、走馬、木椀等物。」（新、舊五代史並同。）

〔一三〕舊五代史卷七六：「六月戊子，宰臣趙瑩自契丹使回。」參本史卷三七地理志一及上文十年注〔一二〕，是懷州本太宗之頭下州。此時太宗幸懷州謁后陵。

〔一四〕通鑑後晉紀：「天福二年五月，吴徐誥用宋齊丘策欲結契丹以取中國，遣使以美女珍玩泛海修好。契丹主亦遣使報之。」

殿本考證：「按通鑑綱目，五月吴與契丹通使修好，契丹主亦遣使報之，即是役也。蓋遼使至江南，知誥已僭位，故不書吴而直書南唐耳。」

羅校：「按上文八月南唐李昪來貢，亦追改。昪篡吴在十月也。」

遼史補注卷四

本紀第四

太宗下

會同元年春正月戊申朔，〔一〕晉及諸國遣使來賀。晉使且言已命和凝撰聖德神功碑。戊辰，遣人使晉。

二月壬午，室韋進白麃。戊子，鐵驪來貢。丁酉，獵松山。戊戌，幸遼河東。丙申，上思人皇王，遣惕隱率宗室以下祭其行宫。丁未，詔增晉使所經供億户。

三月壬戌，將東幸，三剋言農務方興，請減輜重，促還朝，從之。丙寅，女直來貢。癸酉，東幸。

夏四月戊寅朔，如南京。甲申，女直來貢。乙酉，幸温泉。己丑，還宫，朝于皇太后。丁酉，女直貢弓矢。己亥，西南邊大詳穩耶律魯不古奏党項捷。

五月甲寅，晉復遣使請上尊號，從之。〔二〕

六月丙子朔，吐谷渾及女直來貢。辛卯，南唐來貢。癸巳，詔建日月四時堂，圖寫古帝王事于兩廡。

秋七月癸亥，遣使賜晉馬。丁卯，遣鶻離底〔三〕使晉，梅里了古使南唐。〔四〕戊辰，遣中臺省右相耶律述蘭迭烈哥〔五〕使晉，臨海軍節度使趙思温副之。册晉帝爲英武明義皇帝。

八月戊子，女直來貢。庚子，吐谷渾、烏孫、〔六〕靺鞨皆來貢。〔七〕

九月庚戌，黑車子室韋貢名馬。邊臣奏晉遣守司空馮道、左散騎常侍韋勳來上皇太后尊號，左僕射劉昫、右諫議大夫盧重上皇帝尊號，〔八〕遂遣監軍寅你已充接伴。壬子，詔羣臣及高年，凡授大臣爵秩，皆賜錦袍、金帶、白馬、金飾鞍勒，著于令。〔九〕

冬十月甲戌朔，遣郎君迪里姑等撫問晉使。壬寅，晉遣使來謝册禮。是日，復有使進獨峯駝及名馬。

十一月甲辰朔，命南北宰相及夷離堇就館賜晉使馮道以下宴。丙午，上御開皇殿，召見晉使。壬子，皇太后御開皇殿，馮道、韋勳册上尊號曰廣德至仁昭烈崇簡應天皇太后。甲子，行再生柴册禮。丙寅，皇帝御宣政殿，劉昫、盧重册上尊號曰睿文神武法天啓運明德章信至道廣敬昭孝嗣聖皇帝。大赦，改元會同〔一〇〕是月，晉復遣趙瑩奉表來賀，以幽、薊、瀛、莫、涿、檀、順、嬀、儒、新、武、雲、應、朔、寰、蔚十六州并圖籍來獻。於是詔以皇都爲上京，府曰臨潢。升幽州爲南京，南京爲東京，改新州爲奉聖州，武州爲歸化州。升北南二院及乙室夷離菫爲大王，〔一二〕以主簿爲令，令爲刺史，刺史爲節度使，二部梯里已爲司徒，〔一三〕達剌干爲副使，麻都不爲縣令，縣達剌干爲馬步。〔一三〕置宣徽、閤門使，控鶴、客省、御史大夫、中丞、侍御、判官、文班牙署、諸宮院世燭，馬羣、遥輦世燭，南北府、國舅帳郎君官爲敞史，諸部宰相、節度使帳爲司空，〔一四〕二室韋闥林爲僕射，鷹坊、監冶等局官長爲詳穩。〔一五〕

十二月戊戌，遣同括、阿鉢等使晉，制加晉馮道守太傅，劉昫守太保，餘官各有差。〔一六〕

〔一一〕五代會要卷一〇：「（天福）三年（九三八）正月戊申朔，司天先奏其日月蝕。至日不蝕，内外稱賀。」契丹國志繫於二年，誤。

册府元龜卷五九四：天福四年（九三九）六月，司天臺奏：「去歲正旦，日有蝕之。」

〔一二〕二十世紀七十年代北京房山縣北鄭村遼塔塔基内出土灰色細勾紋磚，其上有墨書：「大蕃天顯歲次戊戌五月拾三日己未」十五字。（見全遼文卷四。）當時世俗以蕃、漢對稱，公私記載謂契丹曰蕃，無褒貶含義，戊戌即本年，五月丁未朔，十三日己未正合。（此與本史卷四六百官志及卷三六兵衛志之大蕃所指不同。）

新五代史卷七二四夷附録：「改天顯十一年爲會同元年，更其國號大遼。」按穆宗應曆二年致南唐書仍稱「大契丹天順皇帝謹致書大唐皇帝闕下。」見陸游南唐書卷一八。景宗保寧二年劉承嗣墓誌銘（見全遼文卷一三）、保寧十一年耶律琮神道碑（全遼文卷四）亦均稱大契丹，是大契丹與大遼亦並用。此稱大蕃，可比類理解。

〔三〕按鶻離底當是底離鶻之倒誤，即本史卷三太宗紀天顯十二年三月曾使晉之郎君的烈古，本年十月受命撫問晉使之迪里姑，會同二年閏七月使晉之的烈。

〔四〕按了古，會同三年十月作畧姑。陸游南唐書卷一八：烈祖昇元二年粤六月，「契丹使梅里捺盧古、東丹使兵器寺少令高徒焕奉書致貢。」又云：「契丹主耶律德光及其弟東丹王各遣使以羊馬入貢，別持羊三萬口、馬三百匹來鬻，以其價市羅紈、茶藥，烈祖從之。於是翰林院進二丹入貢圖，詔中書舍人江文蔚作贊」。此東丹王指耶律羽之。下文三年六月作東京宰相。

〔五〕耶律述蘭迭烈哥即耶律牒蠟。錢氏考異卷八三云：「按逆臣傳：牒蠟字述蘭，天顯中爲中臺省右相，會同二年與趙思温持節册晉帝，即其事也。迭剌哥即牒蠟之轉聲，紀在會同元年而傳云二年，此傳之譌。」本史卷七六趙思温傳：「會同初，從耶律牒蝪使晉行册禮。還，加檢校太師。二年……卒。」

册府元龜卷一七：「晉高祖天福三年十月戊寅，北朝命使以寶册上帝徽號曰英武明義皇帝，左右金吾六軍儀仗、兵部法物、太常鼓吹、殿中省織扇等竝出城迎引，至崇元殿前陳列。帝受徽號畢，御殿受百官賀。」（又卷九八〇同。舊五代史晉紀、外國列傳亦同。）

通鑑後晉紀：「冬十月戊寅，契丹遣使奉寶册，加帝尊號曰英武明義皇帝。」（五代會要卷一、卷二九亦畧同。）俱不稱使者姓名。

新五代史卷八晉紀及卷七二四夷附録並稱：「（天福元年冬十月戊寅）契丹遣中書令韓熲（熲，晉紀原誤頰又作頻，惟貴池本作熲。四夷附録、各本均作熲。）來奉册曰英武明義皇帝。」（何焯義門讀書記卷二九晉高祖紀條曰：「梁、唐皆郊見後受尊號，石晉則以契丹爲天矣。」）疑韓熲奉使在天顯十一年，今年册使則爲牒蠟與趙思温。路振九國志拾遺：「晉天福中，契丹使至。朝廷以近侍李泳爲監伴使，虜有判官者，幽薊人，謂泳曰：『吴越王常不睡乎？』詰其故，答曰：『嘗聞五臺山王子大師曰：浙中不睡龍，今已歸矣。』」

〔六〕索隱卷一：「何氏秋濤朔方備乘卷三〇烏孫部族考……其所考自漢書後惟引通典及杜環經行記而不及魏書，亦嫌太畧。魏書西域傳序云：太延中，烏孫始遣使來獻。世祖遣董琬等招撫之，琬北行至烏孫國，其王甚悦，爲發導譯達破落那、者舌二國。又傳云：『烏孫國居赤谷城，數爲蠕蠕所侵，西徙葱嶺山中，無城郭，隨畜牧逐水草。』是已變居國而爲行國。唐書西域傳惟傳拔汗那（即破洛那），拓支（即者舌）而無烏孫，蓋其國式微甚矣。此貢於遼者，後魏時西徙遺種，其後即元史地理志附録之烏斯歟。」

〔七〕舊五代史卷七七：八月丙申，「宴契丹禮使於廣政殿」。「辛丑，鎮、邢、定三州奏：『奉詔共差樂官六十七人往契丹。』」

〔八〕晌原作煦，通鑑亦作煦。胡注：「煦，本作晌。」今據新五代史卷八晉高祖紀及卷五五劉晌傳改。以下仿此改從晌。

冊府元龜卷九四九：「劉晌，涿州人，唐天祐中，契丹陷其郡，晌被俘至新州，逃而獲免。隱居上谷大寧山。會定州王處直以其子都爲易州刺史，署晌爲軍事衙推。及都去任，招晌至中山……後至司空平章事。」又卷九八〇云：天福「三年八月戊寅，以左僕射劉晌爲契丹冊禮使，左散騎常侍韋勳爲副使，給事中盧重冊契丹太后使，贈賜帛器皿有差」。（舊五代史同。）

舊五代史卷一二六馮道傳：「二年，契丹遣使加徽號于晉祖。晉祖亦獻徽號于契丹。謂道曰：『此行非卿不可。』道無難色。……及行，將達西樓，契丹主欲郊迎，其臣曰：『天子無迎宰相之禮。』因止焉。其名動殊俗也如此。」（冊府元龜卷三二九畧同。）

新五代史卷八天福三年秋八月：「戊寅馮道及左僕射劉晌爲契丹冊禮使。」「辛丑，歸伶官於契丹。」

通鑑後晉紀：天福三年秋八月，「帝上尊號於契丹主及太后。戊寅，以馮道爲太后冊禮使、左僕射劉煦爲契丹主冊禮使，備鹵簿、儀仗、車輅，詣契丹行禮。契丹主大悅。帝事契丹甚謹，奉表稱臣，謂契丹主爲『父皇帝』。每契丹使至，帝於別殿拜受詔敕，歲輸金帛三十萬之外，吉凶慶弔，歲時贈遺玩好珍異，相繼於道。乃至應天太后、元帥太子（應指李胡，天顯五年立爲皇太弟）、偉王（安端）、南北二王、韓延徽、趙延壽等諸大臣皆有賂。小不如意，輒來責讓，帝常卑辭謝之。晉使者至契丹，契丹驕倨，多不遜語。使者還，以聞，朝野咸以爲耻，而帝事之曾無倦意。以是終帝之世與契丹無隙。然所輸金帛不過數縣租賦，往往託以民困，不能滿數。其後契丹主屢止帝上表稱臣，但令爲書稱「兒皇帝」，如家人禮。（八月，）契丹遣使詣唐，宋齊丘勸唐主厚賄之，俟至淮北，潛遣人殺之，欲以間晉」。

阮閱詩話總龜：「晉天福三年與戎和，晉祖曰：『當遣輔相爲使』，趙瑩、桑維翰皆未言，以戎雖通好，而反覆難測，咸懼於將命。馮道與諸公中書食訖，分聽，堂吏前白道，言北使事，吏入，色變手顫，道索紙一幅，書云：『道去』，即遣寫敕，屬吏泣下。道遣人語妻子，不復歸家，舍都亭驛，不數日即行。晉祖餞之，語以家國之故，煩耆德使遠，自酌巵酒飲之。虜以道有重名，欲留之，命與其國相同列，所賜皆等，戎賜臣下以牙笏及臘月賜牛頭，皆爲殊禮。道皆得之。以詩謝云：『牛頭偏得賜，象笏更容持。』戎甚喜，潛諭留之，道曰：『兩朝皆臣，豈有分別。』受賜悉市薪炭，云北地寒，老年不堪。及還京師，作詩五章，以述使北之意。其首章云：『去年今日奉皇華，只爲朝廷不爲家。殿上一杯天子泣，門前雙節國人嗟。龍荒冬往時時雪，兔苑春歸處處花。上下一行如骨肉，幾人身死掩黃沙。』虜中大寒，賜錦襖、貂襖、羊、狐、貂衾各一，每入謁，悉披四襖，夜宿館中，併覆三衾。詩曰：『朝披四襖專藏手，夜蓋三衾怕露頭。』」

孫光憲北夢瑣言卷一八：「莊宗皇帝嫡夫人韓氏後爲淑妃，伊氏爲德妃，契丹入中原，陷於虜廷。宰相馮道尊册契丹主，虜帳宴席，其國母后妃列坐同宴，王嬙、蔡姬之比也。」

李昭玘樂静先生集卷五記殘經曰：「南臺古刹有佛書數百卷，多唐季五代時所書，字畫精勁，歷歷可喜。有毗柰耶雜事一捲，德妃伊氏造。唐莊宗次妃，初神閔敬皇后劉氏，以微賤得立，歸賜於佛，性喜聚斂，惟寫佛書餽賂僧尼，而士卒不得衣食，妃爲此經，豈非謂后所偪邪，後有印章曰『燕國夫人伊氏』，蓋未晉封時所鑄也。唐制太后、皇后之寶，皆尚寶主之，未嘗用印，凡封令書，即太后用宫官印，皇后用内侍省印，而夫人不聞有用印之禮。是時兩宫交通藩鎮，使者傍午於道，而恬不知禁，而夫人私自鑄亦不爲僭矣。案五代史稱德妃與韓淑妃居太原。晉高祖反時，爲契丹所虜，不知是經何從至也。」

〔九〕舊五代史卷七七：「九月己未，宣遣静鞭官劉守威、左金吾仗勘契官王英、司天臺鷄叫學生商暉等並赴契丹。庚申，契丹使人往洛京般取趙氏公主。」「丙寅，趙延壽進馬謝恩，放燕國長公主歸幽州。」新五代史卷八：「九月己未，歸静鞭官劉守威、金吾勘契官王殷、司天鷄叫學生殷暉於契丹。」殷暉，舊五代史作商暉，王殷作王英。蓋宋人諱殷，有回改未回改者。

册府元龜卷九八〇：天福三年「九月庚申，契丹使跌廷信押按名馬，往雒京般取後唐公主。丙寅，趙延壽進馬二匹謝恩，放燕國長公主歸幽州。」宋史卷二五四趙贊傳：「德鈞父子降晉，契丹主盡錮之北去，贊獨與母公主留西洛。天福三年，晉祖命贊奉母歸薊門。」延壽以此謝恩。

〔一〇〕據新五代史、通鑑、王稱東都事畧、契丹國志，會同下有「更其國號大遼」六字。「會同」二字見論語，猶言二君相聚、朝聘會盟之意。國號契丹，因族名，亦以蕃漢對言稱大蕃，至是號國大遼，大蕃之名漸廢，契丹名號長存。

殿本考證：「按新五代史契丹改天顯十一年爲會同元年，更其國號大遼，考太宗紀止有改元而無改國號一事，但改元在天顯十二年，新五代史則在十一年。」

羅校：「按會同紀元、歐史、契丹國志俱謂在天顯十一年。……按遼會同九年僧義則造經幢記，末署『會同九祀龍集敦牂歲』，歲陽在午曰敦牂。據史遞推，九年正得丙午。又樓鑰攻媿集記吴越回圖酒務曹從暉所立經幢，末署會同十年丁未，則史是，歐史、國志誤也。考證謂改元在天顯十二年亦誤，乃十三年。」

馮家昇遼史與金史新舊五代史互證舉例：「舊五代史卷一三七：『是歲（天福三年），契丹改天顯十一年爲會同元年。』新五代史卷七二：『改天顯十一年爲會同元年，更其國號大遼』不云晉爲何年。按通鑑卷二八一：『是歲（天福二年）契丹改元會同，國號大遼。』契丹國志卷二：『是年（天福二年），改元會同，國號大遼。』東都事畧卷一二三曰：『天福三年改元會同，國號大遼。』考遼史天顯十一年未改元，至十三年十一月，始改爲會同，其年正晉天福三年也。遼史與薛史、東都事畧合；通鑑、國志則少一年耳。又考新五代史卷八：『天福三年八月戊寅，馮道及僕射劉昫爲契丹册禮使。』遼史卷四亦有所載。則遼史、薛史是。而通鑑等非矣。惟薛、歐二史謂天顯十一年改元會同，其誤在太宗即位始改爲天顯，以是致短二年耳。」

〔一一〕新、舊五代史並記晉賂地在天福元年（遼天顯十一年）十一月，即册立敬瑭時。舊五代史晉高祖紀：「天福二年正月庚申，定州奏契丹改幽州爲南京。」似仍由石晉官吏管理，至此始正式交割接管，故並皇都改稱。

〔一二〕乙室……爲王，應爲大王，大字原缺，據本史卷七二頗德傳及本史卷四五百官志補。

〔一三〕二部指五院、六院。本史卷四六百官志部族職名總目：「某部司徒、本名惕隱。」又屬國職名總目：「某國惕隱，亦曰司徒。」又大惕隱司下云：「惕隱亦曰梯里已。」

〔一三〕麻都不爲副佐官職，亦作麻普、馬步。達剌干即達干。縣達剌干爲馬步句疑誤。

〔一四〕按本史卷四五百官志一，卷四六百官志二，司空曾見於北、南大王院、侍衛司、大横帳常衮司、王子院、遥輦九帳大常衮司、大國舅司、小部族及屬國。諸部宰相、節度使帳無司空。疑此句有脱誤。

〔一五〕建號大遼，改元會同，置三京，統轄牧區、農區。改新州曰奉聖、武州曰歸化，正式以中原朝廷規模君臨蕃、漢。對官職或改稱或升格，奠定北、南面體制。燕雲割隸，在祖國歷史上爲關鍵史實。

〔一六〕高麗史卷二：太祖二十一年（會同元年），「是歲渤海人朴昇以三千餘户來投」。

二年春正月乙巳，以受晉册，遣使報南唐、高麗。丁未，御開皇殿，宴晉使馮道〔一〕以下，賜物有差。戊申，晉遣金吾衛大將軍馬從斌、考功郎中劉知新來貢珍幣，〔二〕命分賜羣臣。丙辰，晉遣使謝免沿邊四州錢幣。

二月戊寅，宴諸王及節度使來賀受册禮者，仍命皇太子、惕隱迪輦〔三〕餞之。癸巳，謁太祖廟，賜在京吏民物，及內外羣臣官賞有差。丁酉，加兼侍中、左金吾衛上將軍王鄑檢校太尉。

三月，畋于褭潭之側。戊申，女直來貢。丁巳，封皇子述律爲壽安王，罨撒葛爲太平王。己巳，大賚百姓。

夏四月乙亥，幸木葉山。癸巳，東京路奏狼食人。

五月乙巳，禁南京鬻牝羊出境。思奴古多里〔四〕等坐盜官物，籍其家。南唐遣使來貢。丁未，以所貢物賜羣臣。戊申，回鶻單于使人乞授官，詔第加刺史、縣令。

六月丁丑，雨雪。是夏，駐蹕頻蹕淀。

秋七月〔五〕戊申，晉遣使進犀帶。庚戌，吐谷渾來貢。乙卯，敞史阿鉢坐奉使失職，命笞之。

閏月癸未，乙室大王坐賦調不均，以木劍背撻而釋之；并罷南、北府民上供，及宰相、節度諸賦役非舊制者。乙酉，遣的烈賜晉烏古良馬。己丑，以南王府二刺史貪蠹，各杖一

百，仍繫虞候帳，備射鬼箭；選羣臣爲民所愛者代之。〔六〕

八月乙丑，晉遣使貢歲幣，奏輸戊亥二歲金幣于燕京。

九月甲戌，阻卜阿離底來貢。己卯，遣使使晉。〔七〕

冬十月丁未，上以烏古部水草肥美，詔北、南院徙三石烈户居之。

十一月丁亥，鐵驪、燉煌並遣使來貢。〔八〕

十二月庚子，鈎魚于土河。甲子，回鶻使者傔人有以刃相擊者，詔付其使處之。〔九〕

〔一〕册府元龜卷九八〇：天福三年（九三八）「十月契丹遣梅里賫書到闕，賀范延光歸明」。原作十一月，兹從新五代史「十月己未」改十月。

五代會要卷二九：「十月，（晉祖）繼命宰臣馮道、趙瑩、劉昫等賫寶貨珍幣，歲時進貢不絶，德光亦遣名王以下來。」新、舊五代史並稱馮道等以太常鹵簿奉册德光及其母尊號。

〔二〕舊五代史卷七七：天福三年十月「戊子，以右金吾大將軍馬從斌爲契丹國信使，考功郎中劉知新副之」。新五代史止記從斌，未記劉知新。按通鑑，始命王權，權辭以老疾，乃改命從斌。新、舊五代史王權傳並記權不肯臣事契丹，因辭不行。

〔三〕按下文，三月始封皇子述律爲壽安王，罨撒葛爲太平王。未嘗立皇太子。上文元年注〔八〕通鑑有元帥太子。按李胡曾爲皇太弟兼天下兵馬大元帥，似指太弟李胡。此皇太子，子亦應是弟字之誤。本史卷四五百官志一有皇太子惕隱司，掌皇太子宮帳事。係歧誤，詳本書卷四五百官志北面御帳官及北面皇族帳官注。

又曾官惕隱之迪輦有二人：本史卷七七耶律洼傳：「洼字敵輦，太宗即位爲惕隱。」同卷耶律屋質傳：「屋質字敵輦，會同間爲惕隱。」會同凡十年，此惕隱應是耶律洼。

〔四〕思奴古，官名，參見本史卷四五百官志一及本書卷一一六國語解太宗紀注。

〔五〕據新、舊五代史、通鑑、五代會要：「庚子朔，日有食之。」契丹國志繫於三年，誤。

〔六〕通鑑後晉紀：天福四年閏七月，「初義武節度使王處直子威避王都之難，亡在契丹，至是義武缺帥，契丹主遣使來言：『請使威襲父土地，如我朝之法。』帝辭以『中國之法，必自刺史，團練、防禦序遷乃至節度使，請遣威至此，漸加進用。』契丹主怒，復遣使來言曰：『爾自節度使爲天子，亦有階級邪！』帝恐其滋蔓不已，厚賂契丹，且請以處直兄孫彰德節度使廷胤爲義武節度使以厭其意。契丹怒稍解。」

〔七〕册府元龜卷九七二：「九月，契丹使粘木孤來獻牛馬犬臘、顛騍十駟。」新、舊五代史並作九月丁丑。

〔八〕通鑑後晉紀：「十一月戊子，契丹遣其臣遥折來使，遂如吴越。」册府元龜卷九八〇同。十國春秋卷七九：吴越天福四年十一月，「契丹遣其臣遥折來聘」。

〔九〕唐律卷六名例：「諸化外人同類自相犯者，各依本俗法。」

三年春正月戊子，吴越王遣使來貢。〔一〕庚寅，人皇王妃來朝。回鶻使乞觀諸國使朝見禮，從之。壬辰，遣陪謁、阿鉢使晉致生辰禮。晉以并、鎮、忻、代之吐谷渾來歸。〔二〕

二月己亥，奚王勞骨寧率六節度使朝貢。庚子，烏古遣使獻伏鹿國〔三〕俘，賜其部夷離堇旗鼓以旌其功。壬寅，女直來貢。辛亥，墨離鶻末里使回鶻阿薩蘭還，賜對衣勞之。乙卯，鴨渌江女直遣使來覲。

三月戊辰，遣使來晉，報幸南京。己巳，如南京。辛未，命惕隱耶律涅離骨德〔四〕率萬騎先驅。壬申，次石嶺，以奚王勞骨寧監軍寅你已朝謁不時，切責之。丙子，魯不姑上党項俘獲數。癸未，獵水門，獲白鹿。庚寅，詔扈從擾民者從軍律。甲午，幸薊州。乙未，晉及南唐各遣使來覲。

夏四月庚子，至燕，備法駕，入自拱辰門，御元和殿，行入閤禮。〔五〕壬寅，遣人使晉。〔六〕乙巳，幸留守趙延壽別墅。〔七〕丙午，晉遣宣徽使楊端、王朓等來問起居。〔八〕壬子，御便殿，宴晉及諸國使。丙辰，晉遣使進茶藥。壬戌，御昭慶殿，宴南京羣臣。癸亥，晉遣使賀端午，以所進節物賜羣臣。乙丑，南唐進白龜。〔九〕

五月庚午，以端午宴羣臣及諸國使，命回鶻、燉煌二使作本俗舞，俾諸使觀之。庚辰，晉遣使進弓矢。甲申，遣皇子天德及檢校司徒邸用和使晉。戊子，閱騎兵于南郊。

六月乙未朔，東京宰相耶律羽之〔一〇〕言渤海相大素賢〔一一〕不法，詔僚佐部民舉有才德者代之。丙申，閱步卒于南郊。庚子，晉及轄剌骨只〔一二〕遣使來見。壬寅，駕發燕京，命中書令蕭僧隱部諸道軍于長坐營。癸丑，次奉聖州。甲寅，勞軍士。〔一三〕

秋七月己巳，獵猾底烈山。癸酉，朝于皇太后。丙子，從皇太后視人皇王妃疾。戊寅，人皇王妃蕭氏薨。己卯，以安重榮據鎮州叛晉，〔一四〕詔征南將軍柳嚴邊備。丙戌，徙人皇王行宮于其妃薨所。辛卯，晉遣使請行南郊禮，許之。

八月己亥，詔東丹吏民爲其王倍妃蕭氏服。庚子，阻卜來貢。壬寅，遣使南唐。乙巳，阻卜、黑車子室韋、賃烈〔一五〕等國來貢。南唐遣使求青氈帳，賜之。戊申，以安端私城爲白川州。辛亥，鼻骨德使乞賜爵，以其國相授之。甲寅，阻卜來貢。〔一六〕乙卯，置白川州官屬。丙辰，詔以于諧里河、臚朐河之近地，給賜南院歐堇突呂、乙斯勃，北院温納何剌三石烈人爲農田。〔一七〕

九年庚午，侍中崔窮古言：「晉主聞陛下數遊獵，意請節之。」上曰：「朕之畋獵，非徒從樂，所以練習武事也。」乃詔諭之。壬午，邊將奏破吐谷渾，擒其長；詔止誅其首惡及其丁壯，餘並釋之。丙戌，晉遣使貢名馬。戊子，女直及吴越王遣使來貢。

冬十月辛丑，遣剋郎使吴越，畧姑使南唐。〔一八〕庚申，晉遣使貢布，及請親祠南嶽，〔一九〕

從之。

十一月己巳，南唐遣使奉蠟丸書言晉密事。〔二〇〕丁丑，詔有司教民播種紡績。除姊亡妹續之法。

十二月壬辰朔，率百僚謁太祖行宫。甲午，燔柴，禮畢，祠于神帳。丙申，遣使使晉。〔二一〕丙辰，詔契丹人授漢官者從漢儀，聽與漢人婚姻。〔二二〕丁巳，詔燕京皇城西南堞建涼殿。

是冬，駐蹕于傘淀。

〔一〕洛中紀異：「昶既爲朝命所責，乃遣使越海聘於契丹，即將籍没之物爲贄。晉祖方卑辭以奉戎主，戎主降僞詔曰：『閩國禮物，竝付喬榮，放其使人還本國。』晉祖不敢拒之。既而昶又遣使於契丹求馬。由滄、齊、淮甸路南去，自兹往復不一，時人無不憤惋。」

〔二〕通鑑：天福五年十二月，「初帝割雁門之北以賂契丹，由是吐谷渾皆屬契丹，苦其貪虐，思歸中國。成德節度使安重榮復誘之，於是吐谷渾帥部落千餘帳自五臺來奔，契丹大怒，遣使讓帝以招納叛人。六年春正月丙寅，帝遣供奉官張澄將兵二千索吐谷渾在并、鎮、忻、代四州山谷者，逐之，使還故土」。新五代史卷五一安重榮傳云：「吐渾去而復來，重榮卒納之。」拾遺卷三：「吐谷渾奔晉，通鑑係天福五年（即會同三年）十二月事，至逐歸故土，係六年正月事，遼史首尾差一年，未知孰是。」

舊五代史卷七九：天福五年（九四〇）春正月「甲戌，遣宣徽使楊彥詢使於契丹」。又卷九〇楊彥詢傳作天福四年，紀傳歧互。新五代史卷四七楊彥詢傳云：「彥詢爲宣徽使，數往來虜帳中，德光亦愛其爲人。」

〔三〕索隱卷一：「案伏鹿國不見前史，即拂菻之轉音也。唐書西域傳：『拂菻，古大秦，東南接波斯，居西海上，一曰海西國。』今考後漢大秦國不止拂菻一地，西史名之曰東羅馬。元史愛薛傳：西域弗菻人。弗菻即唐拂菻，亦即此伏鹿。」拂菻，今叙利亞一帶。

隋書卷六七裴矩傳：「（通往西域）北道從伊吾經蒲類海鐵勒部突厥可汗庭，度北流河水至拂菻國，達于西海。」沙畹（E.Chavannes）魏畧西戎傳箋注引隋書此段並注曰：突厥可汗庭爲博拉塔拉河或伊犁河流域，北流河水爲吹河（楚河）西爾河（錫爾河）阿穆河（阿母河）。見西域南海史地考證譯叢七編。

宋會要蕃夷四：「拂菻，神宗元豐四年（一〇八一）十月六日，拂菻國貢方物，大首領你廝都令廝孟判言：其國東南至滅力沙、北至大海，皆四十程，又東至西大石（食）及于闐王所居新福州（宋史作新復州），次至舊于闐，次至約昌城，乃于闐界；次東至黄頭回紇，又東至韃靼，次至種温，又至董氈所居，次至林檎城，又東至青唐，乃至中國界。」

〔四〕按即牙里果，參見本書卷七二補傳。

〔五〕此在南京行入閤禮。

宋敏求春明退朝録卷中：「唐日御宣政，設殿中細仗兵部旂旛等於廷，朝官退皆賜食。自開元後，朔望宗廟上牙槃食，明皇意欲避正殿，遂御紫宸殿，喚仗入閤門，遂有『入閤』之名。在唐時，殊不爲盛禮。唐末，常御殿，更無仗，遇朔望特設之，趨朝者仍給廊下食。所以鄭谷輩多形於詩詠歎美。而五代行之不絶。」新五代史卷五四李琪傳：『唐故事：天子日御殿見羣臣曰常參；朔望薦食諸陵寢，有思慕之心，不能臨前殿，則御便殿見羣臣，曰入閤。宣政，前殿也，謂之衙，衙有仗。紫宸，便殿也，謂之閤。其不御前殿而御紫宸也，乃自正衙喚仗，由閤門而入，百官俟朝於衙者，因隨以入見，故謂之入閤。然衙、朝也，其禮尊；閤、宴見也，其事殺。自乾符已後，因亂禮闕，天子不能日見羣臣，而見朔望，故正衙常日廢仗，而朔望入閤有仗，其後習見，遂以入閤爲重。至出御前殿，猶謂之入閤。其後亦廢，至是而復。然有司不能講正其事。凡羣臣五日一入見中興殿，便殿也。此入閤之遺制，而謂之起居。朔望一出御文明殿，前殿也，反謂之入閤。」（通鑑後漢天福十二年三月丙戌朔、胡注引同。）五代會要卷五：「入閤儀，司天進時刻牌，閤門進班齊牌，皇帝自内著袍衫穿鞾，乘輦至常朝殿門。駐輦，受樞密使已下起居，訖，引駕至正朝殿，皇帝坐定，捲簾，殿上添香，喝，控鶴官拜，次鷄叫官，次閤門勘契，次閤門承旨喚仗。次閤門使引金吾將軍南班拜，訖，分引至位對揖。次細仗相次入，次執文武班簿至位對揖。次宰臣南班拜訖。分引至位，對揖，次金吾將軍奏平安。次文武百官入，通事舍人揖殿，鞁韉入沙墀兩拜，立定，次引宰臣及兩省官、金吾將軍合班立定，閤門使喝拜，搢笏、舞蹈，三拜，奏聖功萬福。又引宰臣班首一人至近前跪奏，又兩拜、舞蹈、三拜，引至位，對揖，通事舍人引宰臣至東西踏道下立。次文武百官出，次兩省官南班揖殿出，次翰林學士南班揖殿出，次執文武班簿南班揖殿出，次金吾將軍南班揖殿出，次細仗出，次引宰臣香案前奏事，訖，宣徽使喝好去。南班揖殿出，次閤門使引待制官到位，兩拜，引近前奏事，訖，卻歸位，罄折，宣徽使宣所奏知，又兩拜，舞蹈、三拜，舍人喝好去。南班揖殿出，次刑法官奏事準上，次監察御史南班揖殿出，次起居郎南班揖殿出，次閤門承旨放仗，次閤門使奏衙内無事。次喝控鶴官門外祗候，次下簾，皇帝上輦歸内。」

〔六〕冊府元龜卷九八〇：天福「五年四月甲子，契丹使興化王來聘。」新五代史卷八：「天福五年夏四月甲子，契丹興化王來。」

〔七〕洛中記異：「契丹主破團柏谷，得趙延壽北歸，情甚狎密，復用之秉政。晉主患之，潛使上表述趙父子事清泰於上黨，擁重兵窺玩神器，清泰亡國，不忠不孝，天下所知，語勿用。戎主以示趙，趙覽訖曰：『晉主不欲令皇帝用臣者，欲負皇帝之厚恩也。』戎主曰：『何也？』對曰：『臣在中原日掌樞機，此輩方守外鎮，常爲臣之所制，中原土地河山，人民甲馬，子女玉帛，津梁要害，内外帑藏，舟車轉輸，臣並知之。恐皇帝用臣即爲晉主之患也。』戎主甚悦。乃曰：『卿在中原日所爲之事，我不能知，自卿事我以來，即未有過。』乃火其書。曰：『我誓不疑汝。』趙再拜。復命兼鎮幽州。後晉之滅，皆趙贇而成之。」

〔八〕王眺，本史卷五四樂志作王朓。

〔九〕册府元龜卷九九五：「天福五年四月辛亥，北京奏：『契丹于越王進寧掠山後諸番，退止於青塚。』」

〔一〇〕東京宰相耶律羽之，本史卷七五本傳作中臺省左相。

〔一一〕渤海相大素賢，本史卷七五耶律羽之傳作左次相渤海蘇。

〔一二〕索隱卷一：「案轄剌骨只百官志作轄剌國只，屬國表作轄烈，聖宗紀文作覈列哿，天祚紀作和烈葛。」

〔一三〕宣府鎮志卷二二：「會同三年，契丹主次奉聖州，大閲諸州軍，時山後五州兵，半隸營衛，因閲騎兵於州郊南，步兵於州郊北，賞勞有差，自是諸兵從獵不休，侍中崔窮古言『晉主聞陛下數遊獵，意欲請節』。上曰：『朕之畋獵，非是從樂，所以練習武事也。』乃詔諭之。」

〔一四〕通鑑後晉紀：天福四年七月，「成德節度使安重榮出於行伍，性粗率，恃勇驕暴，每謂人曰：『今世天子，兵强馬壯則爲之耳。』府廨有幡竿高數十尺，嘗挾弓矢謂左右曰：『我能中竿上龍者，必有天命。』一發中之，以是益自負。帝之遣重榮代祕瓊也，戒之曰：『瓊不受代，當别除汝一鎮，勿以力取，恐爲患滋深。』重榮由是以帝爲怯，謂人曰：『祕瓊匹夫耳，天子尚畏之，況我以將相之重，士馬之衆乎！』每所奏請多踰分，爲執政所可否，意憤憤不快，乃聚亡命，市戰馬，有飛揚之志」。此時反跡已著，舉兵叛在天福六年（會同四年）十二月。

〔一五〕索隱卷一：「賃烈，百官志作賃没里、屬國表同紀。下文又作絍没里。」

〔一六〕本月三次阻卜來貢，疑有複出。

〔一七〕案此已見二年十月丁未，此于諧里河、臚朐河之地即烏古部牧地。本史卷五九食貨志上，于諧里河作諧里河，温納何刺作温納河刺。卷三三營衛志下，五院部有甌昆、乙習本，即此歐堇突呂、乙斯勃；六院部有斡納阿刺，即温納何刺。索隱卷一：「臚朐河，今克魯倫河；于諧里河即地理志上京道烏州之夜河，今布伊爾湖流出之烏里順河，與克魯倫河並瀦爲枯倫湖。自古爲漠北膏腴地。」營衛志下、食貨志上又云：益以海勒水之善地，海勒水，今海拉爾河。

〔一八〕陸游南唐書卷一：昇元四年「九月戊辰，契丹使梅里掠姑米里來聘，獻狐白裘」。按米里即梅里，爲官號。掠姑，本史上文元年作了古。通鑑後晉紀：天福四年「十一月戊子，契丹遣其臣遥折來使，遂如吴越」。陸游南唐書卷一八：昇元「四年，德光遣使獻馬百匹。於是烈祖遣通事舍人判四方館事歐陽遇，借鴻臚少卿使契丹，假道於晉，高祖不可，遇及境而復」。通鑑、十國春秋畧同。

〔一九〕晉遣使請親祠南嶽，按上文本年七月，晉遣使請行南郊禮，下文明年三月，晉以許祀南郊，遣使來謝。「嶽」字應是「郊」字之誤。祠應作祀。

〔三〇〕通鑑後周紀：廣順二年二月，「唐自烈祖以來，常遣使泛海與契丹相結，欲與之共制中國。更相餽遺，約爲兄弟，然契丹利其貨，徒以虛語往來，實不爲唐用也」。

〔三一〕册府元龜卷九七二：天福五年「十月，契丹使舍利來聘，致馬百匹及玉轡、鏤鞍、氈裘、弧矢、組繡、櫜鞬等」。（卷九八〇作十一月。）

新、舊五代史並作「冬十月丁未，契丹使舍利來（聘）」。舊五代史卷七九又記「致馬百匹及玉鞍狐裘等」。

〔三二〕契丹官儀：「胡人之官，領燕中職事者，雖胡人亦漢服，謂之漢官。」

四年春正月壬戌，以乙室、品卑、突軌三部〔一〕鰥寡不能自存者，官爲之配。丙子，南唐遣使來貢。庚辰，涅剌、烏隗部〔二〕獻党項俘獲數。己丑，詔定征党項功。

二月丙申，皇太子獲白麏。甲辰，晉遣使進香藥。丙子，鐵驪來貢。丁巳，詔有司編始祖奇首可汗事迹。己未，晉遣楊彥詢來貢，且言鎮州安重榮跋扈狀，遂留不遣。是月，晉鎮州安重榮執遼使者拽剌。

三月，特授回鶻使闊里于越，〔三〕並賜旌旗、弓劍、衣馬，餘賜有差。癸酉，晉以許祀南郊，遣使來謝，進黃金十鎰。

夏四月己卯，〔四〕晉遣使進櫻桃。〔五〕

五月庚辰，吐谷渾夷離堇蘇等叛入晉。遣牒蠟〔六〕往諭晉及太原守臣。

六月辛卯，振武軍節度副使趙崇逐其節度使耶律畫里，〔七〕以朔州叛，附晉。丙午，命宣徽使裹古只赴朔州，以兵圍其城，有晉使至，請開壁，即勿聽，驛送闕下。〔八〕

秋七月癸亥，南唐遣使奉蠟丸書。丙寅，裹古只奏請遣使至朔令降，守者猶堅壁弗納。且言晉有貢物，命即以所貢物賜攻城將校。己巳，有司奏神纛車有蜂巢成蜜，史占之，吉。壬申，晉遣使進水晶硯。

八月癸巳，南唐奉蠟丸書。庚子，晉遣使進犀弓、竹矢。吴越王遣使奉蠟丸書。〔九〕

九月壬申，有星孛于晉分。丁丑，幸歸化州。〔一〇〕

冬十月辛丑，有司奏燕、薊大熟。癸卯，吴越王遣使來貢。

十一月丙寅，晉以討安重榮來告。庚午，吐谷渾請降，遣使撫諭。阻卜來貢，以其物賜左右。丙子，鴨渌江女直來貢。壬午，以永寧、天授二節及正旦、重午、冬至、臘並受賀，著令。

十二月戊子，晉遣使來告山南節度使安從進反。詔以便宜討之。〔一一〕庚寅，南唐遣使奉蠟丸書。戊戌，晉遣王升鸞來貢。戊申，晉以敗安重榮來告，遂遣楊彥詢歸。辛亥，晉遣使乞罷戍兵，詔惕隱朔古班師。甲寅，攻拔朔州，遣控鶴指揮使諧里勞軍。時裹古只戰歿城下，上怒，命誅城中丁壯，仍以叛民上户〔一二〕三十爲裹古只部曲。〔一三〕

〔一〕品卑，亦作頻不，即品部；突軌即突舉部。

〔二〕本史卷六九部族表：神册六年以烏古奚爲圖盧、涅離、奥畏三部。涅離即此涅剌也，奥畏即此烏隗也。卷一〇一蕭陶蘇斡傳：祖里拔，奥隗部節度使。卷九二耶律獨攧傳：進涅剌奥隗部節度使。

〔三〕按本史卷四五百官志一北面官「于越……班百僚之上，非有大功德者不授，遼國尊官，猶南面之有三公」。此回鶻使闊里應是回鶻部内之于越。

〔四〕按本史卷四四朔考是月庚寅朔，不應有己卯。

〔五〕册府元龜卷九八〇：「天福六年（九四一）四月己未，契丹使述括來聘。」（新五代史同。）

〔六〕牒蠟亦作牒蠣、迭烈哥，字述蘭，本史卷一一三有傳。

〔七〕新五代史卷五一、舊五代史卷九八安重榮傳及通鑑所載重榮上表，並有「朔州節度副使趙崇殺節度使劉山，以城來歸」。劉山即節度使耶律晝里之漢姓名。册府元龜卷四四六：「天福六年五月，（安重榮）執契丹使拽剌，以輕騎掠幽州南境之民，處於博野，乃貢表及馳書天下，述契丹受天子事父之禮，貪傲無厭，困中國之民，供億不逮，已繕治甲兵，將與決戰。高祖發使諭而止之。」

〔八〕舊五代史卷七九：天福六年六月「戊午，鎮州節度使安重榮執契丹使拽剌。」新五代史卷五一安重榮傳：「天福六年夏，契丹使者拽剌過鎮，重榮侵辱之，拽剌言不遜，重榮怒，執拽剌。」五代會要卷二九：天福「六年六月，（成德軍）節度使安重榮執契丹使拽剌等，以輕騎掠幽州之南界，高祖累遣中使齎詔開諭，以契丹有助王之功，不欲負其宿約，而重榮姦險肆志，竟誅拽剌等，馳檄天下，言契丹之罪惡」。通鑑後晉紀：「成德節度使安重榮恥臣契丹，見契丹使者必箕踞慢罵，使過其境，或潛遣人殺之，契丹以讓帝，帝爲之遜謝。六月戊午，重榮執契丹使拽剌，遣騎掠幽州南境，軍於博野，上表稱：『吐谷渾、兩突厥、渾、契苾、沙陀，各帥部衆歸附，党項等亦遣使納契丹告身職牒，言爲虜所陵暴，又言自二月以來，令各具精甲壯馬，將以上秋南寇，恐天命不佑，與之俱滅，願自備十萬衆，與晉共擊契丹。又朔州節度副使趙崇已逐契丹節度使劉山，求歸命朝廷。臣相繼以聞。陛下屢敕臣承命契丹，勿自起釁端；其如天道人心，難以違拒，機不可失，時不再來，諸節度没於虜廷者，皆延頸企踵以待王師，良可哀閔，願早決計。』表數千言，大抵斥帝父事契丹，竭中國以媚無厭之虜。又以此意爲書遺朝貴及移藩鎮，云已勒兵，必與契丹決戰，帝以重榮方握彊兵，不能制，甚患之。」舊五代史卷八九桑維翰傳：「是時安重榮握强兵、據重鎮，恃其驍勇，有飛揚跋扈之志。晉祖覽表，猶豫未決。維翰知重榮已蓄姦謀，且懼朝廷違其意，乃密上疏曰：『……今者安重榮表契丹之罪，方恃勇以請行；白承福畏契丹之强，將假手以報怨。恐非遠慮，有惑聖聽。方今契丹未可與争者有其七焉：契丹數年來最强盛，侵伐鄰國，吞滅諸蕃，救援河東，功成師克。山後之名藩大郡，盡入封疆；中華之精甲利兵，悉歸盧帳。即今土地廣而人民衆，戎器備而戰馬多，此未可與争一也。契丹自告捷之後，鋒鋭氣雄；南軍因敗衄以來，心沮膽怯。況秋夏雖稔，而帑廩無餘；黎庶雖安，而貧弊益甚。戈甲雖備，而鍛礪未精；士馬雖多，而訓練未至。此未可與争者二也。契丹與國家，恩義非輕，信誓甚篤，雖多求取，未至侵凌，豈可先發釁端，自爲戎首。縱使因兹大克，則後患仍存；其或偶失沈機，則追悔何及。兵者凶器也，戰者危事也。苟議輕舉，安得萬全。此未可與争者三也。王者用兵，觀釁而動。是以漢宣帝得志於匈奴，因單於之争立；唐太宗立功于突厥，由頡利之不道。今契丹主抱雄武之量，有戰伐之機。部族輯睦，蕃國畏伏。土地無災，孳畜繁庶，蕃、漢雜用，國無釁隙。此未可與争者四也。引弓之民，遷徙鳥舉，行逐水草，軍無饋運，居無竈幕，住無營柵，便苦澀，任勞役，不畏風霜，不顧飢渴，皆華人之所不能。此未可與争者五也。皆騎士，利在坦途；中國用徒兵，喜于隘險。趙、魏之北，燕、薊之南，千里之間，地平如砥，步、騎之便，較然可知。國家若與契丹相持，則必屯兵邊上，少則懼强敵之衆，固須堅壁以自全；多則患飛輓之勞，必須逐寇而速返。我歸而彼至，我出而彼迴，則禁衛之驍雄，疲于奔命；鎮、定之封境，略無遺民。此未可與争者六也。議者以陛下于契丹有所供億，謂之耗蠹；有所卑遜，謂之屈辱。微臣所見，則曰不然。且以漢祖英雄，猶輸貨于冒頓；神堯武略，尚稱臣于可汗。此謂達于權變，善于屈伸，所損者微，所利者大。必若因兹交構，遂成釁隙，自此則歲歲徵發，日日轉輸。困天下之生靈，空國家之府藏。此謂耗蠹，不亦甚乎！兵釁既起，將帥擅權，武吏功臣，過求姑息，邊藩遠郡，得以驕矜。外剛内柔，上凌下僭，此爲屈辱，又非多乎！此未可與争者七也。願陛下思社稷之大計，采將相之善謀。……以傒國有九年之積，兵有十倍之强，……用己之長，攻彼之短，舉無不克，動必成功。此計之上者也，惟陛下熟思之。』……高祖召使人于内寢，傳密旨于維翰曰：『朕比以北面之事煩懣不快，今省所奏，釋然如醒。朕計已決，卿可無憂。』」

〔九〕册府元龜卷九八〇：「八月，蕃通事康王六自契丹迴，復遣使焉。」新五代史卷八：「八月甲寅，光禄卿張澄使於契丹。」

〔一〇〕册府元龜卷九八〇：「九月，遣供奉官李延業以時果送於契丹。」通鑑後晉紀：九月，「帝以安重榮殺契丹使者，恐其犯塞，乙亥，遣安國節度使楊彦詢使於契丹。彦詢至其帳，契丹主責以使者死狀，彦詢曰：『譬如人家有惡子，父母所不能制，將如之何？』契丹主怒乃解」。拾遺卷三云：「楊彦詢使契丹，史在二月，鑑在九月，未知孰是。」安重榮執契丹使者拽剌，通鑑繫於六月戊午，本史亦在二月。舊五代史卷七九高祖紀作六月戊午，新五代史卷五一安重榮傳作六月，五代會要卷二九亦作六月，並稱誅拽剌等。六月被執，何能於二月責問被執及死狀。安重榮上表，見於新、舊五代史本傳及通鑑，均原表節畧。舊五代史所載較詳。

三書所引表文並言自今年二月以來，契丹號令諸蕃，期以上秋即七月南向；諸蕃部包括党項等願備十萬兵衆共擊契丹云云。似是首事發動在二月，拽剌被執在六月，九月楊彦詢使於契丹。又舊五代史卷九八安重榮傳云：「會有梅里數十騎由其境内，交言不遜，因盡殺之。」五代會要卷二九稱重榮「誅拽剌等，馳檄天下」。度當時情勢，或是梅里等先被殺，後又並拽剌殺之。

〔一一〕山南節度使安從進，新五代史卷八、通鑑並作山南東道節度使。舊五代史卷七九作襄州節度使。按襄州即山南東道。

通鑑後晉紀：十二月，「安重榮聞安從進舉兵反，謀遂決，大集境内飢民，衆至數萬，南向鄴都，聲言入朝」。「帝聞重榮反，壬辰，遣護聖等馬步三十九指揮擊之。以天平節度使杜重威爲招討使，安國節度使馬全節副之。前永清節度使王清爲馬步都虞候。」「戊戌，杜重威與安重榮遇於宗城西南，重榮爲偃月陳，官軍再擊之，不動，重威懼，欲退，指揮使宛丘王重胤曰：『兵家忌退，鎮之精兵盡在中軍，請公分鋭士擊其左右翼，重胤爲公以契丹直衝其中軍，彼必狼狽。』重威從之。鎮人陳稍卻，官軍從而乘之，鎮人大潰，斬首萬五千級。重榮收餘衆，走保宗城，官軍進攻，夜分，拔之。重榮以十餘騎走還鎮州，嬰城自守，會天寒，鎮人戰及凍死者二萬餘人。契丹聞重榮反，乃聽楊彦詢還。」新五代史卷五一安重榮傳：「安從進反襄陽，重榮聞之，乃亦舉兵。是歲鎮州大旱蝗，重榮聚飢民數萬，驅以嚮鄴，聲言入覲，行至宗城破家堤，高祖遣杜仲威逆之，兵已交，其將趙彦之與重榮有隙，臨陣卷旗以奔晉軍，其鎧甲鞍轡皆裝以銀，晉軍不知其來降，争殺而分之。重榮聞彥之降晉，大懼，退入於輜重中，其兵二萬皆潰去。」陶岳五代史補卷三：「安重榮出鎮，常懷不軌之計久矣。但未發。居無何，廄中產朱騣白馬，有鴉生五色雛，以爲鳳，乃欣然謂天命在己，遂舉兵反。指揮令取宗嶺以向闕，時父老聞之，往往竊議曰：事不諧矣。且王姓安氏，曰鞍得背而穩，何不取路貝州，若由宗嶺是鞍及於騣，得無危乎？未幾，與王師先鋒遇，一戰而敗。」

〔一二〕本史卷一〇三蕭韓家奴傳：蕭韓家奴對制中關於西北役法者，有「苟無上户，則中户當之」。全遼文卷一〇王鑒三河縣重修文宣廟記云：「凡差發，立排門曆，量見在隨户物力，遂定三等，配率均平。」上户謂三等中之富裕户。

〔一三〕新五代史卷八：十二月「丙甲，契丹遣使者來」。册府元龜卷九八〇：「十一月，契丹遣使楊通事與供奉官李仁廓同到闕見。」

五年春正月丙辰朔，上在歸化州，御行殿受羣臣朝。以諸道貢物進太后及賜宗室百僚。戊午，詔求直言，北王府郎君耶律海思應詔，召對稱旨，特授宣徽使。詔政事令僧隱等以契丹户分屯南邊。戊辰，晉函安重榮首來獻，上數欲親討重榮，至是乃止。〔一〕癸酉，遣使使晉。是月，晉以朔州平，遣使來賀，遂遣客省使耶律化哥使晉並致生辰禮。〔二〕

二月壬辰，上將南幸，以諸路有未平者，召太子〔三〕及羣臣議，皆曰：「今襄、鎮、朔三州雖已平，然吐谷渾爲安重榮所誘，猶未歸命，宜發兵討之，以警諸部。」上曰：「正與朕合。」遂詔以明王隈恩代于越信恩〔四〕爲西南路招討使以討之，且諭明王宜先練習邊事，而後之官。甲午，如南京。遣使使晉索吐谷渾叛者。乙未，鼻骨德來貢。〔五〕

三月乙卯朔，晉遣齊州防禦使宋暉業、翰林茶酒使張言來問起居。〔六〕

閏月，駐蹕陽門。〔七〕

夏四月甲寅朔，鐵驪來貢，以其物分賜羣臣。丙子，晉遣使進射柳鞍馬。〔八〕

五月五日戊子，〔九〕禁屠宰。

六月癸丑朔，晉齊王重貴遣使來貢。丁巳，徒覩古、素撒〔一〇〕來貢。乙丑，晉主敬瑭殂，子重貴立。戊辰，晉遣使告哀，〔一一〕輟朝七日。庚午，遣使往晉弔祭。丁丑，聞皇太后不豫，上馳入侍，湯藥必親嘗。仍告太祖廟，幸菩薩堂，飯僧五萬人。七月乃愈。〔一二〕

秋七月庚寅，晉遣金吾衛大將軍梁言判四方館事朱崇節來謝，〔一三〕書稱「孫」，不稱「臣」，遣客省使喬榮讓之，景延廣答曰：「先帝則聖朝所立，今主則我國自册。爲鄰爲孫則可，奉表稱臣則不可。」榮還，具奏之，上始有南伐之意。辛卯，阻卜、鼻骨德、烏古來貢。丁未，晉遣使以祖母哀來告。

八月辛酉，女直、阻卜、烏古各貢方物。甲子，晉復襄州。戊辰，詔河東節度使劉知遠將軍闥德里、蒲骨等率降將轄德至闕，並獻所獲。

送叛臣烏古指揮使由燕京赴闕。癸酉，遣天城軍節度使蕭拜石弔祭于晉。

九月壬辰，遣使賀晉帝嗣位。

冬十月己巳，徵諸道兵。遣將軍密骨德伐党項。〔一四〕

十一月乙未，武定軍奏松生棗。

十二月癸亥，晉遣使來謝。

是冬，駐蹕赤城。〔一五〕

〔一〕舊五代史卷八〇：天福七年（九四二）春正月戊午，「北面招討使杜重威奏：『今月已收復鎮州，斬安重榮，傳首闕下。』帝御乾明樓，宣露布訖，大理卿受馘，付市徇之。百官稱賀，曲赦廣晉府禁囚」。

通鑑後晉紀：「天福七年春正月丁巳，鎮州牙將自西郭水碾門導官軍入城，殺守陴民二萬人，執安重榮，斬之。杜重威殺導者自以爲功。庚申，重榮首至鄴都，帝命漆之，函送契丹。」

〔二〕册府元龜卷九八〇：「正月庚午，契丹遣使達剌以下三十六人來聘。」（新五代史同。）

舊五代史卷八〇：「正月庚午，契丹遣使來聘。乙亥，契丹遣使來聘。」

〔三〕此太子及上文二年二月之太子，並是太弟之誤。設認「太子」不誤，則應作元帥太子，語義始明。參見元年注〔八〕及二年注〔三〕。

〔四〕羅校：「皇子表：『德祖第五子安端字猥隱。天禄初，以功王東丹國，賜號明王。』耶律魯不古傳：『字信寧，率偏師爲西南大詳穩，從伐党項有功。』西南面大詳穩當是西南招討之舊名，隱、寧史恒通用，猥隱作猥恩，則信恩即信寧，連類知之。又明王之封，紀載在世宗天禄元年，魯不古傳亦言『天禄（原誤天册，按史實非神册、天禄，應是天顯或會同。）中，拜于越』，此皆從後稱。」上文三年注有于越王進寧即於越信寧。

〔五〕册府元龜卷九七二：「二月，契丹遣使大卿已下三十一人來聘，獻馬及方物。」舊五代史卷八〇作「二月丁亥，契丹遣使來聘」。

〔六〕册府元龜卷九八〇：「三月乙卯朔，契丹通事高模翰來聘。」舊五代史卷八〇：三月「庚申，遣前齊州防禦使宋光鄴、翰林茶酒使張言使于契丹」。本史繫暉業等至契丹於三月乙卯朔，庚申（初六日）遣使，何得初一到達。或高模翰先使，宋、張回報。因繫於來使之日。又光鄴此作暉業避太宗德光名改。

〔七〕册府元龜卷九八〇：「天福七年閏三月，遣殿直馬延理内班王延斌送櫻桃於契丹。」去年夏四月，晉曾遣使來進櫻桃。此應是例行進送，故不每年入史。

〔八〕通鑑後晉紀：「夏四月，契丹以晉招納吐谷渾，遣使來讓。」索隱卷一：「案金志西京路弘州有陽門鎮。遼陽門亦屬弘州。」

〔九〕五月五日戊子，子，原誤「午」。按本史卷四四朔考，五月甲申朔，五日爲戊子。據改。

〔一〇〕本史卷一一六國語解：「徒都古，邊徼外小國。」素撒卷七〇屬國表、卷四六百官志同。

〔一一〕五代會要卷二九：天福七年「六月（高祖）崩，少帝嗣立。八月，（契丹）遣使郎五來致弔兼獻衣服鞍馬等，至十月，又遣使大卿以下二十六人來聘，以高祖山陵有日，致祭故也」。

册府元龜卷九八〇：「六月辛酉，契丹遣達剌干來使。癸亥，遣殿直張延杲使于契丹。」

陸游南唐書卷一：昇元六年六月「庚午，契丹使掠姑米里來聘，獻馬五駟」。

〔一二〕通鑑後晉紀：天福七年十二月，「帝之初即位也，大臣議奉表稱臣，告哀于契丹，景延廣請致書稱孫而不稱臣，李崧曰：『屈身以爲社稷，何耻之有！陛下如此，他日必躬擐甲胄，與契丹戰，於時悔無益矣。』延廣固争，馮道依違其間。帝卒從延廣議。契丹大怒，遣使來責讓，且言：『何得不先承禀，遽即帝位？』延廣復以不遜語答之。契丹盧龍節度使趙延壽欲代晉帝中國，屢説契丹擊晉，契丹主頗然之」。又曰：天福八年，「初河陽牙將喬榮，從趙延壽入契丹，契丹以爲回圖使，往來販易於晉，置邸大梁，及契丹與晉有隙，景延廣説帝囚榮於獄，悉取邸中之貨。凡契丹之人販易在晉境者，皆殺之，奪其貨。大臣皆言契丹有大功，不可負。（天福八年九月）戊子釋榮，慰賜而歸之」。考異云：「喬榮，漢隱帝實録作喬熒，陷蕃記作喬瑩。今從晉少帝、漢高祖實録、薛史景延廣傳、契丹傳。」契丹國志卷二同此作回圖使喬榮，新五代史卷二九景延廣傳作「契丹使者喬瑩」。

通鑑後晉紀：「榮辭延廣，延廣大言曰：『歸語而主，先帝爲北朝所立，故稱臣奉表；今上乃中國所立，所以降志於北朝者，正以不敢忘先帝盟約故耳。爲鄰稱孫，足矣，無稱臣之理。北朝皇帝勿信趙延壽誑誘，輕侮中國。中國士馬，爾所目睹，翁怒則來戰，孫有十萬橫磨劍，足以相待。他日爲孫所敗，取笑天下，毋悔也！』榮自以亡失貨財，恐歸獲罪，且欲爲異時據驗，乃曰：『公所言頗多，懼有遺忘，願記之紙墨。』延廣命吏書其語以授之，榮具以白契丹主。契丹主大怒，入寇之志始決。晉使如契丹，皆縶之幽州，不得見。桑維翰屢請遜辭以謝契丹，每爲延廣所沮，帝以延廣有定策功，故寵冠羣臣，又總宿衛兵，故大臣莫能與之争。河東節度使劉知遠，知延廣必致寇，而畏其方用事，不敢言。但益募兵、奏置興捷、武節等十餘軍以備契丹。」

〔一三〕舊五代史卷八一：六月「己卯，遣判四方館事朱崇節、右金吾大將軍梁言持國信物使于契丹」。八月「癸酉，契丹遣使致祭于高祖，賻禮御馬二匹，羊千口，絹千匹，契丹主母亦遣使來慰」。冬十月「庚辰，契丹遣使致祭于高祖，賻馬三匹，衣三襲」。

新五代史卷九：（天福七年）六月庚午，「如京使李仁廓使于契丹，契丹使梅李來」，「己卯，四方館使朱崇節、右金吾衛大將軍梁言使于契丹」。秋七月「甲辰，契丹使通事來」。八月「甲子，契丹使郎五來」。「癸酉，契丹使其客省使張九思來。」「冬十月己未，契丹使舍利來。」「十一月契丹使大卿來。庚寅，葬聖文章武孝皇帝于顯陵。己亥，牛羊使董殷使于契丹。」十二月庚午，「契丹于越使令骨支來。辛未，又使野里已來」。

〔一四〕高麗史卷二：「太祖二十五年冬十月，契丹遣使來遺橐駝五十匹，王以契丹嘗與渤海連和，忽生疑貳，背盟殄滅，此甚無道，不足遠結爲鄰，遂絶交聘，流其使三十人於海島，繫槖駝萬夫橋下，皆餓死。」

按拾遺卷三所引高麗史字句畧有不同，今所用爲國書刊行會排印本。又朝鮮史畧（即東國史畧）卷五亦記此事，繫於二十四年，即會同四年，字句稍歧，事同。

〔一五〕即今河北省赤城縣治。

六年春〔一〕二月乙卯，晉遣使進先帝遺物。辛酉，晉遣使請居汴，從之。

三月己卯朔，吴越王遣使來貢。甲申，梅里喘引來歸。戊子，南唐遣使奉蠟丸書。丁未，晉至汴，遣使來謝。〔二〕

夏四月戊申朔，日有食之。〔三〕

五月己亥，遣使如晉致生辰禮。

六月丁未朔，鐵驪來貢。己未，奚鋤骨里部〔四〕進白麝。辛酉，莫州進白鵲。晉遣使貢金。

秋〔五〕八月丁未朔，晉復貢金。己未，如奉聖州。晉遣其子延煦來朝。

冬〔六〕十一月辛卯，上京留守耶律迪輦得晉諜，知有二心。甲辰，鐵驪來貢。〔七〕

十二月丁未，如南京，議伐晉。命趙延壽、趙延昭、〔八〕安端、解里等由滄、恒、易、定分道而進，大軍繼之。〔九〕

是歲，楊彦昭請移鎮奈灤及新鎮，從之。〔一〇〕

〔一〕陸游南唐書卷一：「昇元七年（九四三）春正月，契丹使達羅干等二十七人來聘，獻馬三百，羊三萬五千。」

新五代史卷九：天福「八年春正月，契丹于越使烏多奥來」。

〔二〕新五代史卷九：三月「辛丑，引進使太府卿孟承誨使于契丹」。（舊五代史同。）

〔三〕新五代史卷九：「夏四月庚午，董殷使于契丹。」

高麗史卷二：「太祖二十六年夏四月，御内殿，召大匡、朴述希親授訓要，（十事）……其四曰：『惟我東方，舊慕唐風，文物禮樂，悉遵其制。殊方異土，人性各異，不必苟同。契丹是禽獸之國，風俗不同，言語亦異，衣冠制度，慎勿效焉。』」

〔四〕按即楚里部，參見本書卷三三營衛志部族太祖二十部注。

〔五〕新五代史卷九：秋七月丁酉，「契丹使梅里等來」。册府元龜卷九七二：「七月壬午，契丹迴圖使喬榮、通事郝在殷到闕，各進馬一匹」。

〔六〕新五代史卷九：冬十月，「丙寅，契丹使通事劉胤來」。

〔七〕新五代史卷九：「十一月己卯，董殷使于契丹」。「乙未，契丹使梅里來。」全遼文卷四耶律琮神道碑：「公方齡十有五祀，適遇嗣聖皇帝按兵觀釁，問罪中原……擢公爲先軍監陳……料敵强弱，進退合宜。」

〔八〕趙延昭，舊五代史同。通鑑、五代會要、契丹國志並作趙延照。趙思温之子。

〔九〕新五代史卷九：「十二月癸丑，給事中邊光範、登州刺史郭彦威使于契丹。」

〔一〇〕契丹國志卷二：「十二月，晉平盧節度使楊光遠遣騎密告遼，以晉境大饑，乘此攻之，一舉可取。趙延壽亦勸之，遼帝乃集兵五萬，使延壽將之經畧中國。曰：『若得之，當立汝爲帝。』延壽信之，爲盡力。」宣府鎮志卷一四：「會同六年，契丹主將有事於征伐，征山後諸州兵，因下令曰：『兵行有傷禾稼損租賦者，以軍法論。』又敕有司於每村定有力人户充村長，與村人議有力人户出牒田苗，補貧下不逮頃畝。自願者，具狀徵收。」册府元龜卷九八〇：天福「八年，漢高祖時爲太原節度使，奏以太原往例，每年差人押送葡萄往契丹，今年伏候敕旨。有詔罷之。高祖曰：『此土産常物，廢而不行，必啟戎心，以生怨也。』」（卷四六同。）又卷九九九：「天福八年，西京奏，契丹遣前青白軍使王從益到京，出餘貨斛㪷，宣破省錢收糴。是時馮暉移鎮靈武，河西羊馬所産易爲交易，朞年，得馬五千疋而蕃部歸心，朝議患之。」

七年春正月甲戌朔，趙延壽、延昭率前鋒五萬騎次任丘。〔一〕丙子，安端入雁門，圍忻、代。己卯，趙延壽圍貝州，其軍校邵珂開南門納遼兵，太守吴巒投井死。〔二〕己丑，次元城，授延壽魏、博等州節度使，封魏王，率所部屯南樂。〔三〕丙申，遣兵攻黎陽，晉張彦澤來拒。辛丑，晉遣使來修舊好，詔割河北諸州，及遣桑維翰、景延廣來議。

二月甲辰朔，〔四〕攻博州，刺史周儒以城降。晉平盧軍節度使楊光遠密道遼師自馬家口濟河。晉將景延廣命石斌守麻家口、白再榮守馬家口。〔五〕未幾，周儒引遼軍麻答〔六〕營于河東，攻鄆州北津，以應光遠。晉遣李守貞、皇甫遇、梁漢璋、薛懷讓將兵萬人，緣河水陸俱進。遼軍圍晉別將于戚城，晉主自將救之，遼師解去。守貞等至馬家口，麻答遣步卒萬人築營壘，騎兵萬人守於外，餘兵屯河西。渡未已，晉兵薄之，遼軍不利。〔七〕

三月癸酉朔，趙延壽言：「晉諸軍沿河置柵，皆畏怯不敢戰。若率大兵直抵澶淵，據其橋梁，晉必可取。」是日，晉兵駐澶淵，其前軍高行周在戚城。乃命延壽、延昭以數萬騎出行周右，上以精兵出其左。戰至暮，上復以勁騎突其中軍，晉軍不能戰。會有諜者言晉軍東面數少，沿河城柵不固，乃急擊其東偏，衆皆奔潰。縱兵追及，遂大敗之。〔八〕壬午，留趙延昭守貝州，徙所俘户于内地。〔九〕

夏四月癸丑，還次南京。辛未，如涼陘。

五月癸酉，耶律拔里得奏破德州，擒刺史尹居璠及將吏二十七人。〔一〇〕

六月甲辰，黑車子室韋來貢。乙巳，紇没里、要里等國來貢。

秋七月己卯，晉楊光遠遣人奉蠟丸書。辛卯，晉遣張暉奉表乞和，留暉不遣。〔一一〕

八月辛酉，回鶻遣使請婚，不許。是月，晉鎮州兵來襲飛狐，大同軍節度使耶律孔阿戰敗之。〔一二〕

九月庚午朔，〔一三〕北幸。〔一四〕

冬十月丁未，鼻骨德來貢。壬戌，天授節，諸國進賀，惟晉不至。

十一月壬申，詔徵諸道兵，以閏月朔會温榆河北。〔一五〕

十二月癸卯，南伐。甲子，次古北口。

閏月己巳朔，閲諸道兵於温榆河。己卯，圍恒州，下其九縣。〔一六〕

〔一〕五代會要卷二九：天福「九年（九四四）正月，德光遣趙延壽、趙延照等率兵五萬，入寇貝州、少帝發兵屯守澶州。初青州節度使楊光遠搆逆謀，乃繕治城隍，蓄聚芻粟，爲跋扈之計，屬歲不稔，餓莩相繼，朝廷以廩帑虚竭，軍用不給，仍發使郡縣，括借民家資財斛斗，海内嗷嗷，不堪其命。光遠遂以重利誘德光入寇」。

舊五代史卷八二：開運元年（九四四）春正月「乙亥，滄、恒、貝、鄴馳告：『契丹前鋒趙延壽、趙延昭引五萬騎入寇，將及甘陵。』青州楊光遠召之也」。（册府元龜卷一一八畧同。）新五代史卷九晉紀：「開運元年春正月甲戌朔，契丹寇滄州。己卯，陷貝州。庚辰，契丹入鴈門，寇代州。」又卷七二四夷附録云：「楊光遠反青州，招之。開運元年春，德光傾國南寇，分其衆爲三：西出鴈門，攻并、代，劉知遠擊敗之于秀容；東至于河，陷博州，以應光遠；德光與延壽南攻陷貝州。」

〔二〕五代會要卷二九：「德光自河間率諸部兵入犯甘陵，陷之。巡檢使吴巒投井而死，河北大擾。少帝駐蹕澶州，命宋州節度使高行周等將兵以禦之。」（巒、原誤「蠻」，據各史改正。）契丹國志卷二：「（貝州）軍校邵珂，性兇悖，節度使王令温黜之，珂怨望，密遣人亡入遼，言貝州易取。會令温入朝，執政以吴巒權知州事，遼帝親攻貝州，巒悉力拒之，燒其攻具殆盡，珂引遼兵自南門入，巒赴井死。」吴巒，新五代史卷二九、舊五代史卷九五並有傳。舊傳云：「（巒）權知貝州軍州事，天福九年正月，契丹大至，其一日，大譟，環其城。明日，陳攻具於四墉，三日，契丹主躬率步奚及渤海夷等四面進攻，巒衆投薪於夾城中，繼以炬火，賊之梯衝，焚爇殆盡。」以吴巒爲太守，係泛稱，謂當州主管大員。當時無此官稱。舊史本傳作權知貝州軍州事，卷八二出帝紀作知州，新史本傳作代守貝州；册府元龜卷四二五作權知貝州；通鑑、契丹國志作權知州事；五代會要卷二九作巡檢使。

通鑑後晉紀：開運元年春正月庚辰，「太原奏：契丹入鴈門關。恒、邢、滄皆奏契丹入寇」。新五代史卷九：正月「辛巳，殿直王班使於契丹，至於鄴都，不得進而復」。（徐無黨注云：「晉自高祖以父事契丹甚謹，而歲時遣使，舊史、實録皆不書。至出帝立，使者旁午不絶，不可勝數，故其官卑者皆畧而不書，班以不得進，故書。」）「乙酉，北征。丙戌，契丹寇黎陽。辛卯，契丹屯于元城，趙延壽寇南樂。」「丙申，契丹寇黎陽。辛丑，劉知遠及契丹偉王戰于秀容，敗之。博州刺史周儒叛降于契丹。」

〔三〕舊五代史卷八二：正月「辛卯，鄴都留守張從恩遣人夜縋城間行，奏契丹主以鐵騎三四萬建牙帳於元城，以趙延壽爲魏博節度使，改封魏王。」

通鑑後晉紀：正月「壬午，以侍衛馬步都指揮使景延廣爲御營使，前靜難節度使李周爲東京留守，是日高行周以前軍先發。時用兵方畧號令皆出延廣，宰相以下皆無所預，延廣乘勢使氣，陵侮諸將，雖天子亦不能制。乙酉，帝發東京。丁亥，滑州奏，契丹至黎陽。戊子，帝至澶州，契丹主屯元城，趙延壽屯南樂；以延壽爲魏博節度使，封魏王。（胡注：「此契丹主所命也。」）契丹寇太原，劉知遠與白承福合兵二萬擊之。甲午，以知遠爲幽州道行營招討使，杜威爲副使，馬全節爲都虞候。丙申，遣右武衛上將軍張彥澤等將兵拒契丹於黎陽」。戊戌，「帝復遣譯者孟守忠致書於契丹，求修舊好。契丹主復書曰：『已成之勢，不可改也。』辛丑，太原奏破契丹偉王於秀容，斬首三千級。契丹自鴉鳴谷遁去」。舊五代史卷八二晉紀作「己亥，遣譯語官孟守忠致書於契丹主求修舊好。守忠自敵帳迴，契丹主復書」云云。「辛丑，太原奏與契丹戰於秀容，斬首三千級，生擒五百人，獲敵將一十七人，賊軍散入鵶鳴谷，已進軍追襲。」通鑑後晉紀：「天平節度副使知鄆州顔衎遣觀察判官竇儀奏：『博州刺史周儒，以城降契丹，又與楊光遠通使往還，引契丹自馬家口濟河，擒左武衛將軍蔡行遇。』儀謂景延廣曰：『虜若濟河與光遠合，則河南危矣。』延廣然之。儀，薊州人也。」周儒降契丹，通鑑、新五代史、契丹國志均繫於正月末，本史及舊五代史並繫於二月初。

册府元龜卷一一八：「晉天福九年正月乙亥，滄、鎮、貝、鄴馳告，契丹前鋒趙延壽、趙延昭領兵五萬將及甘陵，是日發兵六千屯澶淵以待之。……壬午，詔曰：『朕以恭承先旨、尊奉北朝，無事不隨，有求皆應，竭國家之財用，務蕃、漢之歡和。豈謂貪殘，終隳信義，直驅戎虜，深犯封疆，如是憑陵，安能俯就？……頃議親征，用平醜類……取此月十三日躬御六師，北征雜虜，指期旦夕，悉盪氛霾，凡爾百僚，當體朕意。』」（全唐文卷一一八同。）「乙酉，帝離京，戊子，鎮、邢、雒、德四州告攻圍日急。」「丙申，虜以偏師寇黎陽，遣右武衛上將軍張彦澤……（等）率勁騎三千拒之。辛丑，太原奏，與契丹偉王（安端）戰於秀容，斬首三千級，生擒五百人，獲其虜將一十七，奪得偉王金槍鐵甲及旗幡等，潰散賊軍入鵶鳴谷，已進軍襲之。」秀容，册府元龜、新、舊五代史、通鑑並同，惟契丹國志作秀谷，承恩堂本亦作秀容。

〔四〕朔字，據本史卷四四朔考補。

〔五〕通鑑後晉紀：「二月甲辰朔，命前保義節度使石贇守麻家口，前威勝節度使何重建守楊劉鎮，護聖都指揮使白再榮守馬家口，西京留守安彥威守河陽。未幾，周儒引契丹將麻荅自馬家口濟河，營於東岸，攻鄆州北津，以應楊光遠。麻荅，契丹主之從弟也。乙巳，遣侍衞馬軍都指揮使義成節度使李守貞、神武統軍皇甫遇、陳州防禦使梁漢璋、懷州刺史薛懷讓將兵萬人，緣河水陸俱進。」

册府元龜卷一一八：晉少帝天福九年「三月丙午，先鋒指揮使石公霸遇賊數萬騎於戚城之北，爲賊所圍。高行周、符彥卿在城之東南方，息於林下，忽聞賊至，駭愕，督軍而進，纔數千騎，衆寡不較，行周遣人馳告景延廣，請益師，延廣遲留，俟帝進止，既而行周等爲賊圍之數重，三人大譟，瞋目奮擊，賊衆傷死者甚多。帝自御親兵援之，前軍獲免。（並見卷一三六、卷三九六。）戊申，李守貞等搏至馬家渡，賊步卒萬人，方築壘濬隍，以騎軍散列其外，舟楫數十，猶渡兵未已，我師搏之，賊騎退走，遂攻其城，四面樹梯，一鼓而上，賊衆大敗，乘馬赴河溺者數千，西岸虜軍數萬，鼓譟揚旗以脅我軍，及見東岸俘執斬刈，大半陷没水中，即大哭而去。是日獲賊馬八百匹，執賊將莫城義，節樓使崔裕，先鋒梁思榮，契丹大首領信悉，兵馬都監嘗尊王令威、吐渾將黨大地，羽林使閻令省、軍校張興、王佐卿、張令霸等魁首七十八人，部典節級五百人，送於行在」。拾遺卷三云：「莫城義節樓使六字疑槧本有誤。」翊寅案城即成之譌，節樓使官名也。何重進、舊五代史作何進。索隱卷一引讀史兵畧云：「大河津渡在魏博境内者凡三：西南則濮州之麻家口，東南則東阿之楊劉鎮；東北則聊城之馬家口；在西京則孟縣之河陽，皆最要津口。」

通鑑後晉紀：二月「辛亥，定難節度使李彝殷奏將兵四萬自麟州濟河，侵契丹之境。（胡注引九域志：『麟州西北至夏州一百二十里。』自麟州東北至府州，又自府州東北行入契丹境。）壬子，以彝殷爲契丹西南面招討使」。舊五代史卷八二：二月壬子，「易州刺史安審約奏戰契丹於北平，賊退保祁溝關，斷其橋梁而還」。「己未，滄州奏：『賊衆三千人援送所掠人口寶貨等，由長蘆入蕃，以輕騎邀之，斬獲千餘人，人口輜重悉委之而走。』」

册府元龜卷一一八：「三月辛亥，夏州節度使李彝殷，銀州刺史李彝沼合蕃、漢之兵四萬抵麟州，濟河侵契丹之境。（彝殷助攻契丹，西夏書事卷二繫於正月。）易州刺史安審約戰契丹於北平，獲車馬兵仗，賊走保祁溝關，斷其橋梁而還。乙卯，梁州刺史康彥進率兵侵瀛州，破荆窠、北薛二城。己未，定州節度使馬全節率州兵掠泰州，破白團城，生擒賊軍七百人，獲牛馬千餘及器械八百。滄州奏，賊皇城使李珂領兵三千援送所掠男女三千餘人，及貨具等（由）長蘆而歸，尋率輕騎攻其不意，斬獲千餘人，人口輜重悉委之而走。」

新五代史卷九：二月「癸丑，北面行營都虞候馬全節及契丹戰於北平，敗之」。

〔六〕麻荅，本史卷七六有傳，作耶律拔里得，下文五月耶律拔里得即此人。

〔七〕册府元龜卷三六〇：「開運元年春，虜衆犯澶、魏，少帝幸澶州，虜主遣將麻答以奇兵繇鄆州馬家口濟河，立栅於東崖，（李）守貞率師自澶州馳赴之，契丹大敗，溺死者數千人。」（舊五代史卷一〇九李守貞傳畧同。）

〔八〕通鑑後晉紀：二月，「契丹僞棄元城去，伏精騎於古頓丘城，以俟晉軍與恒、定之兵合而擊之。鄴都留守張從恩屢奏虜已遁去。大軍欲進追之，會霖雨而止。契丹設伏旬日，人馬飢疲。趙延壽曰：『晉軍悉在河上，畏我鋒鋭，必不敢前，不如即其城下，四合攻之，奪其浮梁，則天下定矣。』契丹主從之。三月，癸酉朔，自將兵十餘萬，陳於澶州城北，東西横掩城之兩隅，登城望之，不見其際。高行周前軍在戚城之南，與契丹戰，自午至晡，互有勝負。契丹主以精兵當中軍而來，帝亦出陳以待之。契丹主望見晉軍之盛，謂左右曰：『楊光遠言晉兵半已餧死，今何其多也！』以精騎左右畧陳，晉軍不動，萬弩齊發，飛矢蔽地。契丹稍卻……兩軍死者不可勝數。昏後，契丹引去，營於三十里之外。乙亥，契丹主帳中小校竊其馬亡來，云契丹已傳木書收軍北去。景延廣疑其詐，閉壁不敢追」。（契丹國志同。）

册府元龜卷一一八：「王師亡命者告德光曰：『南軍東面人少，沿河城柵不固，宜併兵攻之。』德光乃令千騎爲隊，前鋭後方，攻其東首，李守貞、薛懷讓以勝兵數千急赴之，大戰，王師敗。時夾馬軍士千餘人在堤間治水寨，使人亟召之，旗幡之末，出於堰埭，虜以爲僞遁，伏兵所起，遂整軍而立，良久復戰。守貞在戰之後，立馬於大塚之端，去陣三百餘步，不敢寸進。俄頃，王師又退至塚下，李守貞以數百騎短兵直進，擊之。虜稍退。戰場之地，人馬死者無算。斷箭殘鏃交横，厚數寸。既而昏暝，賊擊鉦而去，夜行三十里，乃收合夷傷，萃於野次。甲戌，太原、鎮定咸奏已各離本部，刻期於邯鄲會合師徒。乙亥，虜主帳內小校竊德光所乘馬來奔。辛巳，傳木書收軍北去。」

〔九〕通鑑後晉紀：三月「辛卯，馬全節攻契丹泰州，拔之」。胡注引五代會要卷二〇：「後唐天成三年，升奉化軍爲泰州，以清苑縣爲理所。至晉開運二年九月移治滿城縣；至周廣順二年二月，廢州，其滿城縣割隸易州。時馬全節自定州攻泰州。」

〔一〇〕耶律拔里得即上文麻荅，見注〔六〕。通鑑後晉紀：「契丹主自澶州北分爲兩軍：一出滄、德，一出深、冀而歸，所過焚掠，方廣千里，民物殆盡。留趙延照爲貝州留後。麻荅陷德州，擒刺史尹居璠。」尹居璠，本史卷七六耶律拔里得傳作師居璠。

新五代史卷九：三月「己丑，冀州刺史白從暉及契丹戰於衡水，敗之」。「夏四月，契丹陷德州，沿河巡檢使梁進敗之，取德州。」「己未，馬全節及契丹戰於定豐，敗之。」

通鑑後晉紀：「初高祖割北邊之地以賂契丹，由是府州刺史折從遠亦北屬。契丹欲盡徙河西之民以實遼東，州人大恐，從遠因保險拒之。及帝與契丹絕，遣使諭從遠使攻契丹，從遠引兵深入，拔十餘寨。（六月）戊午，以從遠爲府州團練使，從遠，雲州人也。」胡注：「府州領府谷一縣，後唐以麟州東北河濱之地置。宋白曰：府州本河西蕃界府谷鎮。土人折嗣倫，世爲鎮將。後唐莊宗天祐七年，升鎮爲府谷縣；八年，升建府州以扼蕃界，以嗣倫男從遠爲刺史。」是府州爲隨附燕、雲入遼之另一州也。

通鑑後晉紀：「五月，契丹遣兵救青州，齊州防禦使堂陽薛可言邀擊，敗之。」「丁亥，鄴都留守張從恩上言：『趙延照雖據貝州，麾下兵皆久客思歸，宜速進軍攻之。』詔以從恩爲貝州行營都部署，督諸將擊之。辛卯，從恩奏趙延照縱火大掠，棄城而遁，屯於瀛、莫，阻水自固。」胡注：「瀛、莫之間多水濼，故趙延照阻以爲固。瀛、莫相去一百一十里。」

〔一二〕新五代史卷七二四夷附録：「是時天下旱蝗，晉人苦兵，乃遣開封府軍將張暉假供奉官聘于契丹，奉表稱臣，以脩和好。德光語不遜。然契丹亦自厭兵。德光母述律嘗謂晉人曰：『南朝漢兒争得一向卧邪？自古聞漢來和蕃，不聞蕃去和漢，若漢兒實有回心，則我亦何惜通好！』晉亦不復遣使，然數以書招趙延壽。」（通考卷三四五四裔考同。）

舊五代史卷一三七外國列傳：「是時契丹連歲入寇，晉氏疲於奔命，邊民被苦。幾無寧日。晉相桑維翰勸少帝求和於契丹，以紓國難。少帝許之。乃遣使奉表稱臣，卑辭首過，使迴，德光報曰：『但使桑維翰、景延廣自來，並割鎮、定與我，則可通和也。』朝廷知其不可乃止。」

通鑑後晉紀：開運二年「六月癸酉，契丹連歲入寇，中國疲於奔命，邊民塗地，契丹人畜亦多死，國人厭苦之。述律太后謂契丹主曰：『使漢人爲胡主可乎？』曰：『不可。』太后曰：『然則汝何故欲爲漢主？』曰：『石氏負恩不可容。』太后曰：『汝今雖得漢地，不能居也；萬一蹉跌，悔何所及。』又謂其羣下曰：『漢兒何得一向眠！自古但聞漢和蕃，未聞蕃和漢，漢兒果能回意，我亦何惜與和！』桑維翰屢勸帝復請和於契丹以紓國患，帝假開封軍將張暉供奉官，使奉表稱臣詣契丹，卑辭謝過。契丹主曰：『使景延廣、桑維翰自來，仍割鎮、定兩道隸我，則可和。』朝廷以契丹語忿，謂其無和意，乃止。及契丹主入大梁，謂李崧等曰：『曏使晉使再來，則南北不戰矣。』」（契丹國志畧同。）

晉張暉使契丹，通鑑繫於開運二年六月癸酉，新、舊五代史、契丹國志亦叙於開運二年。較本史差後一年。張暉，契丹國志作張徽。

〔一二〕舊五代史卷八三：「八月辛丑，命十五將以禦契丹。北京留守劉知遠充北面行營都統。鎮州節度使杜威充北面行營都招討使。鄆州節度使張從恩充馬步軍都監。西京留守景延廣充馬步軍都排陣使。」新五代史卷九：「劉知遠爲北面行營都統，順德軍節度使杜威爲都招討使。」杜威即杜重威，避晉少帝諱去「重」字。

〔一三〕據通鑑、契丹國志：「日有食之。」

〔一四〕舊五代史卷八三：九月「壬辰，太原奏：『代州刺史白文珂破契丹於七里烽，斬首千餘級，生擒將校七十餘人。』」

新五代史卷九：九月「丙子，契丹寇遂城、樂壽。代州刺史白文珂及契丹戰於七里烽，敗之。」契丹國志卷二同，未著日期。

通鑑後晉紀：九月「丙子，契丹寇遂城、樂壽。深州刺史康彥進擊卻之」。

〔一五〕又名温餘河，在昌平縣境内。本史卷四〇地理志南京順州作温渝河，此河亦名沙河、榆河、富河。

宣府鎮志卷二二：「會同七年，契丹復徵諸州兵，閱於温榆河。詔諸州兵故傷禾稼者，以軍法論。兵至温榆河因閱之。繼又閱於漁陽，因精鋭盡付趙延壽，延壽自是攻晉州縣無不下者。」

〔一六〕舊五代史卷八三：閏十二月，「契丹耶律德光與趙延壽領全軍入寇，圍恒州，分兵陷鼓城、槀城、元氏、高邑、昭慶、寧晉、蒲澤、欒城、柏鄉等縣，前鋒至邢州，河北諸州告急。詔張從恩、馬全節、安審琦率師屯邢州，趙在禮屯鄴都」。

新五代史卷九：閏十二月乙酉，「契丹寇恒州」。又卷七二四夷附録云：開運二年正月，「德光復傾國入寇，圍鎮州，分兵攻下鼓城等九縣。杜重威守鎮州，閉壁不敢出」。德光陷鎮州諸邑，五代會要叙於十二月。

通鑑後晉紀：十二月，「契丹復大舉入寇，盧龍節度使趙延壽引兵先進，契丹前鋒至邢州，順國節度使杜威遣使間道告急。帝欲自將拒之，會有疾，命天平節度使張從恩、鄴都留守馬全節、護國節度使安審琦會諸道兵屯邢州，武寧節度使趙在禮屯鄴都，契丹主以大兵繼至，建牙於元氏（胡注：元氏縣屬恒州）朝廷憚契丹之盛，詔從恩等引兵稍卻，於是諸軍恟懼，無復部伍，委棄器甲，所過焚掠，比至相州，不復能整」。玉堂閒話卷三無足婦人條：「晉少主之代，有婦人儀狀端嚴，衣服鉛粉，不下美人，而無腿足，繇帶以下，如截而齊，餘皆具備，其父載之於獨車，自鄴南游浚都，乞匄於市，日聚千人，至於深坊曲巷，華屋朱門，無所不至，時人嗟異，皆擲而施之。後京城獲北戎間諜，官司案之，乃此婦爲姦人之領袖，所聽察甚多，遂戮之。」

高麗史卷二：惠宗「元年（九四四）遣廣評侍郎韓玄珪、禮賓卿金廉如晉告嗣位，遂賀破契丹」。

八年春正月庚子，分兵攻邢、洺、磁三州，殺掠殆盡。入鄴都境。張從恩、馬全節、安審琦兵悉陳于相州安陽水之南。皇甫遇與濮州刺史慕容彦超將兵千騎來覘遼軍。至鄴都，遇遼軍數萬，且戰且却，至榆林店。遼軍繼至，遇與彦超力戰百餘合，遇馬斃，步戰，審琦引騎兵踰水以救，遼軍乃還。〔一〕

二月，圍魏，晉將杜重威率兵來救。戊子，晉將折從阮陷勝州。〔二〕

三月戊戌，師拔祁州，殺其刺史沈斌。〔三〕庚戌，杜重威、李守貞攻泰州。戊子，趙延壽率前鋒薄泰城。己未，重威、守貞引兵南遁，追至陽城，大敗之。復以步卒爲方陣來拒，與戰二十餘合。壬戌，復搏戰十餘里。癸亥，圍晉兵于白團衛村。〔四〕晉兵下鹿角爲營。是夕大風。至曙，命鐵鷂軍下馬，拔其鹿角，奮短兵入擊。順風縱火揚塵，以助其勢。晉軍大呼曰：「都招討何不用兵，令士卒徒死！」諸將皆奮出戰。張彦澤、藥元福、皇甫遇出兵大戰，諸將繼至，遼軍却數百步。風益甚，晝晦如夜。符彦卿以萬騎橫擊遼軍，率步卒並進，遼軍不利。上乘奚車退十餘里，晉追兵急，獲一槖駝乘之乃歸。晉兵退保定

州。〔五〕

夏四月甲申，還次南京，杖戰不力者各數百。庚寅，宴將士於元和殿。癸巳，如涼陘。六月戊辰，回鶻來貢。辛未，吐谷渾、鼻骨德皆來貢。辛巳，黑車子室韋來貢。丁亥，趙延壽奏晉兵襲高陽，戍將擊走之。

秋七月乙卯，獵平地松林。〔六〕晉遣孟守中奉表請和，仍以前事答之。八月〔七〕己巳，詔侍衛蕭素撒閱羣牧于北陘。九月壬寅，次赤山，宴從臣，問軍國要務，對曰：「軍國之務，愛民爲本。民富則兵足，兵足則國强。」上以爲然。辛酉，還上京。

冬十月辛未，祠木葉山。

十一月戊戌，女直、鐵驪來貢。

十二月癸亥朔，朝謁太祖行宮。乙丑，雲州節度使耶律孔阿獲晉諜者。戊辰，臘，賜諸國貢使衣馬。〔八〕

〔一〕通鑑後晉紀：開運二年（九四五）春正月「庚子，張從恩奏契丹逼邢州，詔滑州、鄴都復進軍拒之。義成節度使皇甫遇將兵趣邢州。契丹寇邢、洺、磁三州，殺掠殆盡，入鄴都境。壬子，張從恩、馬全節、安審琦悉以行營兵數萬，陳於相州安陽水之南。皇甫遇與濮州刺史慕容彦超（彦超一本作延釗）將數千騎前覘契丹，至鄴縣、將渡漳水、遇契丹數萬，遇等且戰且却；至榆林店，契丹大至，二將謀曰：『吾屬今走，死無遺矣！』乃止，布陳，自午至未，力戰百餘合，相殺傷甚衆。……俄而契丹繼出新兵來戰……安審琦曰：『皇甫太師寂無音問，必爲虜所困。』……遂踰水而進。契丹望見塵起，即解去。遇等乃得還，與諸將俱歸相州。彦超本吐谷渾也，與劉知遠同母。

契丹亦引軍退，其衆自相驚曰：『晉軍悉至矣』，時契丹主在邯鄲聞之，即時北遁，不再宿，至鼓城。是夕……張從恩引兵先發，諸軍繼之……留步兵五百守安陽橋，夜四鼓，知相州事符彦倫……召入（將佐）乘城爲備，至曙，望之，契丹數萬騎已陳於安陽水北，彦倫命城上揚旌鼓譟約束，契丹不測。日加辰，趙延壽與契丹惕隱帥衆踰水，環相州而南，詔右神武統軍張彦澤將兵趣相州。延壽等至湯陰，聞之，甲寅引還；馬全節等擁大軍在黎陽，不敢追。延壽悉陳甲騎於相州城下，若將攻城狀，符彦倫曰：『此虜將走耳。』出甲卒五百，陳於城北以待之，契丹果引去」。

册府元龜卷四二八記符彦倫料敵事畧同。索隱卷一引讀史兵畧：「榆林店在鄴縣東南。」

册府元龜卷九九七：「契丹耶律德光晉少帝天福九年入寇陷貝、博及畧諸縣邑，所至皆撫寧之，給以符牒，賞以服章，及戚城小戰不勝，博州大衂，青州阻絶，遂大怒華人，所俘百姓屠死者不可勝紀，成擒軍士皆炮烙之。」（原文，耶律德光誤作阿保機）

册府元龜卷三九六：「皇甫遇爲滑州節度使，開運三年，虜長率衆屯邯鄲，遇與安審琦、慕容彥超等禦之，遇使渡漳河，虜前鋒大至，遇引退，轉鬬二十里，至鄴南榆林店，遇謂審琦曰：『彼衆我寡，走無生路，不如血戰。』遂自辰至未，戰百餘合，所傷甚衆。遇所乘馬中鏑而死，遇有紀綱杜知敏，以馬輟遇，遇得馬復戰，久之，稍解，顧杜知敏已爲寇獲，遇謂彥超曰：『知敏蒼黃之中，以馬輟我，義也，安可使陷於寇中。』遂與彥超躍馬取知敏而還。胡騎壯之，俄而軍士復合，遇不能解，時審琦已至安陽河，謂首將張從恩曰：『皇甫遇等未至，必爲虜騎所圍，若不救則成擒矣。』從恩曰：『虜勢甚熾，無以支吾，將軍獨往何益。』審琦曰：『成敗命也，設若不濟，則與之俱死，假若失此二將，將何面目以見天子。』遂率鐵騎北渡赴之，虜見塵起，謂救軍並至，乃引去。遇、彥超中數鎗得還。時諸軍歎曰：『此三人者真猛將也！』」舊五代史卷九五皇甫遇傳同。舊五代史卷一〇九李守貞傳：「開運二年春，契丹以全軍南下，前鋒至相州湯陰縣，詔守貞屯滑州。少帝再幸澶州，守貞爲北面行營都監，與招討使杜重威北伐，洎獲陽城之捷，遂收軍而還。」新五代史卷九：「二年春正月，契丹陷泰州。壬子，馬全節及契丹戰于榆林，兩軍皆潰。乙丑北征，契丹去。」

〔二〕通鑑後晉紀：「正月庚申，振武節度使折從遠擊契丹，圍勝州，遂攻朔州。」按折從阮即折從遠，諱遠改阮。胡注云：「時折從遠守府州，命領振武節度使。勝州不係天福初所割十六州之數。契丹乘勢併取之也。匈奴須知：『朔州東至燕京一千里。』宋白曰：『勝州正東至黃河四十里，去朔州四百二十里。』」索隱卷一云：「此注以唐勝州言之。遼自神册元年破振武軍，勝州之民，皆趨河東，故置東勝州，而唐之勝州久廢矣。」

五代春秋卷下：「二年正月，帝北征。二月，次澶州。」舊五代史卷八三作「（正月）辛酉，下詔親征」。新五代史卷九：「二月己巳，幸黎陽。」

新五代史卷七二四夷附録云：「二年正月，德光復傾國入寇，圍鎮州，分兵攻下鼓城等九縣。杜重威守鎮州，閉壁不敢出。契丹南掠邢、洺、磁，至于安陽河，千里之内，焚剽殆盡。契丹見大桑木，罵曰：『吾知紫披襖出自汝身，吾豈容汝活邪！』束薪於木而焚之。是時，出帝病，不能出征，遣張從恩、安審琦、皇甫遇等禦之。遇前渡漳水，遇契丹，戰於榆林，幾爲所虜。審琦從後救之，契丹望見塵起，謂救兵至，引去。而從恩畏怯不敢追，亦引兵南走黎陽。契丹已北，而出帝疾少間，乃下詔親征，軍於澶州，遣杜重威等北伐。契丹歸至古北，聞晉軍且至，即復引而南，及重威戰於陽城衛村。晉軍飢渴，鑿井輒壞，絞泥汁而飲。德光坐奚車中，呼其衆曰：『晉軍盡在此矣，可生擒之，然後平定天下。』會天大風，晉軍奮死擊之，契丹大敗。德光喪車，騎一白橐駝而走。至幽州，其首領大將各笞數百，獨趙延壽免焉。……（趙）延壽見晉衰而天下亂，嘗有意窺中國，而德光亦嘗許延壽滅晉而立之。延壽得晉書，僞爲好辭報晉，言身陷虜思歸，約晉發兵爲應。而德光將高牟翰亦詐以瀛州降晉，晉君臣皆喜。」

〔三〕通鑑後晉紀：「契丹自恒州還，以羸兵驅牛羊過祁州城下，刺史下邳沈斌出兵擊之，契丹以精騎奪其城門，州兵不得還。趙延壽知城中無餘兵，引契丹急攻之；斌在（城）上，延壽語之曰：『沈使君，吾之故人。「擇禍莫若輕」，何不早降！』斌曰：『侍中父子失計陷身虜庭，忍帥犬羊以殘父母之邦；不自愧耻，更有驕色，何哉！沈斌弓折矢盡，寧爲國家死耳，終不效公所爲！』明日，城陷，斌自殺。」（册府元龜卷四二五畧同。）新五代史卷九：「三月戊戌，契丹陷祁州，刺史沈斌死之。（五代會要卷二九、册府元龜卷一一八並同。惟通鑑、契丹國志明著自殺。册府元龜卷一一八繫契丹陷祁州刺史沈斌死之，在本年二月，非。）庚戌，馬全節克泰州。辛亥，易州戍將孫方諫及契丹諧里戰於狼山，敗之。甲寅，杜威克滿城。乙卯，克遂城。庚申，杜威及契丹戰於陽城，敗之，追奔至於衛村，又敗之。」克泰州者爲馬全節，各史均作杜重威，蓋以重威爲統帥。

〔四〕白團衛村，通鑑同，契丹國志卷三作白團村。新五代史作衛村。通鑑考異云：「漢高祖實録作『白檀』（今作白團衛村），從晉少帝實録。」索隱引讀史兵畧：「村在今完縣界。」

〔五〕册府元龜卷四五三：「杜重威爲鎮州節度使，虜主連年入寇，重威但閉壁自守，部内城邑相繼破陷，未嘗以一士一騎救之，每虜騎數十驅漢人千萬過城下，如入無人之境，重威但登陴注目，畧無邀取之意。開運元年秋，加北面行營招討使，二年，大軍下泰州滿城，虜主自古北口迴軍追躡王師，重威等狼狽而旋，至陽城爲虜所困，會大風猛烈，軍情憤激，符彦卿、張彦澤等引軍四出，虜衆大潰，諸將欲追之，重威曰：『逢賊得命，更望襆子也。』遂收軍馳歸常山。」

通鑑後晉紀：三月「乙巳，杜威等諸軍會於定州」。「庚戌，諸軍攻契丹，泰州刺史晉廷謙舉州降。甲寅，取滿城。（胡注：按五代會要是年九月徙泰州治滿城。是時泰州猶治清苑。）獲契丹酋長沒刺及其兵二千人。乙卯，取遂城。趙延壽部曲有降者言：『契丹主還至虎北口。（胡注：太原汾水之北亦有地名虎北口。時契丹兵自祁、易北去，非其路也，此乃幽、檀以北之古北口。宋人使遼行程記云：自檀州北行八十里，又八十里至虎北口館。則檀州之古北口亦名虎北口也。）聞晉取泰州，復擁衆南向，約八萬餘騎，計來夕當至，宜速爲備。』杜威等懼，丙辰，退保泰州。戊午，契丹至泰州。己未，晉軍南行，契丹踵之。晉軍至陽城，庚申，契丹大至，晉軍與戰，逐北十餘里，契丹踰白溝而去。（胡注：此南白溝也；水經注所謂淇水北出爲白溝者也。北白溝在涿州新城縣南六十里。）壬戌，晉軍結陣而南，胡騎四合如山。諸軍力戰拒之，是日纔行十餘里，人馬飢乏。癸亥，晉軍至白團衛村，埋鹿角爲行寨。契丹圍之數重，奇兵出寨後斷糧道，是夕東北風大起，破屋折樹，營中掘井，方及水輒崩，士卒取其泥，帛絞而飲之，人馬俱渴，至曙，風尤甚。契丹主坐大奚車中，令其衆曰：『晉軍止此耳，當盡擒之，然後南取大梁！』命鐵鷂四面下馬，拔鹿角而入，奮短兵以擊晉軍，又順風縱火揚塵以助其勢。軍士皆憤怒，大呼曰：『都招討使何不用兵，令士卒徒死！』諸將請出戰，杜威曰：『俟風稍緩，徐觀可否。』馬步都監李守貞曰：『彼衆我寡，風沙之內，莫測多少，惟力鬭者勝，此風乃助我也，若俟風止，吾屬無類矣。』即呼曰：『諸軍齊擊賊！』又謂威曰：『令公善守禦，守貞以中軍決死矣！』馬軍左廂都排陳使張彥澤……馬軍右廂副排陳使藥元福……馬步左右廂都排陳使符彦卿……及左廂都排陳使皇甫遇引精騎出西門擊之，諸將繼至。契丹卻數百步。彦卿等謂守貞曰：『且曳隊往來乎？直前奮擊，以勝爲度乎？』守貞曰：『事勢如此，安可回鞚！宜長驅取勝耳。』彦卿等躍馬而去，風勢益甚，昏晦如夜。彦卿等擁萬餘騎橫擊契丹，呼聲動天地，契丹大敗而走，勢如崩山。李守貞亦令步兵盡拔鹿角出鬭，步騎俱進，逐北二十餘里，鐵鷂既下馬，蒼皇不能復上，皆委棄馬及鎧仗蔽地。契丹散卒至陽城東南水上，稍復布列。杜威曰：『賊已破膽，不宜更令成列！』遣精騎擊之，皆渡水去。契丹主乘奚車走十餘里，追兵急，獲一橐駝，乘之而走，諸將請急追之。杜威揚言曰：『逢賊幸不死，更索衣囊邪？』李守貞曰：『兩日人馬渴甚，今得水飲之皆足重，難以追寇，不若全軍而還。』乃退保定州。契丹主至幽州，散兵稍集，以軍失利，杖其酋長各數百，惟趙延壽得免」。册府元龜卷一一八：開運二年三月甲辰，「易州刺史安審約奏：『二月三日夜，差壯丁三百人入賊寨斫營，戮賊約千人，損馬七百匹。』又據狼山諸寨稱，相繼邀殺蕃軍不少。庚戌，杜威大軍攻泰州，刺史晉廷謙以州降，獲守城兵士三百八十九人。辛亥，易州安審約奏，狼山守把孫方簡掩殺得賊頭諧里相公一千餘人，奚車一兩，內有諧里妻及奴婢等。甲寅，杜威收復滿城，獲契丹首領没刺相公及守城兵士一千九百六十四人，內七百人是新、蔚二州兵士，並放歸本道，其一千二百人是契丹，監送次，乙卯，收復遂城縣，其守城契丹，留六十三人首領，餘並處斬。丁巳，杜威退還泰州，是日契丹前鋒至涿州。戊午，杜威大軍在泰州，契丹前鋒至矣。己未，大軍離泰州，契丹踵其後，是夜營於方順河側，賊亦相隨立牙帳。己未，大軍次陽城。庚申，契丹賊騎如墻而來，大軍步卒排斗底陣，騎軍鬬二十餘合……（賊）渡白溝而去。癸亥，戰於白團谷，是日契丹主在奚車中，及軍敗走，車行十餘里，追兵既急，獲一橐駞乘之而走」。「乙丑……敕泰州宜割屬定州爲屬郡，以狼山寨主孫方簡爲泰州刺史。」

〔六〕索隱卷一：「此非天顯十二年潢水源之平地松林。」

〔七〕據新五代史、通鑑、五代會要：「甲子朔，日有食之。」契丹國志繫於九年，誤。

〔八〕新五代史卷九：「十一月戊戌，封王武爲高麗國王。」高麗史卷二：惠宗「二年晉遣范匡政、張季凝來册王……又勑高麗國王：『省所上表，賀去年三月一日親幸澶州殺敗契丹事，具悉。朕以契丹顯違信義，輒肆侵陵，親御戎車，往平桀虜，靈旗一舉，狂寇四奔。卿遠聽捷音，頗攄憤氣，載馳章表，來慶闕庭。嘉乃忠誠，不忘于意。』」

九年春正月庚子，回鶻來貢。丁未，女直來貢。〔一〕

二月戊辰，〔二〕鼻骨德奏軍籍。

三月己亥，吐谷渾遣軍校恤烈獻生口千户，授恤烈檢校司空。〔三〕

夏四月辛酉朔，吐谷渾白可久來附。〔四〕是月，如涼陘。

五月庚戌，晉易州戍將孫方簡請内附。〔五〕

六月戊子，謁祖陵，更閟神殿爲長思。〔六〕

秋七月辛亥，詔徵諸道兵，敢傷禾稼者，以軍法論。癸丑，女直來貢。乙卯，以阻卜酋長曷剌爲本部夷離堇。〔七〕

八月丙寅，烏古來貢。是月，自將南伐。〔八〕

九月壬辰，閱諸道兵于漁陽西棗林淀。是月，趙延壽與晉張彥澤戰于定州，敗之。〔九〕

冬十一月戊子朔，進圍鎮州。丙申，先遣候騎報晉兵至，遣精兵斷河橋，晉兵退保武强。南院大王迪輦、〔一〇〕將軍高模翰分兵由瀛州間道以進，〔一一〕杜重威遣貝州節度使梁漢璋率衆來拒。與戰，大敗之，殺梁漢璋。〔一二〕杜重威、張彥澤引兵據中渡橋，趙延壽以步卒前擊，高彥温以騎兵乘之，追奔逐北，殭屍數萬，斬其將王清，宋彥筠墮水死。重威等退保中渡寨。義武軍節度使李殷以城降，遂進兵，夾滹沱而營。去中渡寨三里，分兵圍之。夜則列騎環守，晝則出兵抄掠，復命大內惕隱耶律朔骨里〔一三〕及趙延壽分兵圍守。自將騎卒夜渡河出其後，攻下欒城，降騎卒數千。分遣將士據其要害。下令軍中預備軍食，三日不得舉煙火，但獲晉人，即黥而縱之。諸餽運見者皆棄而走。於是晉兵內外隔絶，食盡勢窮。〔一四〕

十二月〔一五〕丙寅，杜重威、李守貞、張彥澤等率所部二十萬衆來降。上擁數萬騎，臨大阜，立馬以受之。〔一六〕授重威守太傅、鄴都留守，守貞天平軍節度使，餘各領舊職。分降卒之半付重威，半以隸趙延壽。命御史大夫解里、監軍傅桂兒、〔一七〕張彥澤持詔入汴，諭晉帝母李氏，以安其意，且召桑維翰、景延廣先來。留騎兵千人守魏，自率大軍而南。壬申，解里等至汴，晉帝重貴素服拜命，與母李氏奉表請罪。〔一八〕初，重貴絶和好，維翰數諫止之，不從，至是彥澤殺維翰，紿言自經死。詔收葬之，復其田園第宅，仍厚恤其家。甲戌，彥澤遷重貴及其母若妻於開封府署，以控鶴指揮使李榮督兵衞之。壬午，次赤岡。重貴舉族出封丘門，藁索牽羊以待。上不忍臨視，命改館封禪寺。晉百官縞衣紗帽，俯伏待罪。上曰：「其主負恩，其臣何罪。」命領職如故，即授安叔千金吾衞上將軍。叔千出班獨立，上曰：「汝邢州之請，朕所不忘。」乃加鎮國軍節度使，蓋在邢嘗密請内附也。〔一九〕將軍康祥執景延廣來獻，詔以牙籌數其罪，凡八，縶送都，道自殺。〔二〇〕

〔一一〕舊五代史卷八四：開運三年（九四六）春正月「己亥，貝州梁漢璋奏：『蕃寇屯聚，將謀入寇。』詔符彥卿屯荆州口」。（宋史卷二五一符彥卿傳：「再出河朔，彥卿不與。易其行伍，配以羸師數千，戍荆州口。」）「乙卯，定州奏：『契丹入寇。』」

〔二〕據新五代史、通鑑、五代會要：「壬戌朔，日有食之。」契丹國志繫於十年，誤。

〔三〕舊五代史卷八四：開運三年三月丙申，「李守貞奏：『大軍至衡水。』己亥奏：『獲鄚州刺史趙思恭。』」「四月辛酉朔，李守貞自北班師到闕。」又卷一〇九李守貞傳：開運「三年春，詔守貞率師巡邊，至衡水，獲鄚州刺史趙思英而還」。思英疑是思恭音同致誤。

〔四〕舊五代史卷八四：「夏四月辛酉朔……太原奏：『吐渾白可久奔歸契丹。』」「八月癸酉，河東節度使劉知遠奏：『誅吐渾大首領白承福、白鐵匱、赫連海龍等並夷其族，凡四百口。』蓋利其孳畜財寶也，人皆冤之。」

通鑑後晉紀：開運三年八月，「帝既與契丹絶好，數召吐谷渾酋長白承福入朝，宴賜甚厚。承福從帝與契丹戰澶州，又與張從恩戍滑州。屬歲大熱，遣其部落還太原，畜牧於嵐、石之境。……有白可久者，位亞承福，率所部先亡歸契丹，契丹用爲雲州觀察使。以誘承福。……（劉）知遠密表：『吐谷渾反覆難保，請遷於内地。』帝遣使發其部落千九百人，分置河陽及諸州。知遠遣（郭）威誘承福等入居太原城中，因誣承福等五族謀叛，以兵圍而殺之，合四百口，籍没其家貲。詔褒賞之。吐谷渾由是遂微」。

〔五〕舊五代史卷八四：六月，「狼山招收指揮使孫方簡叛，據狼山歸契丹」。新五代史卷九：「六月，孫方諫以狼山叛附於契丹。」孫方簡，契丹國志卷三同。新五代史卷四九本傳及册府元龜並作孫方諫。通鑑後晉紀六胡注：「蓋孫方簡後避周太祖皇考諱，遂改名方諫也。」方簡附遼，通鑑、契丹國志繫於四月，新、舊五代史據劉延翰報告並繫於六月。通鑑後晉紀：「定州西北二百里有狼山，土人築堡於山上，以避胡寇，堡中有佛舍，尼孫深意居之，以妖術惑衆，言事頗驗，遠近信奉之。中山人孫方簡，（考異：「周世宗實録云清苑人，今從漢高祖實録。」）及弟行友，自言深意之姪，不飲酒食肉，事深意甚謹。深意卒，方簡嗣行其術，稱深意坐化，嚴飾，事之如生，其徒日滋。會晉與契丹絶好，北邊賦役煩重，寇盜充斥，民不安其業，方簡、行友因帥鄉里豪健者，據寺爲寨以自保。契丹入寇，方簡率衆邀擊，頗獲其甲兵、牛馬、軍資，人挈家往依之者日益衆。久之，至千餘家，遂爲羣盜。懼爲吏所討，乃歸款朝廷。朝廷亦資其禦寇，署東北招收指揮使。方簡時入契丹境鈔掠，多所殺獲。既而邀求不已，朝廷小不副其意，則舉寨降於契丹，請爲鄉道以入寇。時河北大饑，民餓死者以萬數，兖、鄆、滄、貝之間，盜賊蠭起，吏不能禁。天雄節度使杜威，遣元隨軍將劉延翰市馬於邊，方簡執之，獻於契丹，延翰逃歸。六月壬戌至大梁，言方簡欲乘中國凶饑，引契丹入寇，宜爲之備。」

册府元龜卷九二二：「孫方諫爲定州節度，先是州北二百里有狼山，山上有堡，邊人賴之以避戎虜之患，中置佛舍，有孫氏尼者主其事，以香火之教聚其流俗，遠近村民多歸之，徒衆甚盛、人亦異之。尼死，其徒聲言其屍不壞，因覆以衣衿，瞻禮信奉，有同其生，方諫即其宗人也，嗣行其道，舉族不食葷茹，其黨推之爲皆主。」

〔六〕通鑑後晉紀：六月「乙丑，定州言：『契丹勒兵壓境。』」舊五代史卷八四：六月壬午，「定州奏：

『蕃寇壓境。』詔李守貞爲北面行營都部署」。新五代史卷九：六月「丙寅，契丹寇邊」。五代春秋卷下作五月。舊五代史卷一〇九李守貞傳云：「其年（三年）夏，契丹寇邊。以守貞爲北面行營都部署。少帝開曲宴於内殿，以寵其行，教坊伶人獻語云：『天子不須憂北寇，守貞面上管幽州。』既罷，守貞有自負之色，以其言誇詫於外。既而率兵至定州北，與契丹偏師遇，斬其將解里而還。」

〔七〕舊五代史卷八四：七月丙申，「滄州奏：『蕃寇攻饒安縣。楊劉口河決西岸，水闊四十里。』」

〔八〕通鑑後晉紀：「八月，李守貞言：『與契丹千餘騎遇於長城北，（胡注：「此戰國時燕所築長城也，在涿州固安縣南。」）轉鬭四十里，斬其酋帥解里，擁餘衆入水，溺死者甚衆。』」

〔九〕通鑑後晉紀：「九月，契丹三萬寇河東。壬辰，劉知遠敗之於陽武谷，斬首七千級。」甲午，「張彥澤奏敗契丹於定州北，又敗之於泰州，斬首二千級」。契丹國志卷三繫此於八月。新五代史卷九：九月「辛丑，行營馬軍排陳使張彥澤及契丹戰於新興，敗之。癸卯，劉知遠及契丹戰於朔州，敗之。」通鑑後晉紀：九月丙辰，「契丹使瀛州刺史劉延祚遺樂壽監軍王巒書，請舉城内附，且云：『城中契丹兵不滿千人，乞朝廷發輕兵襲之，己爲内應。又今秋多雨，自瓦橋以北積水無際，契丹主已歸牙帳，雖聞關南有變，地遠阻水，不能救也。』巒與天雄節度使兼中書令杜威屢奏瀛、莫乘此可取，深州刺史慕容遷獻瀛莫圖，馮玉、李崧信以爲然，欲發大兵迎趙延壽及延祚」。

舊五代史卷八四：九月「己亥，張彦澤奏，破蕃賊於定州界，斬首二千餘級，追襲百餘里，生擒蕃將四人，摘得金耳環二副進呈」。此亦繫九月，雙方各以勝利上報。册府元龜卷四六：晉天福「十一年八月，朝廷以前遣李守貞、皇甫遇、張彦澤再援糧入易、定，彦澤與契丹騎衆相逢，逐行四十里，獲酋領諧里相公首級」。

〔一〇〕本史卷七七耶律洼傳：「洼，字敵輦……會同中，遷北院大王。及伐晉，復爲先鋒，與梁漢璋戰於瀛州，敗之。」卷五紀天禄元年八月亦作北院大王洼。迪輦即敵輦，南院大王應是北院大王。

〔一一〕高模翰，本史卷七六有傳。新五代史卷七二、舊五代史卷一三七契丹傳並作高牟翰。通鑑後晉紀、契丹國志卷二、卷一七並作高謨翰。

〔一二〕通鑑後晉紀：「十一月丁酉，以李守貞權知幽州行府事。己亥，杜威等至瀛州，城門洞啓，寂若無人。威等不敢進。聞契丹將高模翰先已引兵潛出，威遣梁漢璋將二千騎追之，遇契丹於南陽務，敗死。威等聞之，引兵而南。時束城等數縣請降，威等焚其廬舍、掠其婦女而還。」册府元龜卷四二五：「梁漢璋爲永清軍節度使、天福八年詔領千騎戍冀州。尋以杜重威北討，詔以漢璋充北面軍馬都排陣使，戍淤口關，與虜騎五千相遇於浮陽之北界，苦戰竟日，以衆寡不侔，爲流矢所中，没於陣。」（舊五代史卷九五梁漢璋傳同。惟戍淤口關，戍作收。）拾遺卷三云：「中渡橋之戰，五代史亦云宋彦筠退走，通鑑以爲浮水而免。遼史云『墮水死』，誤也。陶岳五代史補云：『乾祐中，宋彦筠爲鄭州節度使。』足證彦筠之仕漢矣。」羅校：「按彦筠薛史有傳。又有墓誌出洛陽云：『從元帥杜公拒戎王於滹川，時戎馬控弦者數十萬，滹水泛溢，王師不得渡，糧運俱絶，元帥已降，公猶力戰，戎王慕其忠節，尋换麾幢，移授静難軍節度使，值漢祖龍飛，旋歸象闕。』較傳爲詳。傳但謂晉少帝嗣位，再領鄧州，尋移鎮河中，不及敗降授官事。而契丹國志載是年杜彦威等降契丹，内有彦筠名，則與誌合。」

册府元龜卷四六：「天福十一年（會同九年）十一月，朝廷遣杜重威與諸將攻瀛、莫二州，以詔諭帝（後漢高祖），帝謂幕客及左右曰：『……契丹自陽城不利，畜謀俟便，踰一期矣。今國家邊上深溝高壘，守猶不足，得有侵越乎。且瀛、莫獲之無以保，殘之是爲寇，立敵招怨在此行也。』……始少帝八年在澶淵爲契丹所迫，命帝爲北面招討使，第一詔會兵鎮州，第二詔會兵邢臺，時以雁門有虜黨南下，張脅牽之勢，故帝親率兵拒焉。……十一月杜重威入瀛州界，下東城而西，以契丹大至故也。十二月十日，重威以王師降契丹真定東垣渡，耶律氏率雜虜漢軍而南，先遣我降將張彦澤以二千騎馳渡白馬津入汴據之，帝聞而大駭，分兵守境，以備侵軼之患。」

〔一三〕朔骨里，本史卷七六有傳，作耶律朔古，字彌骨頂。

〔一四〕通鑑後晉紀：冬十一月，「契丹主大舉入寇，自易、定趣恒州。杜威等至武强，聞之，將自貝、冀而南，彰德節度使張彦澤時在恒州，引兵會之，言契丹可破之狀，威等復趣恒州，以彦澤爲前鋒」。（考異：備史曰：「彦澤狼子，其心密已變矣，乃通款耶律氏，請爲前導，因促騎説威引軍沿滹沱水西援常山。及至真定東垣渡，與威通謀，先遣步衆跨水，不之救，致敗。將沮人心以行詭計，因促監者高勳請降於虜。」按彥澤與威若已通款於契丹，則彥澤何故猶奪橋，契丹何故猶議回旋？今不取。）「甲寅，威等至中渡橋，契丹已據橋，彥澤帥騎爭之，契丹焚橋而退。晉兵與契丹夾滹沱而軍。始，契丹見晉軍大至，又争橋不勝，恐晉軍急渡滹沱與恒州合勢擊之，議引兵還。及聞晉軍築壘爲持久之計，遂不去。……杜威雖以貴戚爲上將，性懦怯。偏裨皆節度使，但日相承迎，置酒作樂，罕議軍事。磁州刺史兼北面轉運使李穀説威及李守貞曰：『今大軍去恒州咫尺，煙火相望。若多以三股木置水中，積薪布土其上，橋可立成。密約城中舉火相應，夜募將士斫虜營而入，表裏合勢，虜必遁逃。』諸將皆以爲然，獨杜威不可，遣穀南至懷、孟督軍糧。契丹以大軍當晉軍之前，潛遣其將蕭翰、通事劉重進將百騎及羸卒，竝西山出晉軍之後，斷晉糧道及歸路。……契丹獲晉民皆黥其面曰『奉敕不殺』，縱之南走，運夫在道遇之，皆棄車驚潰。」

〔一五〕新五代史卷九：十二月「壬戌，奉國都指揮使王清及契丹戰于滹沱，敗績，死之」。（舊五代史同。）

通鑑後晉紀：十二月壬戌，「奉國都指揮使王清言於杜威曰：『今大軍去恒州五里，守此何爲！營孤食盡，勢將自潰。請以步卒二千爲前鋒，奪橋開道，公帥諸軍繼之；得入恒州則無憂矣。』威許諾。遣清與宋彥筠俱進。清戰甚鋭，契丹不能支，勢小卻；諸將請以大軍繼之，威不許。彥筠爲契丹所敗，浮水抵岸得免。清獨帥麾下陳於水北力戰，互有殺傷，屢請救於威，威竟不遣一騎助之。清謂其衆曰：『上將握兵，坐觀吾輩困急而不救，此必有異志。吾輩當以死報國耳！」衆感其言，莫有退者，至暮，戰不息。契丹以新兵繼之，清及士卒盡死。由是諸軍皆奪氣。清，洺州人也」。册府元龜卷四二五：「王清爲奉國都虞候谿州刺史，少帝開運二年，從杜重威北征，解陽城之圍，清苦戰爲步校之最，加檢校司空。及從杜重威收瀛州，聞契丹大至，重威率諸軍沿滹水而行，將保常山，及至中渡橋，虜已屯於北岸，且扼歸路。清知事蹙，請於重威曰：『軍去常山五里，守株於此，營孤食盡，將若之何？請以步兵二千爲其前鋒，奪橋開路，公可率諸軍繼之，期入常山必矣。』重威可之。遣宋彦筠俱行，清一擊獲其橋，虜爲之小卻，重威猶豫不進，密已貳於國矣。彦筠尋退走，清列陣北岸，嚴戒部曲，日暮酣戰不息，虜以生軍繼至，我無寸刃益之，清與其下俱没焉。」

〔一六〕通鑑後晉紀：十二月「甲子，契丹遥以兵環晉營，内外斷絶，軍中食且盡，杜威與李守貞、宋彦筠謀降契丹，威潛遣腹心詣契丹牙帳，邀求重賞。契丹主紿之曰：『趙延壽威望素淺，恐不能帝中國，汝果降者，當以汝爲之。』威喜，遂定降計。丙寅，伏甲召諸將，出降表示之，使署名。諸將駭愕，莫敢言者，但唯唯聽命。威遣閤門使高勳齎詣契丹，契丹主賜詔諭納之。是日威悉命軍士出陳於外，軍士皆踴躍，以爲且戰，威親諭之曰：『今食盡塗窮，當與汝曹共求生計。』因命釋甲，軍士皆慟哭，聲振原野。威、守貞仍於衆中揚言：『主上失德，信任姦邪，猜忌於己。』聞者無不切齒。（十二月丁巳朔，壬戌初六日，王清死。丙寅初十日，杜威等出降。新五代史卷九以杜威等叛降繫於壬戌爲帶敘。）契丹主遣趙延壽衣赭袍至晉營，慰撫士卒。曰：『彼皆汝物也。』杜威以下皆迎謁於馬前；亦以赭袍衣威，以示晉軍，其實皆戲之耳。以威爲太傅，李守貞爲司徒。遣威引契丹主至恒州城下，論順國節度使王周以已降之狀，周亦出降。戊辰，契丹主入恒州。遣兵襲代州，刺史王暉以城降之。先是契丹屢攻易州，刺史郭璘固守拒之。契丹主每過城下，指而歎曰：『吾能吞併天下，而爲此人所扼！』及杜威既降，契丹主遣通事耿崇美至易州，誘諭其衆，衆皆降，璘不能制，遂爲崇美所殺。璘，邢州人也。義武節度使李殷，安國留後方太，皆降於契丹。契丹主以孫方簡爲義武節度使，麻荅爲安國節度使，以客省副使馬崇祚權知恒州事」。舊五代史卷九五郭璘傳：「開運中，移領易州（册府元龜卷四〇〇又卷四二五並同），契丹攻其郡，璘率勵士衆，同其甘苦，敵不能克。復以州兵擊賊，數獲其利，朝廷嘉之。……契丹主嘗謂左右曰：『吾不畏一天下，乃爲此人抑挫。』重威降，契丹使通事耿崇美誘其民衆，璘不能制，城既降，璘爲崇美所害。」

〔一七〕桂兒，新五代史卷七二、契丹國志卷三及通鑑並作住兒。新五代史卷九：十二月壬申，「契丹滅晉」。舊五代史卷八五：十二月「壬申，始聞杜威、李守貞等以此月十日率諸軍降于契丹，是夜，相州節度使張彥澤受契丹命率先鋒二千人，自封邱門斬關而入」。

〔一八〕通鑑後晉紀：「（契丹主）引兵自邢、相而南，遣張彥澤將二千騎先取大梁且撫安吏民，以通事傅住兒爲都監。」「癸酉，未明，彥澤自封丘門斬關而入……頓兵明德門外，城中大擾。帝於宮中起火，自擕劍驅後宮十餘人將赴火，爲親軍將薛超所持。俄而彥澤自寬仁門傳契丹主與太后書慰撫之，且召桑維翰、景延廣，帝乃命滅火，悉開宮城門。帝坐苑中，與后妃相聚而泣，召翰林學士范質草降表，自稱『孫男臣重貴，禍至神惑，運盡天亡。今與太后及妻馮氏，舉族於郊野面縛待罪次。遣男鎮寧節度使延煦、威信節度使延寶，奉國寶一，金印三出迎。』太后亦上表稱『新婦李氏妾。』傅住兒入宣契丹主命，帝脱黄袍，服素衫，再拜受宣，左右皆掩泣。」

舊五代史卷八五：十二月「癸酉，帝奉表于戎主」。

新五代史卷一七晉家人傳、契丹國志卷二〇並載出帝降表。此表並見於舊五代史卷八五少帝紀，表云：「孫臣某言：今月十七日寅時，相州節度使張彥澤、都監傅住兒部領大軍入京，齎到翁皇帝賜太后書示，於滹沱河降下杜重威一行馬步兵士，見領蕃、漢步騎來幸汴州者。往者（以上契丹國志、新五代史並作「孫男臣重貴言頃者」八字。）唐運告終，中原失馭，數窮否極，天缺地傾。先人有田一成，有衆一旅，兵連禍結，力屈勢孤。翁皇帝救患摧鋒，（鋒，契丹國志、新五代史並作「剛」。）興利除害，躬擐甲胄，深入寇場。犯露蒙霜，度雁門之險；馳風掣電，行中冀之誅。黄鉞一麾，天下大定。勢凌宇宙，義感神明。功成不居，遂興晉祚。則翁皇帝有大造於石氏也。旋屬天降鞠凶，先君即世。臣遵承遺旨，纘紹前基。諒闇之初，荒迷失次，凡有軍國重事，皆委將相大臣，至於擅繼宗祧，既非稟命；輕發文字，輒敢抗尊。自啓釁端，果貽赫怒，禍至神惑，運盡天亡。十萬師徒，皆望風而束手；億兆黎庶，悉延頸以歸心。（契丹國志、新五代史均無「皆、而、悉、以」四字。）臣負義包羞，貪生忍耻。自貽顛覆，上累祖宗；偷度朝昏，苟存食息。（食息，新五代史作「視息」。）翁皇帝若惠顧疇昔，稍霽雷霆，未賜靈誅，不絶先祀。則百口荷更生之德，一門銜罔報之恩。（罔報，新五代史、契丹國志並作無報。）雖所願焉，非敢望也。臣與太后并妻馮氏及舉家戚屬見於郊野，（新五代史、契丹國志並無「并，及舉家戚屬見」七字。）面縛俟罪次。所有國寶一面，金印三面，今遣長子陝府節度使延煦、次子曹州節度使延寶管押進納，并奉表請罪，陳謝以聞。」（全唐文卷八六五同。）

新五代史卷一七、契丹國志卷二〇又載太后降表云：「晉室皇太后新婦李氏妾言，張彦澤、傅住兒等至，伏蒙皇帝阿翁降書安撫者。妾伏念先皇帝頃在并、汾，適逢屯難，危同累卵，急若倒懸。智勇俱窮，朝夕不保。皇帝阿翁發自冀北，親抵河東，跋履山川，踰越險阻，立平巨孽，遂定中原。救石氏之覆亡，立晉朝之社稷。不幸先帝厭代，嗣子承祧，不能繼好息民，而反虧恩辜義。兵戈屢動，駟馬難追，戚實自貽，咎將誰執。今穹旻震怒，中外攜離，上將牽羊，六師解甲。妾舉宗負釁，視景偷生，惶惑之中，撫問斯至，明宣恩旨，曲示含容，慰諭丁寧，神爽飛越。豈謂已垂之命，忽蒙更生之恩。省罪責躬，九死未報。今遣孫男延煦、延寶奉表請罪，陳謝以聞。」（全唐文卷一二七同。通考「新婦」作「媳婦」，餘同。）

〔一九〕新五代史卷二九桑維翰傳：「自契丹與晉盟，始成於維翰而終敗於景延廣」。「耶律德光犯京師，遣張彦澤遺太后書，問此兩人在否，可使先來，而帝以維翰嘗議毋絶盟而已違之也。不欲使維翰見德光，因諷彥澤圖之，而彥澤亦利其貲產。維翰狀貌既異，素以威嚴自持。晉之老將大臣，見者無不屈服。」「初彥澤入京師，左右勸維翰避禍，維翰曰：『吾爲大臣，國家至此，安所逃死耶！』安坐府中不動。彥澤以兵入，問維翰何在，維翰厲聲曰：『吾，晉大臣，自當死國，安得無禮邪！』彥澤股栗不敢仰視。退而謂人曰：『吾不知桑維翰何如人，今日見之，猶使人恐懼如此，其可再見乎？』乃以帝命召維翰，維翰行，遇李崧，立馬而語，軍吏前白維翰，請赴侍衛司獄。維翰知不免，顧崧曰：『相公當國，使維翰獨死？』崧慚不能對。是夜，彥澤使人縊殺之，以帛加頸，告德光曰：『維翰自縊。』德光曰：『我本無心殺維翰，維翰何必自致。』德光至京師，使人檢其屍，信爲縊死，乃以屍賜其家，而貲財悉爲彥澤所掠。」玉堂閒話：「魏公桑維翰尹開封，一日，嘗中夜於正寢獨坐，忽大驚悸，如有所見。向空厲聲云：『汝焉敢此來！』如是者數四，旬日憤懣不已，雖齊體亦不敢有所發問，未幾，夢己整衣冠，嚴車騎，將有所詣，就乘之次，忽所乘馬亡去，追尋莫知所在，既寤，甚惡之，不數日及難。」五代史補卷三：「當維翰之縊也，猶瞋目直視，噓其氣再三，每一噓皆有火出，其光赫然，三噓之外，火盡滅，就視則奄然矣。」通鑑考異：「薛史：帝思維翰在相時，累貢謀畫，請與虜和，慮戎主到京則顯彰己過，欲殺維翰以滅口，因令張彥澤殺之。案是時彥澤豈肯復從少帝之命，今不取。」通鑑後晉紀：「帝使召張彥澤，欲與計事。彥澤曰：『臣無面目見陛下。』帝復召之，彥澤微笑不應。……宣徽使孟承誨，素以佞巧有寵於帝，至是帝召承誨，欲與之謀。承誨伏匿不至，張彥澤捕而殺之。彥澤縱兵大掠，貧民乘之，亦争入富室，殺人取其貨，二日方止，都城爲之一空。彦澤所居山積，自謂有功於契丹，晝夜以酒樂自娱。出入騎從常數百人，其旗幟皆題『赤心爲主』，見者笑之。軍士擒罪人至前，彦澤不問所犯，但瞋目竪三指，即驅出斷其腰領。彦澤素與閤門使高勳不協，乘醉至其家，殺其叔父及弟，屍諸門首，士民不寒而慄。」

新五代史卷五二張彦澤傳：「明日，遷帝於開封府，帝與太后、皇后肩輿，宫嬪、宦者十餘人皆步從。彦澤遣控鶴指揮使李筠以兵監守，内外不通。帝與太后所上德光表章，皆先示彦澤乃敢遣。帝取内庫帛數段，主者曰：『此非帝有也。』不與。又使求酒於李崧，崧曰：『臣家有酒非敢惜，慮陛下憂躁，飲之，有不測之虞，所以不敢進。』帝姑烏氏公主私賂守門者，得入與帝訣，歸第自經死。」

通鑑後晉紀：「楚國夫人丁氏，延煦之母也，有美色，彦澤使人取之，太后遲迴未與。彦澤詬詈，立載之去。……高行周、符彦卿皆詣契丹牙帳降。（胡注：二人自澶州來降。）契丹主以陽城之戰爲彦卿所敗，詰之，彦卿曰：『臣當時惟知爲晉主竭力，今日死生惟命。』契丹主笑而釋之。己卯，延煦、延寶自牙帳還，契丹主賜帝手詔，且遣解里謂帝曰：『孫勿憂，必使汝有噉飯之所。』帝心稍安，上表謝恩。契丹以所獻傳國寶追琢非工，又不與前史相應，疑其非真。以詔書詰帝，使獻真者，帝奏『頊王從珂（述案：頊字下原有脱文，契丹國志作頊唐潞王從珂，是。）自焚，舊傳國寶不知所在，必與之俱燼。此寶先帝所爲，羣臣備知。臣今日焉敢匿寶！』乃止。帝聞契丹主將渡河，欲與太后於前途奉迎，張彥澤先奏之，契丹主不許。有司又欲使帝銜璧牽羊，大臣輿櫬，迎於郊外，先具儀注白契丹主，契丹主曰：『吾遣奇兵直取大梁，非受降也。』亦不許。」按本史仍是「稾索牽羊以待」。惟未「銜璧輿櫬」。諸書所記，歲月不同，當由傳聞之誤。舊五代史卷八五少帝紀：「帝以契丹主將至，欲與太后出迎，彥澤先表之，稟契丹主之旨報云：『比欲許爾朝覲上國，臣僚奏言：『豈有兩個天子道路相見。』今賜所佩刀子，以慰爾心。』」新五代史卷五二張彥澤傳：「德光渡河，帝欲郊迎，彥澤不聽，遣白德光，德光報曰：『天無二日，豈有兩天子相見於道路邪！』乃止。」

新五代史卷四八安叔千傳：「叔千狀貌堂堂，而不通文字，所爲鄙陋，人謂之『没字碑』。晉出帝時，爲左金吾衛上將軍。契丹犯京師，晉百官迎見耶律德光於赤岡，叔千出班夷言，德光勞曰：『是安没字否？汝在邢州，已通誠欵，吾今至此，當與汝一喫飯處。』叔千再拜。乃以爲鎮國軍節度使。」舊五代史卷一二三安叔千傳：「開運初，朝廷將大舉北伐，授行營都排陣使，俄改左金吾衛上將軍。契丹入汴，百僚迎見於赤岡……叔千出班效國語，契丹主曰：『爾是安没字否？卿比在邢州日，『遠輸誠欵，我至此，汝管取一喫飯處。』叔千拜謝而退，俄授鎮國軍節度使。」册府元龜卷九二三同。叔千以「領職如故」之命，因晉官授以金吾衛上將軍；又以出班自白，再授鎮國軍節度使。

〔二〇〕新五代史卷二九景延廣傳：「契丹至中渡，延廣屯河陽，聞杜重威降，乃還。德光犯京師，行至相州，遣騎兵數千雜晉軍渡河趨洛，以取延廣，戒曰：『延廣南奔吴，西走蜀，必追而取之。』而延廣顧慮其家，未能引決，虜騎奄至，乃與從事閻丕馳騎見德光於封丘，並丕見鎖。延廣曰：『丕，臣從事也，以職相隨，何罪而見鎖？』丕乃得釋。德光責延廣曰：『南北失歡，皆因爾也。』召喬瑩質其前言，延廣初不服，瑩從衣領中出所藏書，延廣乃服，因以十事責延廣，每服一事，授一牙籌，授至八籌，延廣以面伏地，不能仰視，遂叱而鎖之。將送之北行，至陳橋，止民家，夜分，延廣伺守者殆，引手扼吭而死。」

舊五代史卷八五少帝紀：（開運四年）正月「庚寅，洛京留守景延廣自扼吭而死」。卷八八景延廣傳：「（契丹）因責延廣曰：『致南北失歡，良由爾也。』乃召喬榮質證前事，凡有十焉。……每服一事，則受牙籌一莖，此契丹法也。延廣受至八莖，但以面伏地，契丹遂咄之，命鎖延廣臂，將送之北土。是日，至於陳橋民家草舍，延廣懼燔灼之害，至夜分，伺守者怠，則引手自扼其吭，尋卒焉。雖事已窮頓，人亦壯之。時年五十六。」

朝鮮史畧（即東國史畧）卷五高麗紀：「定宗文明王二年（九四七），始置光軍司。初崔彦撝之子光胤以賓貢入晉，爲契丹所虜，以才見用，知契丹將侵我，爲書報之，故選軍三十萬，號光軍。」

大同元年春正月丁亥朔，備法駕入汴，御崇元殿受百官賀。〔一〕戊子，以樞密副使劉敏權知開封府，〔二〕殺秦繼旻、李彦紳〔三〕及鄭州防禦使楊承勳，〔四〕以其弟承信爲平盧軍節度使，襲父爵。初，楊光遠在青州求内附，其子承勳不聽，殺其判官丘濤及弟承祚等自歸于晉，故誅之。己丑，以張彦澤擅徙重貴開封，殺桑維翰，縱兵大掠，不道，斬於市。晉人臠食之。〔五〕辛卯，降重貴爲崇禄大夫、〔六〕檢校太尉，封負義侯。癸巳，以張礪爲平章事，晉李崧爲樞密使，馮道爲太傅，和凝爲翰林學士，趙瑩爲太子太保，劉昫守太保，馮玉爲太子少保。癸卯，遣趙瑩、馮玉、李彦韜將三百騎送負義侯及其母李氏、太妃安氏、〔七〕妻馮氏、弟重睿、子延煦、延寶等于黄龍府安置。仍以其宫女五十人、内宦三人、東西班五十人、醫官一人、控鶴四人、庖丁七人、茶酒司三人、儀鸞三人、健卒十人從之。〔八〕

二月丁巳朔，建國號大遼，大赦，改元大同。〔九〕升鎮州爲中京。以趙延壽爲大丞相兼政事令、樞密使、中京留守，〔一〇〕中外官僚將士爵賞有差。辛未，河東節度使北平王劉知遠自立爲帝，國號漢。〔一一〕詔以耿崇美爲昭義軍節度使，高唐英爲彰德軍〔一二〕節度使，崔廷勳爲河陽軍節度使，分據要地。〔一三〕

三月丙戌朔，〔一四〕以蕭翰爲宣武軍節度使，〔一五〕賜將吏爵賞有差。壬寅，晉諸司僚吏、嬪御、宦寺、方技、百工、圖籍、曆象、石經、〔一六〕銅人、明堂刻漏、太常樂譜、諸宫縣、鹵簿、法物及鎧仗，悉送上京。〔一七〕磁州帥梁暉以相州降漢，己酉，命高唐英討之。〔一八〕

夏四月丙辰朔，發自汴州，以馮道、李崧、和凝、李澣、徐台符、張礪等從行。次赤岡，夜有聲如雷，起於御幄，大星復隕於旗鼓前。乙丑，濟黎陽渡，顧謂侍臣曰：「朕此行有三失：縱兵掠芻粟，一也；括民私財，二也；不遽遣諸節度還鎮，三也。」〔一九〕皇太弟遣使問軍前事，上報曰：「初以兵二十萬降杜重威、張彦澤，下鎮州。及入汴，視其官屬具員者省之，當其才者任之。司屬雖存，官吏廢墮，猶雛飛之後，徒有空巢。久經離亂，一至於此。所在盜賊屯結，土功不息，餽餉非時，民不堪命。河東尚未歸命，西路酋帥亦相黨附，〔二〇〕夙夜以思，制之之術，惟推心庶僚、和協軍情、撫綏百姓三者而已。今所歸順凡七十六處，得户一百九萬百一十八。非汴州炎熱，水土難居，止得一年，太平可指掌而致。且改鎮州爲中京，以備巡幸。欲伐河東，姑俟别圖。其概如此。」戊辰，次高邑，不豫。丁丑，崩于欒城，年四十六。是歲九月壬子朔，葬于鳳山，〔二一〕陵曰懷陵，廟號太宗。〔二二〕統和二十六年七月，上尊謚孝武皇帝。重熙二十一年九月，增謚孝武惠文皇帝。

贊曰：太宗甫定多方，遠近向化。建國號，備典章，至於釐庶政，閱名實，録囚徒，教耕織，配鰥寡。求直言之士，得郎君海思即擢宣徽。嘉唐張敬達忠於其君，卒以禮葬。輟遊豫而納三剋之請。憫士卒而下休養之令。親征晉國，重貴面縛。斯可謂威德兼弘，英畧間見者矣。入汴之後，無幾微之驕，有「三失」之訓。傳稱鄭伯之善處勝，書進秦誓之能悔過，太宗蓋兼有之，其卓矣乎！

〔一〕五代會要卷二九：「明年（開運四年，九四七）正月一日，德光自將大軍至京北，百寮素服，班於野次，匍伏請罪，皆命釋之。」

舊五代史卷八五：「明年正月朔，契丹主次東京城北，百官列班遥辭帝于寺，詣北郊以迎契丹主，帝舉族出封丘門，肩轝至野，契丹主不與之見，遣泊封禪寺，文武百官素服紗帽，迎謁契丹主於郊次，俯伏俟罪。契丹主命起之，親自慰撫。契丹主遂入大内，至昏出宫。是夜宿於赤堈。僞詔：『應晉朝臣僚，一切仍舊。朝廷儀制，並用漢禮。』」

新五代史卷五五崔棁傳：「契丹滅晉，耶律德光入京師，太常請備法駕奉迎，樂工教習鹵簿鼓吹，都人聞者爲之流涕焉。」

通鑑後漢紀：「天福十二年（九四七）春正月丁亥朔，百官遥辭晉主於城北（赤岡），乃易素服紗帽，迎契丹主，伏路側請罪。契丹主貂帽、貂裘，衷甲，駐馬高阜，命起，改服，撫慰之。……晉主與太后已下迎於封丘門外，契丹主辭不見。契丹主入門，民皆驚呼而走。契丹主登城樓，遣通事論之曰：『我亦人也，汝曹勿懼！會當使汝曹蘇息。我無心南來，漢兵引我至此耳。』至明德門，下馬，拜，而後入宫。以其樞密副使劉密權開封尹事。日暮，契丹主復出，屯於赤岡。」

通鑑考異：「漢高祖實録：『少帝帥族候於野。耶律氏疏之，帝指陳前事，乃大臣同謀，皆歷歷能對，無撓屈色。耶律氏亦假以顏色。』陷蕃記、薛史帝紀、五代通録云：『戎主不與帝相見。』少帝實録：『帝舉族待罪於野，虜長面撫之，遣泊封禪寺。』」

新五代史卷七二四夷附録：開運「四年正月丁亥朔旦，晉文武百官，班於都城北，望帝拜辭，素服紗帽以待。德光被甲衣貂帽，立馬於高岡，百官俯伏待罪。德光入自封丘門，登城樓，遣通事宣言諭衆曰：『我亦人也，可無懼。我本無心至此，漢兵引我來爾。』遂入晉宮，宮中嬪妓迎謁，皆不顧，夕，出宿於赤岡」。

〔二〕劉敏，通鑑作劉密。全遼文卷四趙德鈞妻种氏墓誌銘：「有女適歸德軍節度使、太師、同政事門下平章事劉敏。」卷六張儉墓誌銘亦言儉外祖父爲歸德軍節度使、檢校太師、同政事門下平章事，贈侍中劉敏。通鑑因音近致誤。

〔三〕通鑑後漢紀：「契丹主殺右金吾衛大將軍李彥紳、宦者秦繼旻，以其爲唐潞王殺東丹王故也。以其家族貲財賜東丹王之子永康王兀欲。」册府元龜卷一〇〇〇：「東丹長子兀欲，晉開運末，從虜主耶律德光入汴。虜主遂殺繼旻、彥紳於東市，復東丹之讎也。命兀欲弟留桂爲滑州節度使，以處東丹之舊地。」

〔四〕舊五代史卷八五：正月「戊子，殺鄭州防禦使楊承勳，責以背父之罪，令左右臠割而死」。通鑑後漢紀：「戊子，執鄭州防禦使楊承勳至大梁，責以殺父叛契丹，命左右臠食之。未幾，以其弟右羽林將軍承信爲平盧節度使，悉以其父舊兵授之。」

〔五〕舊五代史卷八五：正月「己丑，斬張彥澤于市，以其剽劫京城，恣行屠害也」。通鑑後漢紀：「高勳訴張彥澤殺其家人於契丹主，契丹主亦怒彥澤剽掠京城，並傅住兒鎖之，以彥澤之罪宣示百官，問：『應死否？』皆言『應死』。百姓亦投牒争疏彥澤罪。己丑，斬彥澤、住兒於北市，仍命高勳監刑。彥澤前所殺士大夫子孫，皆絰杖號哭，隨而詬詈，以杖扑之。勳命斷腕出鎖，剖其心以祭死者，市人争破其腦取髓，臠其肉而食之。」

〔六〕舊五代史卷八五：正月「辛卯，契丹制：降帝爲光禄大夫、檢校太尉，封負義侯，黄龍府安置」。此崇禄大夫乃避太宗德光諱改。

通鑑後漢紀：春正月「辛卯，契丹以晉主爲負義侯，置於黄龍府。黄龍府即慕容氏和龍城也」。胡注：「歐史曰：『自幽州行十餘日，過平州；出榆關，行沙磧中，七八日至錦州；又行五六日，過海北州；又行十餘日，渡遼水至渤海國鐵州；又行七八日，過南海府，遂至黄龍府。』按契丹後改黄龍府爲隆州，（述按本史地理志二作龍州，金改隆州。）北至混同江一百三十里。又按慕容氏之和龍城，若據晉書及酈道元水經注，當在漢遼西郡界。今晉主陷蕃，渡遼水而後至黄龍府。又其地近混同江，疑非慕容氏之和龍城。」通鑑輯覽注：「和龍在遼水西、黄龍在混同江南，相去甚遠。」

通鑑後漢紀：「契丹主使謂李太后曰：『聞重貴不用母命以至於此，可求自便，勿與俱行。』太后曰：『重貴事妾甚謹，所失者，違先君之志，絶兩國之歡耳。今幸蒙大恩，全生保家，母不隨子，欲何所歸。』癸巳，契丹遷晉主及其家人於封禪寺，遣大同節度使兼侍中河内崔廷勳以兵守之。契丹主數遣使存問，晉主每聞使至，舉家憂恐。時雨雪連旬，外無供億，上下凍餒，太后使人謂寺僧曰：『吾嘗於此飯僧數萬，今日獨無一人相念邪！』僧辭以『虜意難測，不敢獻食。』晉主陰祈守者，乃稍得食。是日，契丹主自赤岡引兵入宮，都城諸門及宮禁門，皆以契丹守衛，晝夜不釋兵杖，磔犬於門，以竿懸羊皮於庭爲厭勝。契丹主謂羣臣曰：『自今不修甲兵，不市戰馬，輕賦省役，天下太平矣。』契丹主改服中國衣冠，百官起居，皆如舊制。……未幾，以（李）崧爲太子太師，充樞密使；（馮）道守太傅，於樞密院祗候，以備顧問。」

舊五代史卷一〇八李崧傳：「契丹入京師，趙延壽、張礪素稱崧之才，契丹主善遇之，以崧爲太子太師，充樞密院使。契丹主嘗謂左右曰：『我破南朝，祗得李崧一人而已。』」

又卷一二六馮道傳：「契丹入汴，道自襄、鄧召入，契丹主因從容問曰：『天下百姓如何可救？』道曰：『此時百姓佛再出救不得，惟皇帝救得。』其後衣冠不至傷夷，皆道與趙延壽陰護之所至也。」

通鑑後漢紀：「契丹主分遣使者，以詔書賜晉之藩鎮；晉之藩鎮争上表稱臣，被召者無不奔馳而至。……初，杜重威既以晉軍降契丹，契丹主悉收其鎧仗數百萬貯恒州，驅馬數萬歸其國，遣重威將其衆從己而南。……使重威以其衆屯陳橋。」

〔七〕太妃安氏，太、安二字原缺。道光殿本已據大典補入，與新五代史卷八五合，據補。

〔八〕舊五代史卷八五晉少帝紀，內宦三人作內官三十人，健卒十人作軍健二十人。餘同。通鑑後漢紀：「癸卯，晉主與李太后、安太妃、馮后及弟睿、子延煦、延寶俱北遷，後宮左右從者百餘人。契丹遣三百騎援送之；又遣晉中書令趙瑩，樞密使馮玉、馬軍都指揮使李彥韜與之俱。晉主在塗，供饋不繼，或時與太后俱絶食，舊臣無敢進謁者，獨磁州刺史李穀迎謁於路，相對泣下。穀曰：『臣無狀，負陛下。』因傾貲以獻。晉主至中度橋見杜重威寨，歎曰：『天乎！我家何負，爲此賊所破！』慟哭而去。」周煇北轅録：「至東都，未至城二三里，車夫指一土岡云，是名愁臺，乃晉少帝北狩之路。」江萬里宣政雜録：「徽宗北狩，經薊縣梁魚務，有還鄉橋，石少主命名，至今呼之。」

通鑑後漢紀：「晉主既出塞，契丹無復供給，從官、宮女，皆自採木實、草葉而食之。至錦州，契丹令晉主及后妃拜契丹主阿保機墓，晉主不勝屈辱，泣曰：薛超誤我。馮后陰令左右求毒藥，欲與晉主俱自殺，不果。」新五代史卷十七晉家人傳：「太后與馮皇后、皇弟重睿、皇子延煦、延寶等舉族從帝而北……衛以騎兵三百。所經州縣，皆故晉將吏，有所供饋，不得通。路旁父老爭持羊酒爲獻。衛兵推隔不使見帝，皆涕泣而去。自幽州行十餘日，過平州，出榆關，行砂磧中，饑不得食，遣宮女、從官採木實、野蔬而食。又行七八日，至錦州，虜人迫帝與太后拜阿保機畫像。帝不勝其辱，泣而呼曰：『薛超誤我，不令我死！』又行五六日，過海北州，至東丹王墓，遣延煦拜之。又行十餘日，渡遼水至渤海國鐵州。又行七八日，過南海府，遂至黃龍府。」册府元龜卷三三九：「晉馮玉爲右僕射平章事，開運末，張彦澤引契丹陷京城，軍士争湊其第，家財巨萬，一夕罄空。翼日，玉假蓋而出，猶繞指以陷彦澤，且請引送玉璽於虜主，將利其復用。少帝蒙塵，終無一言勸之以死，欲共偷生視息，深爲士大夫所耻。」

周密齊東野語卷一八開運靖康之禍條：「靖康之禍，大率與開運之事同。一時紀載雜書極多，而最無忌憚者，莫若所謂南燼紀聞，其説謂出帝之事，歐公本之王淑之私史。淑本小吏，其家爲少帝所殺，遁入契丹。洎出帝黄龍之遷，淑時爲契丹諸司，於是文移郡縣，故致其飢寒，以逞宿怨，且述其幽辱之事，書名幽懿録，比之周幽、衛懿，然考之五代新舊史初無是説，安知非託子虚以欺世哉。」

通鑑後漢紀：癸丑，「契丹主以前燕京留守劉晞爲西京留守（考異：「實録作禧，或云名晞，今從陷蕃記。」），永康王兀欲之弟留珪（册府元龜卷一〇〇〇作留桂。）爲義成節度使，族人郎五爲鎮寧節度使，兀欲姊婿潘聿撚爲横海節度使（考異：「周太祖實録聿撚作聿涅，今從陷蕃記。」）趙延壽之子匡贊爲護國節度使，漢將張彦超爲雄武節度使，史佺爲彰義節度使，客省副使劉晏僧爲忠武節度使，前護國節度使侯益爲鳳翔節度使，權知鳳翔府事，焦繼勳爲保大節度使。既而何重建附蜀（胡注：秦州附蜀，張彦超無所詣）。史匡威不受代（胡注：史匡威據涇州以拒史佺），契丹勢稍沮。晉主之絶契丹也，匡國節度使劉繼勳爲宣徽北院使，頗預其謀。契丹主入汴，繼勳入朝，契丹主責之。時馮道在殿上，繼勳急指道曰：『馮道爲首相，與景延廣實爲此謀。

臣位卑，何敢發言！』契丹主曰：『此叟非多事者，勿妄引之！』命鎖繼勳，將送黄龍府。（晉昌節度使）趙在禮（入朝）至洛陽，謂人曰：『契丹主嘗言，莊宗之亂由我所致，我此行良可憂。』契丹遣契丹將述軋、奚王拽剌、渤海將高謨翰戍洛陽，在禮入謁，拜於庭下，拽剌等皆踞坐受之。乙卯，在禮至鄭州，聞繼勳被鎖，大驚，自經於馬櫪間。契丹主聞在禮死，乃釋繼勳，繼勳憂憤而卒。劉晞在契丹嘗爲樞密使、同平章事，至洛陽，詬奚王曰：『趙在禮漢家大臣，爾北方一酋長耳，安得慢之如此！』立於庭下以挫之。由是洛人稍安。契丹主廣受四方貢獻，大縱酒作樂，每謂晉臣曰：『中國事，我皆知之；吾國事，汝曹不知也。』趙延壽請給上國兵廩食，契丹主曰：『吾國無此法。』乃縱胡騎四出，以牧馬爲名，分番剽掠，謂之『打草穀』。丁壯斃於鋒刃，老幼委於溝壑，自東、西兩畿及鄭、滑、曹、濮，數百里間，財畜殆盡。契丹主謂判三司劉昫曰：『契丹兵三十萬，既平晉國，應有優賜，速宜營辦。』時府庫空竭，昫不知所出，請括借都城士民錢帛，自將相以下皆不免。又分遣使者數十人詣諸州括借，皆迫以嚴誅，人不聊生。其實無所頒給，皆蓄之内庫，欲輦歸其國。於是内外怨憤，始患苦契丹，皆思逐之矣。……晉主與契丹結怨，（劉）知遠知其必危，而未嘗論諫。契丹屢深入，知遠初無邀遮入援之志。及聞契丹入汴，知遠分兵守四境以防侵軼。遣客將安陽王峻奉三表詣契丹主：一，賀入汴；二，以太原夷夏雜居，戍兵所聚，未敢離鎮；三，以應有貢物，值契丹將劉九一軍自土門西入屯於南川，城中憂懼，俟召還此軍，道路始通，可以入貢。契丹主賜詔褒美，及進畫，親加「兒」字於知遠姓名之上，仍賜以木柺。胡法：優禮大臣則賜之，如漢賜几杖之比，惟偉王以叔父之尊得之。（述按新、舊五代史、契丹國志所記並同。又新五代史卷一〇曰：「王峻持拐歸，虜人望之皆避道。峻還，爲王言契丹必不能有中國，乃議建國。」）知遠又遣北都副留守白文珂入獻奇繒名馬，契丹主知知遠觀望不至，及文珂還，使謂知遠曰：『汝不事南朝，又不事北朝，意欲何所俟邪？』……或勸知遠舉兵進取。知遠曰：『用兵有緩有急，當隨時制宜。今契丹新降晉兵十萬，虎踞京邑，未有他變，豈可輕動哉！且觀其所利，止於貨財，貨財既足，必將北去。況冰雪已消，勢難久留，宜待其去、然後取之，可以萬全。』昭義節度使張從恩，以地迫懷洛，欲入朝於契丹……判官高防諫曰：『公晉室懿親，不可輕變臣節。』從恩不從，左驍衛大將軍王守恩，與從恩姻家，時在上黨，從恩以副使趙行遷知留後，牒守恩權巡檢使，與高防佐之。荆南節度使高從誨遣使入貢於契丹，契丹遣使以馬賜之。……唐主遣使賀契丹滅晉，且請詣長安修復諸陵；契丹不許，而遣使報之。契丹主召晉百官悉集於庭，問曰：『吾國廣大，方數萬里，有君長二十七人，今中國之俗異於吾國，吾欲擇一人君之，如何？』皆曰：『天無二日，夷、夏之心，皆願推戴皇帝。』如是者再。契丹主乃曰：『汝曹既欲君我，今茲所行，何事爲先？』對曰：『王者初有天下，應大赦。』」

陸游南唐書卷二：保大五年（九四七）春正月，「契丹耶律德光以滅晉來告捷，且請會盟於境上，帝不從。遣工部郎中張易聘之。請命使者如長安，修奉諸陵，契丹亦不從」。

馬令南唐書卷三：保大五年，「虜使來告曰：『晉少主逆命背約，自貽廢黜。吾主欲與唐繼先世之好，將册命唐爲中原主。』帝命近臣對曰：『唐守江、淮，社稷已固，與梁宋阻隔，若爾主不忘先好，惠錫行人，受賜多矣。其他不敢拜命之辱。』遣兵部侍郎賈潭報聘。帝嘆曰：『閩役憊矣！其能抗衡中原乎？』」賈潭，江南野史作賈談。

十國春秋卷一六：「南唐保大五年春正月，遣工部郎中張易聘之，遂請差官如長安修奉諸陵，契丹不許。」

〔九〕通鑑後漢紀：「二月丁巳朔，契丹主服通天冠，絳紗袍，登正殿，設樂懸、儀衛於庭。百官朝賀，華人皆法服，胡人仍胡服，立於文武班中間，下制稱大遼會同十年，大赦。仍云：『自今節度使、刺史，毋得置牙兵、市戰馬。』」（考異：「按五代史改晉國爲大遼國，開運四年爲會同十年，不載大同之號。」）

十國春秋卷六八楚文昭王世家：「開運四年春二月丁巳朔，契丹主下制稱大遼會同十年，大赦，遣使册（楚）王（馬希範）爲尚父。」五代史補卷三：「馬希範，武穆之嫡子。」嗣位未幾，大興土木，有九龍、金華等殿，用丹砂塗其壁，教令既下，「東境山崩，涌出丹砂，委積如丘陵，於是收而用之。契丹南侵聞其事，以爲希範非常人，遽使册爲尚父」。

新五代史卷七二四夷附録：「二月丁巳朔，大赦，改晉國爲大遼國，開運四年爲會同十年。」契丹改大遼在會同元年。此是改晉國爲大遼國。

拾遺卷三云：「遼史稱二月丁巳朔，建國號大遼，大赦。改元大同。十國春秋所記誤。」按十國春秋與通鑑同，當時太宗在汴京，中原記載應未易誤。似是下制之後，隨即改元，因並改元記於朔日。考九同見禮記卷四禮運：「大道之行也，天下爲公……是謂大同。」此大同對會同言，殆寓混一南北之意。

〔一〇〕通鑑後漢紀：「趙延壽以契丹主負約，心怏怏，令李崧言於契丹主曰：『漢天子所不敢望，乞爲皇太子。』崧不得已爲言之。契丹主曰：『我於燕王，雖割吾肉，有用於燕王，吾無所愛。然吾聞皇太子當以天子兒爲之，豈燕王所可爲也！』因令爲燕王遷官，時契丹以恒州爲中京，翰林承旨張礪奏擬燕王中京留守、大丞相、録尚書事、都督中外諸軍事，樞密使如故。契丹主取筆塗去『録尚書事都督中外諸軍事』而行之。」

通鑑後漢紀：二月，「契丹以其將劉愿爲保義節度副使，陝人苦其暴虐，奉國都頭王晏與指揮使趙暉、都頭侯章謀……晏與壯士數人夜踰牙城入府，出庫兵以給衆。庚午旦，斬愿首，懸諸府門，又殺契丹監軍，奉暉爲留後。」

〔一一〕通鑑後漢紀：「初，晉主與河東節度使、中書令北平王劉知遠相猜忌，雖以爲北面行營都統，徒尊以虚名，而諸軍進止，實不得預聞，知遠因之廣募士卒，陽城之戰，諸軍散卒歸之者數千人，又得吐谷渾財畜，由是河東富强冠諸鎮，步騎至五萬人。」又云：「將佐勸知遠稱尊號，以號令四方，觀諸侯去就，知遠不許。聞晉主北遷，聲言欲出兵井陘，迎歸晉陽。丁卯，命武節都指揮使滎澤史弘肇集諸軍於毬場，告以出軍之期，軍士皆曰：『今契丹陷京城，執天子，天下無主，主天下者，非我王而誰，宜先正位號，然後出師。』争呼萬歲不已。……己巳，行軍司馬潞城張彦威等三上牋勸進，知遠疑未決，郭威與都押牙冠氏楊邠入説知遠曰：『今遠近之心，不謀而同，此天意也。王不乘此際取之，謙讓不居，恐人心且移，移則反受其咎矣。』知遠從之。」「辛未，劉知遠即皇帝位，自言未忍改晉，又惡開運之名，乃更稱天福十二年。壬申，詔諸道爲契丹括率錢帛者皆罷之，其晉臣被迫脅爲使者勿問，令詣行在，自餘契丹，所在誅之。」「甲戌，帝自將東迎晉主及太后，至壽陽，聞已過恒州數日，乃留兵戍承天軍而還。」又曰：「建雄留後劉在明朝於契丹，以節度副使駱從朗知州事。帝遣使者張晏洪等如晉州，諭以已即帝位，從朗皆因之。大將藥可儔殺從朗，推晏洪權留後，庚辰，遣使以聞。」

册府元龜卷七六六：「契丹蕭翰立許王李從益知軍國事，署（王景崇）爲宣徽使，監左藏庫。蕭翰歸蕃，景崇聞（漢）高祖起河東，西陝幸滿，乃私取庫金，請行迎奉，從益不能制，遇高祖於河雒，駕至汴，削其僞官，授右衛大將軍。」

册府元龜卷七六六：「翟光鄴，晉末爲宣徽使，時虜犯闕，以後唐明宗少子許王從益爲曹州節度使，從益母淑妃王氏白於虜長，以從益未諳政術，請以光鄴代知州事，虜從之。及蕭翰推從益僭位，以光鄴爲樞密使。虜去，光鄴以高祖進兵汾水，請從益去號稱梁王，仍馳表稱臣，論者賞之。高祖入汴，加右領衛大將軍。」

册府元龜卷七六六：「趙暉晉開運末爲軍校，以部兵屯於陝屬，北戎亂華，慨然有憤激之意，及聞（漢）高祖建義於并門，乃與部將王晏、侯章戮力叶謀，戮契丹僞命官屬，據有陝州，即時馳騎聞於高祖，高祖乃命暉爲保義軍節度陝、虢等州觀察處置等使。」

〔一二〕彰德原誤「昭德」，據舊五代史、通鑑改。

〔一三〕通鑑後漢紀：「契丹主聞帝（劉知遠）即位，以通事耿崇美爲昭義節度使，高唐英爲彰德節度使，崔廷勳爲河陽節度使，以控扼要害。（述按：舊五代史同。）……契丹主遣右諫議大夫趙熙使晉州，括率錢帛，徵督甚急。（駱）從朗既死，民相帥共殺熙。契丹主賜趙暉詔，即以爲保義留後。暉斬契丹使者，焚其詔，遣支使河間趙矩奉表詣晉陽。契丹遣其將高謨翰攻暉，不克。」舊五代史卷九九：二月「己卯，（漢）帝遣都將史弘肇，率兵討代州，平之。初，代州刺史王暉叛歸契丹，弘肇一鼓而拔之。斬暉以徇」。通鑑後漢紀：辛巳，「高防與王守恩謀，遣指揮使李萬超白晝帥衆大譟入府，斬趙行遷，推守恩權知昭義留後，守恩殺契丹使者，舉鎮來降」。又曰：「鎮寧節度使耶律郎五，性殘虐，澶州人苦之。賊帥王瓊帥其徒千餘人，夜襲據南城，北度浮航，縱兵大掠，圍郎五於牙城。契丹主聞之，甚懼，始遣天平節度使李守貞、天雄節度使杜重威還鎮，由是無久留河南之意。遣兵救澶州；瓊退屯近郊，遣弟超奉表來求救。癸未，帝厚賜超，遣還。瓊兵敗，爲契丹所殺。……丹州都指揮使高彦珣殺契丹所署刺史，自領州事。」三月「壬辰，高彦詢以丹州來降」。舊五代史云：三月壬辰，據城歸命。

〔一四〕舊五代史卷九九：三月丙戌朔，「是日契丹主坐崇元殿，行入閤之禮」。按此是在汴京行入閤禮。新五代史卷七二四夷附録：「三月丙戌朔，德光服靴袍，御崇元殿，百官入閤，德光大悦，顧其左右曰：『漢家儀物，其盛如此，我得於此殿坐，豈非真天子耶！』」通鑑後漢紀：「三月丙戌朔，契丹主服赭袍，坐崇元殿，百官行入閤禮。」壬辰，「契丹主復詔晉百官，諭之曰：『天時尚熱，吾難久留，欲暫至上國省太后。當留親信一人於此爲節度使。』百官請迎太后。契丹主曰：『太后族大，如古柏根，不可移也。』契丹主欲盡以晉之百官自隨。或曰：『舉國北遷，恐摇人心，不如稍稍遷之。』乃詔有職事者從行，餘留大梁。復以汴州爲宣武軍，以蕭翰爲節度使」。

陶穀清異録卷上：「耶律德光入京師，春日聞杜鵑聲，問李崧『此是何物？』崧曰：『杜鵑。唐杜甫詩云：「西川有杜鵑，東川無杜鵑，涪、萬無杜鵑，雲安有杜鵑。」京洛亦有之。』德光曰：『許大世界，一個飛禽，任他揀選要生處便生，不生處種也無。佛經中所謂觀自在也。』」

龍衮江南野史卷二：「耶律德光陷梁宋，遣二使來告，其价言語通於中國，嗣主問其故，曰：『臣本范陽人，歷世冠冕，仕郡爲從事，昔後唐清泰主失御，晉太祖以太原叛，與契丹通好，結爲父子，事之爲君臣。晉主既因虜兵入洛陽登極，割幽州五城之地入蕃，以奉朝貢，故今臣事於虜主，守職爲郎焉。』嗣主曰：『契丹爲治何如？』對曰：『蕃不治漢，漢不治蕃，蕃、漢不同治，自古而然。』嗣主曰：『朝見何如？』對曰：『詔則呼漢兒。』曰：『蕃家既無翰墨，何以徵賦？』對曰：

『蕃地不産五穀，故無徵賦，然臣事單於，迨方數歲，亦未嘗睹虜廷之事。或傳徵兵，故以箭爲號，每一部落傳箭一雙。』曰：『何以限多少？』曰：『以皮爲約。』曰：『何謂皮約？』曰：『築隘巷，以一皮藉之，兵騎過而踐焉，以糜壞爲度，徵多則以駱駝，次以羊、以兔爲準。』曰：『卿主所以命孤者將奚爲？』對曰：『晉少主逆命背約，既遣入蕃、虜主欲與君繼先君之好，將册君爲中原之主矣。』嗣主曰：『孤守江南社稷係嗣與梁宋阻修，若契丹不忘先好，惠錫行人，孤受賜多矣。其他不敢拜命之辱。』蕃使聞之，遂行。」陳霆唐餘紀傳：「保大五年春三月，契丹滅晉，使來告捷，且請會盟於境上，辭不赴，遣使聘之，遂請差官如長安修奉唐帝諸陵，契丹不許。」

〔一五〕舊五代史卷九九：三月丙戌朔，「契丹主以舅蕭翰爲宣武軍節度使」。又卷九八蕭翰傳：蕭翰父曰阿巴，阿巴妹爲阿保機妻，則契丹主德光之母也。「翰有妹亦嫁於德光，故國人謂翰爲國舅，契丹入東京，以翰爲宣武軍節度使……契丹主北去，留翰以鎮河南。」新五代史卷一〇：三月「壬寅，契丹遯。以其將蕭翰爲宣武軍節度使，守汴州」。蕭翰爲宣武節度使，舊五代史與本史同繫三月丙戌朔。新五代史作壬寅。「賜將吏爵賞有差」句與二月朔所記，或是一事。

〔一六〕錢氏考異卷八五：金史「劉彦宗傳：『遼太宗入汴，載輅車、法服、石經以歸。』按漢、魏之石經在洛陽，唐之石經在京兆，汴都無石經也。汴都石經，宋嘉祐所刻，在遼入汴以後，彦宗所云殊未足信。或云石經當是石鼓之譌」。

索隱卷一：「此時汴京無石經，漢魏石經在洛陽者，後魏武定四年移于鄴，後周大象元年徙還洛，而隋開皇六年又運入長安。唐石經在長安未他徙。其年徙送上京者何經，諸儒考石經者並未及此，或即趙與旹賓退録所云汴都蘭亭石刻，遼人不知，以爲石經耳。」

趙與旹賓退録卷一：「蘭亭石刻惟定武者得其真，蓋唐太宗以真蹟刻之學士院，朱梁徙置汴都，石晉亡，耶律德光輦而歸，德光道死，與輜重俱棄之中山之殺胡林。慶曆中爲土人李學究所得。」

桑世昌蘭亭考卷三：「定武蘭亭石刻，世稱善本。宣和中，從仕中山，詢訪故老，以謂石晉之末，契丹自中原輦載寶貨圖書而北，至真定，德光死。漢祖起太原，永康自立而歸，與其祖母交兵於國，棄此石於中山。慶曆中，土人李學究者得之，不以示人。韓忠獻之守定武也，李生始以墨本獻公，公堅索之。生乃瘞之地中，別刻石本示公。又一紀李生謝世，其子乃出石散模售人，每本須錢一千，由是好事者争取之。其後李氏子負緡，無從取償，時宋景文守定武，乃以公帑金代輸之，因取石匣藏於庫，非貴游交舊，不可得也。熙寧間，薛師正出牧，其子紹彭又刻別本者留之中山，易古刻攜歸長安。大觀中，詔取其石，置宣和殿中，間不復見矣。」俞松蘭亭續考卷一：「相傳以（右軍）叙草爲遺蹤之冠，太宗寤寐求之，以王氏家傳在其孫智永弟子辨才處，用房玄齡計得之，及考紀聞所載，乃云元草爲隋末時五羊一僧所藏，誓與死守，太宗以威驅勢脅而又得之，二說不同。則此叙真蹤又有可疑如此。自匣殉之後，獲見硬黃響搨者，且爲欣幸，迨於明皇始刊之於學士院，洎顯宗朝，又刊於翰林待詔所。考二石一乃懷仁所臨，前瘦而後肥；一乃王承規模刻，豐殺得所，轉摺精神。至石晉時，耶律輦藏北去，遺是石於殺虎林，遂號爲定武本，亦不知其爲學士院本耶，或待詔所本也。」詩話總龜前集卷二〇：「幽薊數州，自石晉賂戎後，懷中華不已。有使北者，見燕京傳舍畫墨鴉甚精，旁題詩曰：『星稀月明夜，皆欲向南飛。』」金史卷七八劉彦宗傳：「（金兵）已圍汴京，彦宗謂宗翰、宗望曰：『蕭何入關，秋毫無犯，惟收圖籍。遼太宗入汴，載路（輅）車、法服、石經以歸，皆令則也。』二帥嘉納之，執（徽、欽）二帝以歸。」

〔一七〕通鑑後漢紀：三月「壬寅，契丹主發大梁，晉文武諸司從者數千人，諸軍吏卒又數千人，宫女、宦官數百人，盡載府庫之實以行，所留樂器儀仗而已。夕宿赤岡。契丹主見村落皆空，命有司發榜數百通，所在招撫百姓，然竟不禁胡騎剽掠」。舊五代史卷九九：三月「壬寅，契丹主發自東京，還本國。是日，宿於赤岡。至晡，有大聲如雷，起於敵帳之下。契丹自黎陽濟河，遂趨相州」。又卷一三七外國列傳：「十七日（壬寅）德光北還。初離東京，宿于赤崗，有大聲如雷，起于牙帳之下。契丹自黎陽濟河，次湯陰縣界，有一崗，土人謂之愁死崗，德光憩於其上，謂宣徽使高勳曰：『我在上國，以打圍食肉爲樂。自及漢地，每每不快，我若得歸本土，死亦無恨。』勳退而謂人曰：『其語偷，殆將死矣。』」（新五代史同。）玉堂閒話卷五胡王條：「三月十七日，胡王自汴而北，是日路次赤岡，日過晡，忽于胡王廬帳之中有聲殷殷然，若雷起於地下。胡主懼，召術數者占其吉凶，占者紿云：『此土地神所作。』乃命祭禱焉。」三月丙戌朔，十七日即壬寅。與新、舊五代史及通鑑合，同源於中原記載。與本史遼廷記載歧。拾遺卷三云：「通鑑繫之三月壬寅，首尾凡差十四日，誤矣。」

〔一八〕通鑑後漢紀：三月「辛亥，契丹主將攻相州，梁暉請降，契丹主赦之，許以爲防禦使。暉疑其詐，復乘城拒守」。

册府元龜卷七五九：「梁暉，滏陽人，少爲盜，會契丹犯闕，暉收集徒黨，先入磁州，無所侵犯，遣使送款於（漢）高祖，暉偵知相州頗積餉，且無守備，遂以三月二十一日夜，與其徒踰垣而入，殺契丹十人，奪器用數萬計，遂據其城。虜主先遣僞命相州節度使高唐英率兵討之，未幾，虜主至城下，是月四日攻拔之。遂屠其城。」又卷九九七：「漢高祖初，（契丹）自汴北迴，陷相州，殺留後梁暉，遂屠其城。翌日北去，命高唐英鎮之。唐英閱城中遺民，得男女七百人而已。」

通鑑後漢紀：「夏四月己未，未明，契丹主命蕃、漢諸軍急攻相州，食時克之。悉殺城中男子，驅其婦女而北，胡人擲嬰孩於空中，舉刃接之以爲樂。」「或告磁州刺史李穀謀舉州應漢，契丹主執而詰之。穀不服，契丹主引手於車中，若取所獲文書者。穀知其詐，請曰：『必有其驗，乞顯示之。』凡六詰，穀辭氣不屈，乃釋之。」宋史卷二六二李穀傳：「潛遣河朔酋豪梁暉入據安陽，契丹主患之，即議北旋，會有告契丹以城中虛弱者，契丹還攻安陽，陷其城。」通鑑後漢紀：「冀州人殺契丹刺史何行通，推牢城指揮使張廷翰知州事。」

通鑑後漢紀：「契丹入汴，縱胡騎打草穀，又多以其子弟及親信左右爲節度使、刺史，妄作威福，掊斂貨財，民不堪命。於是所在相聚爲盜……滏陽賊帥梁暉，有衆數百，送款晉陽求效用，帝許之。磁州刺史李穀密通表於帝，令暉襲相州，暉偵知高唐英未至，相州積兵器，無守備。丁丑夜，遣壯丁踰城入啓關納其衆，殺契丹數百，其守將突圍走，暉據州自稱留後，表言其狀。」梁暉降漢在二月，契丹命將往討在三月，此是帶叙。

新五代史卷七二四夷附録：（德光）北歸，「自黎陽渡河，行至湯陰，登愁死岡，謂其宣徽使高勳曰：『我在上國，以打圍食肉爲樂。自入中國，心常不快，若得復吾本土，死亦無恨。』……相州梁暉殺契丹守將，閉城拒守。德光引兵破之，城中男子無少長，皆屠之，婦女悉驅以北。後漢以王繼弘鎮相州，得髑髏十數萬枚，爲大冢葬之。德光至臨洺，見其井邑荒殘，笑謂晉人曰：『致中國至此，皆燕王爲罪首。』又顧張礪曰：『爾亦有力焉。』」

册府元龜卷八九三：「趙上交仕晉爲御史中丞，天福九年少帝禦契丹於澶淵，上交從行，忽中夜夢有一女子爲人設筵，上交問曰：『此行主上櫛風沐雨，百官暴露營野，契丹幾時當北去也？』女子曰：『十二日五日也。』俄見女子袒衣，身有金甲，類將軍之狀，上交駭而寤，以告同列。咸曰：『此真異夢不可輕爲占測，當共志之。』時虜去駕還，俱不以是日。及十二年正月朔日，契丹至浚北郊，百官素服序列以朝之。虜長被狐裘跨馬駐層阜之上，令百官去縞，具常服，謂曰：『爾輩無懼，吾亦人也。』因開襟示所擐之甲。且云：『我昨來特製此爲南討也。』蓋虜情多忌，當欲明其有備爾。時上交爲御史中丞，首引百官，見其事，具省前夢，退謂舊同列曰：『虜生北方，稟陰氣，女子象。通卜筮者，以多算也。此日乃明其應異乎？』及契丹北還，果以十七日也。」

〔一九〕通鑑後漢紀：「契丹主以船數十艘載晉鎧仗，將自汴泝河歸其國，命寧國都虞候榆次武行德將士卒千餘人部送之。至河陰，行德與將士謀曰：『今爲虜所制，將遠去鄉里。人生會有死，安能爲異域之鬼乎！虜勢不能久留中國，不若共逐其黨，堅守河陽，以俟天命之所歸者而臣之，豈非長策乎？』衆以爲然。行德即以鎧仗授之，相與殺契丹監軍使。會契丹河陽節度使崔廷勳以兵送耿崇美之潞州，行德遂乘虛入據河陽，衆推行德爲河陽都部署。行德遣弟行友奉蠟表間道詣晉陽。契丹遣武定節度使方太詣洛陽巡檢，至鄭州，州有戍兵，共迫太爲鄭王。梁嗣密王朱乙逃禍爲僧，（胡注：梁太祖兄存之子友倫封密王，乙蓋梁亡之後避禍爲僧也。）嵩山賊帥張遇得之，立以爲天子，取嵩岳神衮冕以衣之，帥衆萬餘襲鄭州，太擊走之。太以契丹尚彊，恐事不濟，說諭戍兵，欲與俱西，衆不從，太自西門逃奔洛陽。戍兵既失太，反譖太於契丹，云脅我爲亂，太遣子師朗自訴於契丹，契丹將麻答殺之，太無以自明。會羣盜攻洛陽，契丹留守劉晞棄城奔許州，太乃入府行留守事，與巡檢使潘環擊羣盜卻之，張遇殺朱乙請降。伊闕賊帥自稱天子，誓衆於南郊壇，將入洛陽，太逆擊走之。太欲自歸於晉陽，武行德使人誘太曰：『我裨校也。公舊鎮此地，今虛位相待。』太信之，至河陽，爲行德所殺。蕭翰遣高謨翰援送劉晞自許還洛陽，晞疑潘環搆其衆逐己，使謨翰殺之。戊辰，武行友至晉陽。庚午，史弘肇奏遣先鋒將馬誨擊契丹，斬首千餘級。時耿崇美、崔廷勳至澤州，聞弘肇兵已入潞州，不敢進，引兵而南，弘肇遣誨追擊，破之。崇美、廷勳與奚王拽剌退保懷州。辛未，以武行德爲河陽節度使，契丹主聞河陽亂，歎曰：『我有三失，宜天下之叛我也！諸道括錢，一失也；令上國人打草穀，二失也；不早遣諸節度使還鎮，三失也。』」新五代史卷五四馮道傳：「（馮道）朝耶律德光於京師，德光責道事晉無狀，道不能對。又問曰：『何以來朝？』對曰：『無城無兵，安敢不來。』德光誚之曰：『爾是何等老子？』對曰：『無才無德癡頑老子。』德光喜，以道爲太傅。德光北歸，從至常山。漢高祖立，乃歸漢。……德光嘗問道曰：『天下百姓如何救得？』道爲俳語以對曰：『此時佛出救不得，惟皇帝救得。』人皆以謂契丹不夷滅中國之人者，賴道一言之善也。」（參上文引馮道傳。）北夢瑣言卷六：「和凝少年時，好爲曲子詞，布於汴、洛，洎入相，專託人收拾焚毁不暇，契丹入夷門，號爲『曲子相公』。」册府元龜卷九四〇：「晉末北虜犯闕迴，虜先留馮道與李崧、和凝文武官等在常山，以閏七月二十九日虜中有僞詔追崧，令選朝士十人赴木葉山行事，虜帥解里召道等至帳前所欲論之，崧偶先至，見其旨，懼形於色。解里將以明日與朝士齊遣之。崧乃不候道，與凝先出，既而相遇帳門之外，因與分首俱歸。俄而李筠等縱火與虜交鬭，鈹槊相及，是日道若齊至，與解里相見，稍躊躇則悉爲俘矣。時論者以道在布衣有至行，立公朝有重德，其陰報昭感，多此類也。」

〔二〇〕河東謂河東節度使劉知遠。西路指史匡威、何重建。通鑑後漢紀：「彰義節度使史匡威據涇州不受命。雄武節度使何重建斬契丹使者，以秦、階、成三州降蜀。」

〔二二〕按本史卷三七地理志一作西山。

〔二三〕舊五代史卷九九：天福十二年夏四月「丙子，契丹主耶律德光卒於鎮之欒城，趙延壽於鎮州自稱權知國事」。五代會要、新五代史、通鑑並以德光卒於丙子，即二十一日，本史所記丁丑爲二十二日。舊五代史卷一三七外國列傳：「四月四日，屠其城（相州）而去。……十六日，次於欒城縣殺胡林之側，時德光已得寒熱疾數日矣；命胡人齎酒脯禱於得疾之地。十八日晡時，有大星落於穹廬之前，若迸火而散。德光見之，西望而唾，連呼曰：『劉知遠滅，劉知遠滅。』是月二十一日卒。時年四十六。主契丹凡二十二年。契丹人破其屍，摘去腸胃，以鹽沃之。載而北去，漢人目之爲帝羓焉」。洛中紀異：「太宗在欒城病時，上京西十八里山有獵人見太宗容貌如故，乘白馬追奔一白狐，因射殺之。獵人驚國主南征未回，何忽至此。因獲其死狐並箭，失國主所在，不浹旬而兇問至。驗其日，乃得疾之日，驗其箭，則國主南征所帶之箭失其一矣。國人於其地置堂，塑白狐形並箭在焉。名曰白狐堂。」通鑑後漢紀：乙亥，「契丹主至臨城，得疾；及欒城，病甚，苦熱，聚冰於胸腹手足，且啖之。丙子，至殺胡林而卒。國人剖其腹，實鹽數斗，載之北去，晉人謂之『帝羓』」。張舜民使遼録：「契丹太宗北歸，於鄴西愁死岡得疾，至欒城殺狐林而崩。愁死岡者本魏陳思王不爲文帝所容、於此悲吟，號愁思岡，譌爲『愁死』。殺狐林者，村民林中射殺一狐，因以名之。」

文惟簡虜庭事實：「（契丹）富貴之家，人有亡者，以刀破腹，取其腸胃滌之，實以香藥、鹽礬，五綵縫之，又以尖葦筒刺於皮膚，瀝其膏血且盡，用金銀爲面具，銅絲絡其手足。耶律德光之死，蓋用此法。時人目爲『帝羓』，信之有也。」近年遼寧法庫葉茂台出土墓葬銅絲網罩，網罩由頭部即面罩、胸、胳膊、手、腿、足十部合成。胸部分上下兩片，從腋下縫合。兩胳膊各用網片卷成筒縫合，再將手套連在腕下。手套拇指單出，餘四指連在一起。腿脚網罩，其法式與胳膊、手相同，再分别連於胸罩，成爲一體。內蒙古又出土女屍，周身銅絲網絡，手指亦分五支。參本史卷五〇禮志喪葬儀。張舜民畫墁録：「祖宗征河東，皆自土門還師，駐驛真定潭園有兩朝行宫，歲謹繕完，器甲所儲至二十四庫，潭園方廣六里有奇，亭榭皆王氏父子所葺，宫後八角大亭，乃耶律德光造羓之所也。」王應麟困學紀聞卷一〇：「殺胡林在欒城縣。唐屬趙州，後屬真定府。」洛中紀異云：「林内射殺狐，因以名之。」續通典云：「唐天后時，襲突厥，羣胡死於此，故以名之。」

遼史補注卷五

本紀第五

世宗

世宗孝和莊憲皇帝，諱阮，小字兀欲。讓國皇帝長子，母柔貞皇后蕭氏。帝儀觀豐偉，内寬外嚴，善騎射，樂施予，〔一〕人望歸之。太宗愛之如子。會同九年，從伐晉。

大同元年春二月，封永康王。

夏四月丁丑，太宗崩於欒城。〔二〕戊寅，梓宮次鎮陽，即皇帝位於柩前。〔三〕甲申，次定州，命天德、朔古、解里等護梓宮先赴上京。太后聞帝即位，遣太弟李胡率兵拒之。〔四〕

六月甲寅朔，〔五〕次南京，五院夷離堇安端、〔六〕詳穩劉哥遣人馳報，請爲前鋒；至泰德泉，遇李胡軍，戰敗之。〔七〕上遣郎君勤德等詣兩軍諭解。〔八〕

秋〔九〕閏七月，次潢河，太后、李胡整兵拒於横渡，相持數日。用屋質之謀，各罷兵趨

上京。既而聞太后、李胡復有異謀，遷於祖州；誅司徒劃設及楚補里。〔一〇〕

八月壬午朔，尊母蕭氏爲皇太后，以太后族剌只撒古魯爲國舅帳，〔一一〕立詳穩以總焉。以崇德宮户分賜翼戴功臣，〔一二〕及北院大王洼、南院大王吼各五十，安摶、楚補各百。的魯、鐵剌子孫先以非罪籍没者歸之。〔一三〕癸未，始置北院樞密使，以安摶爲之。

九月壬子朔，葬嗣聖皇帝於懷陵。丁卯，行柴册禮，羣臣上尊號曰天授皇帝。大赦，改大同元年爲天禄元年。追謚皇考曰讓國皇帝。以安端主東丹國，封明王，〔一四〕察割爲泰寧王，劉哥爲惕隱，高勳爲南院樞密使。〔一五〕

〔一〕本史卷一太祖紀：神册三年十二月「皇孫隈欲生」。隈欲即兀欲。新五代史卷七三四夷附録：「兀欲，東丹王突欲之子也，突欲奔于唐，兀欲留不從，號永康王。……兀欲爲人儁偉，亦工畫，能飲酒，好禮士，德光嘗賜以絹數千匹，兀欲散之，一日而盡。」册府元龜卷九九七：「永康王兀欲，即東丹（王）之長子也，後改名聿，好行仁惠，善丹青，尤精飲藥（音樂）。」通鑑後漢紀：「兀欲眇一目，爲人雄健好施。」

〔二〕中原記載均作丙子（二十一日）與此作丁丑（二十二日）差一日。參本書卷四大同元年注〔三〕。

〔三〕新五代史卷一〇：天福十二年夏四月丙子，「契丹入於鎮州」。舊五代史卷一〇〇：「五月乙酉朔，契丹所署大丞相、政事令、東京留守燕王趙延壽爲永康王兀欲所縶。既而兀欲召蕃、漢臣寮于鎮州牙署，矯戎王遺詔，命兀欲嗣位。」新、舊五代史、通鑑、契丹國志俱作五月乙酉朔即位。與本史歧。

新五代史卷七三四夷附録云：「德光死欒城，兀欲與趙延壽及諸大將等俱入鎮州。延壽自稱權知軍國事，遣人求鎮州管鑰於兀欲，兀欲不與。延壽左右曰：『契丹大人聚而謀者詾詾，必有變，宜備之。今中國之兵猶有萬人，可以擊虜；不然，事必不成。』延壽猶豫不決。兀欲妻，延壽以爲妹，五月朔旦，兀欲召延壽及張礪、李崧、馮道等置酒，酒數行，兀欲謂延壽曰：『妹自上國來，當一見之。』延壽欣然與兀欲俱入。食頃，兀欲出坐，笑謂礪等曰：『燕王謀反，鎖之矣。諸君可無慮也。』又曰：『先帝在汴州與我算子一莖，許我知南朝軍國事，昨聞寢疾，無遺命，燕王安得自擅邪！』礪等罷去。兀欲召延壽廷立而詰之，延壽不能對。乃遣人監之，而籍其家貲。兀欲宣德光遺制曰：『永康王，大聖皇帝之嫡孫，人皇王之長子，可於中京即皇帝位。』中京，契丹謂鎮州也。遣使者告哀於諸鎮。」通鑑後漢紀卷二八七：「契丹主兀欲以契丹主德光有子在國，己以兄子襲位，又無述律太后之命，擅自立，內不自安。初，契丹主阿保機卒於渤海，述律太后殺酋長及諸將，凡數百人。契丹主德光復卒於境外，酋長諸將懼死，乃謀奉契丹主兀欲勒兵北歸。契丹主以安國節度使麻答爲中京留守，以前武州刺史高奉明爲安國節度使。晉文武官及士卒悉留於恒州，獨以翰林學士徐台符、李澣及後宮、宦者、教坊人自隨。乙巳，發真定。」卷二八六又曰：「契丹主喪至國，述律太后不哭，曰：『待諸部寧壹如故，則葬汝矣。』」按此論未愜，因起兵相争者非德光之子，亦非爲德光有子，且就太后之言，則諸部尚未寧一，亦即世宗之立，並非諸部所共贊同。

〔四〕通鑑後漢紀：「契丹述律太后聞契丹主自立，大怒，發兵拒之。契丹主以偉王爲前鋒，相遇於石橋。初，晉侍衛馬軍督指揮使李彦韜從晉主北遷，隸述律太后麾下，太后以爲排陳使。彦韜迎降於偉王。太后兵由是大敗。契丹主幽太后於阿保機墓。」偉王即安端。拾遺卷四：「胡嶠陷北記：『兀欲及述律戰於石橋。』蓋沙河之橋也。南則姚家州，北則宣化館至西樓。」新五代史卷一七晉家人傳：「是歲六月，契丹國母徙帝、太后於懷密州，州去黄龍府西北一千五百里，行過遼陽二百里，而國母爲永康王所囚。永康王遣帝、太后還止遼陽，稍供給之。」通鑑後漢紀：「兀欲集蕃、漢之臣於府署，宣契丹主遺制，即皇帝位，於是始舉哀成服。既而易吉服見羣臣。不復行喪，歌吹之聲，不絶於内。」又曰：「兀欲慕中華風俗，多用晉臣，而荒於酒色，輕慢諸酋長，由是國人不附，諸部數叛，興兵誅討，故數年之間，不暇南寇。」契丹國志卷四：「太后聞帝立，怒曰：『我兒南征東討，有大功業，其子在我側者當立。汝父棄我，走投外國，乃大逆人也。豈得立逆人之子爲帝乎？』發兵拒之。」按此當出推測，因起兵者爲李胡，非壽安王，李胡亦非爲壽安王起兵。

舊五代史卷一〇〇：五月丁酉，「契丹所署汴州節度使蕭翰迎郇國公李從益至東京。請從益知南朝軍國事」。新五代史卷一五唐明宗家人傳：「漢高祖起太原，翰欲北去，乃使人召從益，委以中國。從益子母逃于徽陵域中，以避使者，使者迫之以東。遂以從益權知南朝軍國事。」舊五代史卷一〇〇：「乙巳，契丹永康王兀欲自鎮州還蕃，行次定州。以定州節度副使耶律忠爲定州節度使。戊申，車駕至絳州，本州刺史李從朗以郡降。初，契丹遣偏校成霸卿、曹可璠等守其郡。及車駕至，從朗等遂降。」通鑑後漢紀：「麻答被逐，楊安亦遁去，李殷以其衆來降。」

〔五〕據通鑑、契丹國志：「日有食之。」

〔六〕羅校：「五院即北院，皇子表：安端，天贊四年爲北院夷離堇，此時已罷。（下文見北院大王洼，爲安端已罷之證。又大王爲夷離堇改稱，見會同元年紀。）」此沿舊稱。

〔七〕本史卷七七耶律屋質傳：「太后……遣皇子李胡以兵逆擊，遇安端、劉哥等于泰德泉，敗歸。李胡盡執世宗臣僚家屬。」又卷一一三逆臣劉哥傳：「世宗立於軍中……（劉哥）以本部兵助之。……李胡率兵而南。劉哥、安端遇於泰德泉。既接戰，（叔父）安端墜馬，王子天德馳至。欲以槍刺之。劉哥以身衛安端，射天德，貫甲不及膚，安端得馬復戰，太弟兵敗。」索隱卷一云：「泰德泉即一統志承德府之南土河。」

〔八〕舊五代史卷一〇〇：「六月乙卯，契丹河中節度使趙贇起復河中節度使。」殿本考證云：「案遼世宗紀：天禄二年十月壬午，南京留守趙延壽薨。考遼天禄二年，即漢乾祐二年，此時天福十二年，延壽尚未死也。此必因延壽爲永康所鎖，而漢人傳其已死，遂起復其子贇，以絶其北向之心耳。」舊五代史卷一〇〇又云：「是日（乙卯），契丹右僕射兼中書侍郎平章事張礪卒於鎮州。……是月，契丹所命相州節度使高唐英爲屯駐指揮使王繼弘、楚暉所殺。」

〔九〕十國春秋卷八〇注引錢塘大慈山甘露院牒云：「會同十年七月，有吳越國王押字及鎮東軍節度使印文。蓋是時吴越與契丹信使不絶。故吴越奉其正朔，在諸州鎮之先。其改而從漢，則在八月受漢制之後也。」

〔一〇〕册府元龜卷四四六：「開運末，契丹犯闕。明年，虜王北去。（白）再榮從虜帳至真定。其年閏七月晦，李筠、何福進相率殺虜師，麻答據甲仗庫，勢未退，筠等使人召再榮，再榮端坐本營，遲疑久之，爲軍吏道所迫，乃行。翌日，逐出麻答，諸軍以再榮名次在諸較之右，乃請權知留後事。」（卷四五五畧同。）卷四五五又記：「漢高祖以再榮爲鎮州留後。爲政貪虐難狀，鎮人呼爲白麻答。」舊五代史卷一〇〇：「閏七月乙丑，禁造契丹樣鞍轡、器械、服裝。」（新五代史同。）册府元龜卷一六〇：「天福十二年，左衛將軍許敬遷奏：『臣伏見天下鞍轡器械，並取契丹樣裝飾以爲美好，安有中國之人，反效戎虜之俗，請下明詔毁棄，須依漢境舊儀。』勅曰：『近年中華兆人浮薄，不依漢禮，却慕胡風，果致狂戎來侵諸夏，應有契丹樣鞍轡、器械、服裝等，並令逐處禁斷。』」（全唐文卷八五四引同。）

〔一一〕羅校：「百官志：『國舅别部，世宗置。』外戚表：『國舅别部，不知世次，有北府宰相只魯。』疑即剌只撒古魯之省文。」

〔二〕本史卷三一營衛志：「孤穩斡魯朶，承天太后置，是爲崇德宮。……陵祔景宗皇帝。」此時不應先有崇德宮。應天太后置長寧宮。應天太后曾反對世宗嗣位，事敗被遷祖州。應天誤承天，遂誤長寧宮爲崇德宮。或是國阿輦斡魯朶，太宗置是爲永興宮，初名孤穩斡魯朶，因契丹語宮名相同致誤。若然則是永興宮。

〔三〕通鑑後漢紀：「八月壬午朔，契丹自北門入，勢復振，漢民死者二千餘人。前磁州刺史李穀恐事不濟，請馮道、李崧、和凝至戰所慰勉士卒。士卒見道等至，争自奮。會日暮，有村民數千譟於城外，欲奪契丹寶貨、婦女，契丹懼而北遁，麻答、劉晞、崔廷勳皆奔定州，與義武節度使耶律忠合。忠，即郎五也。」

〔四〕明王，本史卷六四皇子表同。卷三五兵衛志、契丹國志並作偉王。疑先稱偉王，後封明王。

〔五〕册府元龜卷一六六：「乾祐元年詔曰：『其有先曾事契丹、並有骨肉見在契丹者，其本人本家所在，切須安存，不得妄有恐動。』」

二年春正月，天德、蕭翰、劉哥、盆都等謀反。誅天德，杖蕭翰，遷劉哥於邊，〔一〕罰盆都使轄戛斯國。漢主劉知遠殂，子承祐立。〔二〕

夏四月庚辰朔，南唐遣李朗、王祚來慰且賀，兼奉蠟丸書，議攻漢。〔三〕

秋七月壬申，皇子賢生。〔四〕

冬十月壬午，南京留守魏王趙延壽薨，以中臺省右相牒蠟爲南京留守，封燕王。

十一月，駐蹕彰武南。

〔一〕劉哥、盆都、蕭翰，本史卷一一三並有傳。劉哥傳云：「流烏古部。」

〔二〕舊五代史卷一〇一漢紀：乾祐元年（九四八）二月，「初，契丹犯京師。侯益、趙贊皆受其命，節制岐、蒲，聞高祖入洛，頗懷反仄，朝廷移贊於京兆，侯益與贊皆求援於蜀。蜀遣何健率軍出大散關以應之。至是（王）景崇糾合岐、雍、邠、涇之師以破之」。

〔三〕新五代史卷六二南唐世家：保大五年（九四七，天禄元年）「契丹遣使來聘，以兵部尚書賈潭報聘」。

舊五代史卷一〇一漢紀：夏四月辛巳，「定州孫方簡奏：『三月二十七日，契丹棄定州遁去。』……乙巳，定州節度使孫方簡奏復入於本州。初，方簡爲狼山寨主，叛晉歸契丹。及契丹降中渡之師，乃以方簡爲定州節度使。契丹主死，永康王嗣位，即以蕃將耶律忠代之，移方簡爲雲州節度使，方簡不受命，遂歸狼山。高祖至闕，方簡歸款，復以中山命之。是歲三月二十七日，契丹棄定州，隳城壁，焚室廬，盡驅人民入蕃，惟餘空城瓦礫而已。至是，方簡自狼山回保定州」。通鑑後漢紀：「初，契丹主北歸，至定州，以義武節度副使耶律忠爲節度使，徙故節度使孫方簡爲大同節度使。方簡怨恚，且懼入朝爲契丹所留，遷延不受命，帥其黨三千人保狼山故寨，控守要害。契丹攻之不克，未幾，遣使請降。帝復其舊官，以扞契丹。耶律忠聞鄴都既平，常懼華人爲變，詔以成德留後劉在明爲幽州道馬步都部署，使出兵經略定州。未行，忠與麻荅等焚掠定州，悉驅其人棄城北去。孫方簡自狼山帥其衆數百，還據定州。又奏以弟行友爲易州刺史，方遇爲泰州刺史。每契丹入寇，兄弟奔命，契丹頗畏之。於是晉末州縣陷契丹者，皆復爲漢有矣。」册府元龜卷四二九：「孫方諫爲義武節度使，弟行友刺秦（泰）州，行議刺易州，弟兄犄角抗虜，北面賴之。」

舊五代史卷八五晉紀：「漢乾祐元年（九四八）四月，永康王至遼陽，帝與太后竝詣帳中，帝御白衣紗帽，永康止之，以常服謁見。帝伏地雨泣，自陳過咎，永康使左右扶帝上殿，慰勞久之。因命設樂行酒，從容而罷。永康帳下從官及教坊內人，望見故主，不勝悲咽，內人皆以衣帛藥餌獻遺於帝。及永康發離遼陽，取內官十五人，東西班十五人，及皇子延煦竝令隨帳上陘。陘即蕃王避暑之地也。有禪奴舍利者，即永康之妻兄也。知帝有小公主在室，詣帝求之。帝辭以年幼不可。又有東西班數輩，善於歌唱，禪奴又請之，帝乃與之。後數日，永康王馳取帝幼女而去，以賜禪奴。」通鑑並記此事作禪奴利。何薳春渚紀聞卷九：「晉出帝既遷黃龍府，虜主新立。召與相見。帝因以金盌、魚盆爲獻，金盌半猶是磁，云是唐明皇令道士葉法静治化金藥成，點磁盌試之者。魚盆則一木素盆也，方圓二尺，中有木紋成二魚狀，鱗鬣畢具，長五寸許。若貯水用，則雙魚隱然涌起，頃之，遂成真魚。覆水則宛然木紋之魚也。至今句容人鑄銅爲洗名雙魚者，用其遺製也。」王明清揮塵前録卷三：「韓似夫與先子言，頃使金國，見虜主所繫犀帶，倒透中正透如圓鏡狀，光彩絢目。似夫注視久之。虜主曰：『此石晉少主歸獻耶律氏者，唐世所寶日月帶也。』又命取磁盆一枚，示似夫云：『此亦石主所獻，中有畫雙鯉存焉。水滿則跳躍如生。覆之無它矣。』二物誠絶代之珍也。」

通鑑後漢紀：四月壬戌，「契丹主留晉翰林學士徐台符於幽州，台符逃歸」。舊五代史繫於五月丁卯。據通鑑、新五代史、五代會要：「六月戊寅朔，日有食之。」契丹國志繫天禄元年，誤。

〔四〕舊五代史卷一〇一漢紀：乾祐元年七月辛酉，滄州上言「自今年七月後，幽州界投來人口凡五千一百四十七。北土饑故也」。新五代史卷一〇：七月「癸亥，契丹鄚州刺史王彦徽來奔」。舊五代史卷八五晉紀：漢乾祐元年「八月，永康王下陘，太后馳至霸州，詣永康，求於漢兒城寨側近賜養種之地，永康許諾，令太后於建州住泊。」契丹國志卷四：「陘，北地，尤高涼，北人常以五月上陘避暑，八月下陘。至八月，帝下陘，太后自馳至霸州謁帝，求於漢兒城側賜地種牧以爲生，許之。帝以太后自從，行十餘日，遣與延煦俱還遼陽。」通鑑後漢紀：「八月庚辰，（皇弟劉）崇表募兵四指揮。自是選募勇士，招納亡命，繕甲兵，實府庫。罷上供財賦，皆以備契丹爲名。朝廷詔令，多不稟承。」册府元龜卷一六六：漢乾祐二年「九月，以契丹僞署前武州刺史高奉明爲右衛將軍。奉明曾任蔚州録事參軍，頃歲契丹陷蔚州，奉明爲蕃將南大王養子，累授刺史，戎王死，永康立，以奉明爲邢州節度使，以代麻答，麻答主留鎮州。未幾，聞高祖南渡，高唐英死於安陽，心不自安，乃請麻答署馬步都指揮使，留鐸爲本州副使，尋令知軍府事。奉明歸於鎮州，麻答被逐，奉明赴闕，故授環衛之官」。

三年春正月，蕭翰及公主阿不里謀反，翰伏誅，阿不里瘐死獄中。庚申，肆赦。内外官各進一階。〔一〕

夏〔二〕六月〔三〕戊寅，以敞史耶律胡離軫爲北院大王。己卯，惕隱頹昱封漆水郡王。〔四〕

秋九月辛丑朔，召羣臣議南伐。

冬十月，遣諸將率兵攻下貝州高老鎮，徇地鄴都、南宫、堂陽，〔五〕殺深州刺史史萬山，俘獲甚衆。〔六〕

〔一〕舊五代史卷一〇二漢紀：乾祐二年二月「戊子，前右監門將軍喬達及其兄契丹僞命客省使榮等，皆棄市。達，李守貞之妹婿也，故皆誅之」。

〔二〕契丹國志卷四：「夏四月，太白晝見。」

舊五代史卷一〇二：「是月幽、定、滄、貝、深、冀等州地震。」又卷一四一五行志：「四月丁丑，幽、定、滄、營、深、貝等州地震，幽、定尤甚。」周箕析津日記：「京師仙露寺，近菜市西，居民掘地得石匣，乃遼世宗天禄三年所瘗。中藏舍利無有也。匣如石椁而短小，旁刻僧志願記，具書布施金錢姓名，記後有千人邑三字，具列大遼皇帝、皇后、東明王夫人、永寧大王、燕主大王、國舅相公、宣徽令主李可興、洛京留守侍中劉晞、齊國夫人張氏男三司使道紀、衙院馬九、故太師侍中趙思温男延照，司徒李胤、藥師奴，華善寺行仙馬知讓、邑頭尼定徽、幼澄、喜婁。舍利六佰三十三粒。欽送到舍利一佰一十粒。」千人邑爲會社組織。朱彝尊吉金貞石志載釋志願葬舍利佛牙石匣記，畧曰：「達摩禪師遠涉流沙，登雪嶺，得釋迦舍利辟支佛牙。授與先師，先師諱清琦，閩川人。自會同五載仲秋，齎舍利佛牙到此，於八年季春月蓂凋十一葉，染疴而逝。臨遷化時，將舍利佛牙付仙露寺講維摩經比邱尼定徽建窣堵波。尋具表奏聞。大遼皇帝降宣頭一道，錢三佰貫以充資助。於天禄三年歲次己酉四月十三日安葬。施主名具鎸於後。」附此用存一例。

〔三〕據新五代史、通鑑、五代會要：「癸酉朔，日有食之。」契丹國志作二年，誤。

〔四〕本史卷七七耶律頽昱傳：「世宗即位，爲惕隱。天禄三年，兼政事令，封漆水郡王。」

〔五〕貝州之南三十里，即鄴都北界。南宫，今河北省南宫市。堂陽，今河北省新河縣。

〔六〕通鑑後漢紀：後漢隱帝乾祐二年（九四九）冬十月，「契丹寇河北。所過殺掠，遊騎至貝州及鄴都之北境……遣樞密使郭威督諸將禦之，以宣徽使王峻監其軍。十一月，契丹聞漢兵渡河，乃引去」。新五代史卷一〇漢紀：乾祐二年「十月，契丹寇趙、魏，陷内丘。己丑，郭威及宣徽南院使王峻伐契丹，十一月契丹遯。」又卷一一周紀：「（漢乾祐二年）冬，契丹寇邊，威以樞密使北伐。至魏州，契丹遯。」舊五代史卷一〇三漢紀：「先是契丹入邊，萬山城守。郭威遣索萬進率騎七佰屯深州。一日，契丹數千騎迫州東門，萬山父子率兵百餘人襲之，契丹僞退十餘里而伏兵發，萬山血戰，急請救於萬進，萬進勒兵不出。萬山死之，契丹亦解去。」（册府元龜卷四二五同。惟索萬進作索方進，繫於乾祐三年春。）

册府元龜卷八：「乾祐二年十月，契丹入寇。帝（周太祖）受詔率師赴北邊，謂諸屯戍壯士曰：『自虜王喪敗，今纔四年，幽州所屯，其數無幾，然而屢犯吾境，屢傷吾民。非彼驍雄，蓋禦備之失者有三：主將無謀，城池不固，備預無素，禦捍闕供，其敗一也；主將輕佻，妄謀躁進，不顧利害，輕用士民，希覬功名，以邀爵賞，其敗二也；貪他羊馬，互市往來，姦利之人，兩爲間諜，軍謀國事，泄之於敵。其敗三也。』」舊五代史卷一〇二：「冬十月庚午朔，契丹入寇。丙戌，契丹陷貝州高老鎮，南至鄴都北境，又西北至南宮、堂陽，殺掠吏民，數州之地，大被其苦。藩郡守將，閉關自固。遣樞密使郭威率師巡邊，仍令宣徽使王峻參預軍事。」册府元龜卷九八七作：「十一月，契丹入寇，前軍至貝州，陷高老鎮千餘家。……（原書注云：十二月，深、冀、易等州契丹退。）」

四年春〔一〕二月辛未，泰寧王察割來朝，留侍。是月，建政事省。〔二〕

三月戊戌朔，南唐遣趙延嗣、張福等來賀南征捷。〔三〕

秋〔四〕九月乙丑朔，如山西。

冬十月，自將南伐，攻下安平、内丘、束鹿等城，大獲而還。〔五〕

是歲，册皇后蕭氏。〔六〕

〔一〕通鑑後漢紀：乾祐三年春正月丁未，「郭威請勒兵北臨契丹之境，詔止之」。「二月甲申，郭威行北邊還。」（去年冬十月，郭威北征，今還。）

〔二〕新五代史卷一七晉家人傳：「乾祐二年二月，徙帝、太后於建州。自遼陽東南行千二百里至建州。節度使趙延暉避正寢以館之。去建州數十里外，得地五十餘頃，帝遣從行者耕而食之。明年三月，太后寢疾，無醫藥，常仰天而泣，南望戟手罵杜重威、李守貞等曰：『使死者無知則已，若其有知，不赦爾於地下！』」通鑑後漢紀：二月，「晉李太后詣契丹主，請依漢人城寨之側。給田以耕桑自贍。契丹主許之。並晉主遷於建州（胡注金人疆域圖：「建州南至燕京一千二百四十五里。」），未至，安太妃卒於路，遺令：『必焚我骨，南向颺之，庶幾魂魄歸達於漢。』既至建州，得田五十餘頃，晉主令從者耕其中以給食。頃之，述律王遣騎取晉主寵姬趙氏、聶氏而去，述律王者，契丹主德光之子也」。

〔三〕按即賀三年十月南征之捷。

〔四〕通鑑後漢紀：「乾祐三年秋八月，晉李太后在建州，卧病無醫藥，惟與晉主仰天號泣，戟手罵杜重威、李守貞曰：『吾死不置汝。』戊午，卒。周顯德中，有自契丹來者云：『晉主及馮后尚無恙，其從者亡歸及物故則過半矣。』」新五代史卷一七：「八月，（太后）疾亟，謂帝曰：『我死，焚其骨送范陽佛寺，無使我爲虜地鬼也！』遂卒。帝與皇后、宫人、宦者、東西班，皆被髮徒跣，扶舁其柩至賜地。焚其骨，穿地而葬焉。」

〔五〕據舊五代史、新五代史、五代會要、通鑑：「十一月甲子朔，日有食之。」契丹國志作三年，誤。

〔六〕舊五代史卷一〇三：「十一月，鎮州、邢州馳奏：『契丹寇洺州，陷内丘縣。』時契丹永康王兀欲率部族兩道入邊，内丘城小而固，契丹攻之，五日不下，敵人傷者甚衆。時有官軍五百在城防戍，攻急，官軍降於敵，屠其城而去。」通鑑後漢紀：十一月，「鎮州、邢州奏：『契丹主將數萬騎入寇，攻内丘。五日不克，死傷甚衆。有戍兵五百叛應契丹，引契丹入城，屠之。又陷饒陽。』太后敕郭威將大軍擊之」。「十二月，郭威發大梁。」新五代史卷七三四夷附録：「兀欲率萬騎攻邢州，陷内丘。契丹入寇，常以馬嘶爲候，其來也，馬不嘶鳴，而矛戟夜有光，又月食，虜衆皆懼，以爲兇，雖破内丘，而人馬傷死者太半。」拾遺卷四云：「遼世宗破内丘，歐史漢隱帝紀云乾祐二年，附録云乾祐元年。據遼史天禄四年應是乾祐三年。通鑑亦繫此年。」按世宗天禄三年（漢隱帝乾祐二年）、四年（乾祐三年）連年先後兩次交兵，舊五代史、通鑑、契丹國志所記並同。新五代史卷一〇隱帝紀：乾祐二年十月，契丹攻趙、魏，陷内丘。而次年不書。但卷七三四夷附録以

「陷内丘」繫之乾祐元年，隱帝紀元年亦無入侵事，是四夷附録元年爲三年之誤，本紀則以三年之事繫於二年，又漏二年高老鎮之陷。或歐陽以「三年十一月郭威反」，故簡省其北向用兵，因致訛舛。五代會要卷二九：「漢乾祐三年十一月，兀欲率騎數萬南寇，陷邢州之内丘縣，深州之饒陽縣。」亦未著乾祐二年陷貝州高老鎮。册府元龜卷八：乾元三年十一月「二十九日，鎮、定言：『契丹入寇，三道而來。』（漢）太后令帝（周太祖）赴北面軍前爲都統帥，相度進取」。「十二月甲午朔，帝北征。」「二十日，帝上太后牋，論列澶州三軍逼脅之事不獲已，班師。」

五年春正月癸亥朔，如百泉湖。〔一〕漢郭威弑其主自立，國號周，〔二〕遣朱憲來告。即遣使致良馬。〔三〕漢劉崇自立於太原。〔四〕

二月，周遣姚漢英、華昭胤來，以書辭抗禮，留漢英等。〔五〕

夏五月壬戌朔，太子太傅趙瑩薨，輟朝一日，命歸葬于汴。〔六〕詔州縣録事參軍、主簿，委政事省銓注。

六月辛卯朔，劉崇爲周所攻，遣使稱姪，乞援，且求封册。即遣燕王牒蠟、樞密使高勳册爲大漢神武皇帝。〔七〕南唐遣蔣洪來，乞舉兵應援。是夏，清暑百泉嶺。〔八〕

九月〔九〕庚申朔，自將南伐。壬戌，次歸化州祥古山。〔一〇〕癸亥，祭讓國皇帝于行宫。

羣臣皆醉，〔二〕察割反，帝遇弒，〔三〕年三十四。應曆元年，葬於顯州西山，陵曰顯陵。二年，謚孝和皇帝，廟號世宗。統和二十六年七月，加謚孝和莊憲皇帝。

贊曰：世宗，中才之主也。入繼大統，曾未三年，納唐丸書，即議南伐，既乏持重，宜乖周防，蓋有致禍之道矣。然而孝友寬慈，亦有君人之度焉。未及師還，變起沉湎，豈不可哀也哉！

〔一〕按即本史太宗紀天顯九年十二月之百湖，在土默特旗左翼東六十里。

〔二〕册府元龜卷八：乾祐「四年（九五一）正月丁卯，漢太后令奉符寶授監國即皇帝位。是日太祖即位。制以大周爲號，改乾祐四年爲廣順元年」。

〔三〕册府元龜卷九九八：「廣順元年正月，遣將軍朱憲伴送虜使歸國。仍遺兀欲金器玉帶，以結其意。」舊五代史卷一一〇：廣順元年春正月癸酉，「遣千牛衛將軍朱憲充入契丹使。先是去年契丹永康王兀欲寇邢、趙，陷内丘。及迴，兀欲遣使與漢隱帝書。使至境上，會朝廷有蕭墻之變，帝定京城，迴至澶州，遇蕃使至，遂與入朝。至是遣朱憲伴送來使歸蕃，兼致書叙革命之由，仍以金酒器一副、玉帶一遺兀欲」。

五代會要卷二九：「廣順元年正月，太祖命左千牛衛將軍朱憲，往修和好，兀欲亦遣使裹骨支報命，獻良馬四匹。太祖復命尚書左丞田敏、供奉官蔣光遂銜命往聘。」

〔四〕通鑑後周紀：正月戊寅，「劉崇即皇帝位於晉陽，仍用乾祐年號，所有者：并、汾、忻、代、嵐、憲、隆、蔚、沁、遼、麟、石十二州之地。……客省使河南李光美嘗爲直省官，頗諳故事，北漢朝廷制度，皆出於光美」。「初契丹主北歸，横海節度使潘聿撚棄鎮隨之，契丹主以聿撚爲西南路招討使。及北漢主立，契丹主使聿撚遺劉承鈞書，北漢主使承鈞復書，稱：『本朝淪亡，紹襲帝位，欲循晉室故事，求援北朝。』契丹主大喜。」二月丁巳，「北漢主遣通事舍人李䂮使于契丹，乞兵爲援」。三月丙寅，「至契丹，契丹主使拽剌梅里報之」。（十國春秋卷一〇四北漢紀畧同。）

〔五〕册府元龜卷九八〇：「二月丁未，朱憲使於契丹復命。契丹主兀欲復遣使裹骨支伴送朱憲歸京師。又賀我登極。兼獻良馬一駟，仍達蕃情云：『兩地通歡。近因晉祖議和好之理，爲遠大之謀。』」又卷九七六云：「二月己未，裹骨支辭，賜衣著五十疋、銀器二十兩、綵二十疋。又賜從人綵各三十疋。」又卷九九八云：「二月，朱憲迴，兀欲復遣使來賀兼獻良馬。朝廷尋遣尚書左丞田敏報命，仍厚其禮。既而兀欲留我行人將軍姚漢英、華光裔，不令復命，繇是復絶。」

舊五代史卷一一一：二月丁未，「左千牛將軍朱憲使契丹迴。契丹主兀欲遣使人（裹骨支）來獻良馬一駟，賀登極」。丁巳，以尚書左丞田敏充契丹國信使。」（通鑑、新五代史畧同。）

五代會要卷二九：「四月，田敏等迴，兀欲遣使實六獻碧玉金鍍銀裹鞍轡並馬四十匹。其月，太祖又命左金吾將軍姚漢英、右神武將軍華光裔往使。」

舊五代史卷一一一：夏四月「丁巳，尚書左丞田敏使契丹迴，契丹主兀欲遣使褥姑報命。並獻碧玉、金塗銀裹鞍勒各一副，弓矢、器仗、貂裘等。土產馬三十匹、土產漢馬十匹」。「五月己巳，遣左金吾衛將軍姚漢英、前右神武將軍華光裔使于契丹。」

册府元龜卷九八〇於姚漢英奉使下云：「辭，各賜襲衣銀帶絹綵三百疋、銀器五十兩，契丹入朝使大卿賜重錦五疋、衣著三百疋、銀器百兩，別賜衣著五十匹、馬價衣著一百五十疋，副使賜有差。曳剌五人各賜中錦一疋、衣著五十疋，仍遣供奉官李誦押援兵防送至欒壽。」

按姚漢英等奉使，舊五代史、册府元龜並作五月，五代會要叙於四月，何得於二月至遼？且漢英等之被留，應與北漢之厚賂有關，本史繫於二月，未愜。昭胤，舊五代史、册府元龜卷九九八並作華光胤。（殿本舊五代史作光裔，避清諱。或云避宋諱改裔。）

〔六〕册府元龜卷九五三：「晉趙瑩爲中書令。虜陷京城，虜主遷少帝於北塞，瑩與馮玉、李彥韜俱從。契丹永康王代立，僞授瑩太子太保。周廣順初，遣尚書左丞田敏報命於契丹，遇瑩於幽州，瑩得見華人，悲悵不已。謂田敏曰：『老身漂零寄命於此，近聞室家喪逝，弱子無恙，蒙中朝皇帝倍加存恤，東京舊第，本屬公家，亦聞優恩特給善價，老夫至死無以報效。』於是南望稽首，涕泗橫流。」又卷九八〇云：周廣順元年「八月，契丹遣幽州教練使曹繼筠（舊五代史周紀作幽州牙將曹繼筠。）護送宰相趙瑩喪柩至其家。（以上並見卷一四〇）先是開運末，虜陷京城，瑩與馮玉、李彦韜俱遷於北塞。未幾，卒，至是方歸喪柩」。

新五代史卷五六趙瑩傳：「瑩從出帝北徙虜中，瑩事兀欲爲太子太保……瑩子易則、易從。當其從而北也，與易從俱，而易則留事漢，官至刑部郎中。後瑩病將卒，告於契丹，願以屍還中國，契丹許之。及卒，遣易從護其喪南歸。太祖憐之，贈瑩太傅，葬於華陰。」

〔七〕牒蠟，本史卷一一三有傳，通鑑、新五代史、十國春秋皆作述軋。新五代史卷七〇東漢世家：「契丹永康王兀欲與（劉）旻約爲父子之國。旻乃遣宰相鄭珙致書兀欲，稱姪皇帝，以叔父事之。已而兀欲遣燕王述軋、政事令高勳以册尊旻爲大漢神武皇帝。並册旻妻爲皇后。兀欲性豪儁，漢使者至，輒以酒肉困之，珙素有疾，兀欲彊之飲一夕而以醉卒。然兀欲聞旻自立，頗幸中國多故，乃遣其貴臣述軋、高勳以自愛黄騮，九龍十二稻玉帶報聘。」

通鑑：四月丁未，「契丹主遣使如北漢，告以周使田敏來，約歲輸錢十萬緡。北漢主使鄭珙以厚賂謝契丹。自稱：『侄皇帝致書於叔天授皇帝。』請行册禮」。六月丁巳，「契丹遣燕王述軋等册命北漢主爲大漢神武皇帝、妃爲皇后。北漢主更名旻」。（契丹國志卷四同。）按全遼文卷四劉繼文墓誌亦作神武皇帝。惟舊五代史卷三五劉崇傳稱：「册崇爲英武皇帝。」

王保衡晉陽見聞録：「鄭珙既達虜廷，虜君恩禮周厚。虜俗以酒池肉林爲名，雖不飲酒如韋曜輩者。亦加灌注，縱成疾，無復信之。珙魁岸善飲，罹無量之逼。宴罷，載歸，一夕腐脅於穹廬之氈堵間，輿屍而復命。」考異入此事於下年。

〔八〕百泉嶺即百泉湖地區之嶺，百泉湖地區亦稱九十九泉。索隱卷一：「今札魯特左翼西南車爾百泉崗。」

〔九〕通鑑後周紀：「七月，北漢主遣翰林學士博興、衛融等詣契丹謝册禮，且請兵。」（十國春秋同。）册府元龜卷一四七：「八月，契丹瀛、莫、幽州界大水，饑饉流散，襁負而歸者不可勝計。比界州縣亦不禁止，太祖愍之，詔沿邊州郡，安衈流民，仍口給斗粟，前後繼至數十萬口。」又卷一六七云：「八月，滄州王景言：『幽州饑，繼有流民入界。』」

〔一〇〕祥古山，察割傳作詳古，案本史卷四一地理志歸化州無此山名。歸化州，今河北省宣化市。新五代史卷七三四夷附録：「燕王述軋與太寧王嘔里僧等率兵殺突欲于大神淀。」通鑑後周紀作火神淀注引宋白曰：「火神淀在新州西。」祥古山當在奉聖州西北與歸化州接界。

〔一一〕按本史卷七七耶律屋質傳，羣上當有「與」字。

〔一二〕通鑑後周紀：「九月，北漢主遣招討使李存瓌將兵自團柏入寇。契丹（主）欲引兵會之，與酋長議於九十九泉。（胡注：魏土地記曰：『沮陽城東八十里有牧羊山，山下有九十九泉，即滄河之上源也。』按魏收魏書：『天賜三年八月，魏主登武要北原，觀九十九泉。武要縣，漢屬定襄郡東部都尉治所。』宋白曰：『九十九泉，在幽州西北一千餘里。』）諸部皆不欲南寇，契丹主强之，癸亥，行至新州之火神淀，燕王述軋及偉王之子太寧王漚僧作亂，弑契丹主而立述軋。契丹主德光之子述律逃入南山，諸部奉述律以攻述軋、漚僧，殺之，并其族黨。立述律爲帝，改元應曆。

遼史補注卷六

本紀第六

穆宗上

穆宗孝安敬正皇帝，諱璟，〔一〕小字述律。太宗皇帝長子，母曰靖安皇后蕭氏。會同二年，封壽安王。

天禄五年秋九月癸亥，世宗遇害。逆臣察割等伏誅。丁卯，即皇帝位，羣臣上尊號曰天順皇帝，改元應曆。〔二〕戊辰，如南京。是月，遣劉承訓告哀于漢。〔三〕冬〔四〕十一月，漢、周、南唐各遣使來弔。乙亥，詔朝會依嗣聖皇帝故事，用漢禮。十二月甲辰，漢遣使獻弓矢、鞍馬。壬子，鐵驪、鼻骨德皆來貢。

〔一〕通鑑考異：「按李燾長編開寶二年（九六九）契丹主明爲帳下所弒，即穆宗也。當是後周避廟諱更改，宋史臣因之耳。」所謂周諱，當指周太祖郭威之高祖璟者，然璟、明字義不連，諱璟何以作明。通鑑後周紀云：『（契丹主）後更名明。』契丹國志同，今存遼代石刻凡明字皆缺筆作眀，是亦改名曰明之參證。

〔二〕通鑑後周紀：九月，諸部「立述律爲帝，改元應曆。自火神淀入幽州，遣使告于北漢。北漢主遣樞密直學士上黨王得中如契丹賀即位，復以叔父事之，請兵以擊晉州。（十國春秋卷一〇四北漢乾祐四年九月同。）契丹主年少，好遊戲，不親國事，每夜酣飲，達旦乃寐，日中方起，國人謂之睡王。」

冊府元龜卷九六七：「周太祖廣順元年（九五一）九月，偉王子太寧王與燕王耶律述軋殺兀欲並其妻於帳下，時德光子述律王子討太寧之亂，諸部首領共推爲國主，僞號天順皇帝。」

〔三〕劉承訓於應曆四年，又奉命冊北漢劉承鈞爲帝，職銜爲驃騎大將軍知内侍省事。見通鑑後周紀。

〔四〕冊府元龜卷四〇〇：「史彦超，國初爲龍捷都指揮使，與虎捷都指揮使何徽戍晉州。會太原劉崇與契丹入寇，攻圍州城月餘，是時本州無帥，知州王萬敢不叶物情。彦超與何徽叶力固拒，累挫賊鋒，攻擊日急，禦捍有備。軍政甚嚴，居人無擾。及朝廷遣樞密使王峻總兵爲援，寇戎宵遁。」

通鑑後周紀：十月甲辰，「契丹遣彰國節度使蕭禹厥將奚、契丹五萬會北漢兵入寇，北漢主自將兵二萬自陰地關寇晉州。丁未，軍於城北，三面置寨，晝夜攻之，游兵至絳州。時王晏已離鎮，王彥超未至，巡檢使王萬敢權知晉州，與龍捷都指揮使何徽共拒之。」契丹國志卷五：「冬十月，遼遣蕭禹厥將奚、遼兵五萬會北漢兵伐周，北漢主自將兵二萬，攻晉州……周太祖自將由澤州路與王峻會兵救之。十二月，周王峻至晉州。遼兵與北漢兵夜遁。」十國春秋卷一〇四：北漢乾祐四年（九五一）冬十月「甲辰，遼遣彰國節度使蕭禹厥率兵五萬來會，帝帥兵二萬出陰地關攻晉州。丁未，軍於城北，三面置寨，周巡檢使王萬敢，龍捷都指揮使史彥超，虎捷指揮使何徽共拒之。十二月乙巳，王峻引兵救晉州。晉州南有蒙阬最險要，峻憂我兵據之，是日聞前鋒已度蒙阬，喜曰：『吾事濟矣。』帝攻晉州，久不克。會大雪，我軍乏食，契丹兵思歸，聞峻至，燒營宵遁。峻入晉州……契丹兵至晉陽，士馬什喪三四，禹厥恥無功，釘大將一人於市，旬日而斬焉」。册府元龜卷四三八：「廣順元年，河東劉崇與契丹圍晉州，命峻爲行營都部署，至陝，駐留數夕，劉崇攻晉州甚急，太祖憂其不守，及議親征，取澤州路入與峻會合，先令諭峻，峻遣驃騎馳奏請不行幸，時已降御札，行有日矣，會峻奏至乃止。」通鑑後周紀：十一月「甲子，（周）以王峻爲行營都部署，將兵救之。詔諸軍皆受峻節度，聽以便宜從事，得自選擇將吏。乙丑，峻行，帝自至城西餞之」。按時劉崇與契丹兵攻晉州，周帝於十二月戊子朔，詔取當月三日暫幸西京，王峻使故商州團練使翟守素言於周帝，始止其事。並見舊五代史、五代史闕文。

二年春正月戊午朔，南唐遣使奉蠟丸書，及進犀兕甲萬屬。〔一〕壬戌，太尉忽古質謀逆，伏誅。

二月癸卯，女直來貢。

三月癸亥，南唐遣使奉蠟丸書。〔二〕丁卯，復遣使來貢。甲申，以耶律撻烈爲南院大王。

夏四月丙戌朔，日有食之。己亥，鐵驪進鷹鶻。〔三〕

五月丙辰朔，視朝。壬午，南唐遣使來貢。

六月壬辰，國舅政事令蕭眉古得、〔四〕宣政殿學士李澣等謀南奔，事覺，詔暴其罪。乙未，祭天地。壬寅，漢爲周所侵，遣使求援，命中臺省右相高模翰赴之。丁未，命乳媪之兄曷魯世爲阿速石烈夷離堇。〔五〕

秋七月乙亥，政事令婁國、林牙敵烈、〔六〕侍中神都、郎君海里等謀亂就執。

八月己丑，眉古得、婁國等伏誅，杖李澣而釋之。〔七〕

九月甲寅朔，雲州進嘉禾四莖，二穗。戊午，詔以先平察割日，用白黑羊、玄酒祭天，歲以爲常。壬戌，獵炭山。祭天。庚辰，敵烈部來貢。〔八〕

冬十月甲申朔，漢遣使進葡萄酒。〔九〕甲午，司徒老古等獻白雉。戊申，回鶻及轄戛

斯皆遣使來貢。〔一〇〕

十一月癸丑朔，視朝。己巳，地震。己卯，日南至，始用舊制行拜日禮。朔州民進黑兔。〔一一〕

十二月癸未朔，高模翰及漢兵圍晉州。辛卯，以生日，〔一二〕飯僧，釋繫囚。甲辰，獵于近郊。祀天地。辛亥，明王安端薨。〔一三〕

〔一〕索隱卷一：「案考工記：『犀甲七屬、兕甲六屬。』注：『屬讀爲注，謂上旅、下旅札續之數也。』荀子議兵篇：『衣三屬之甲。』此紀萬屬則積甲之數。」

〔二〕陸游南唐書卷一八：「元宗嗣位，遣使者公乘鎔航海繼好，既至，而契丹主兀欲被殺，弟述律遺元宗書曰：『大契丹天順皇帝謹致書大唐皇帝闕下，貴朝使公乘鎔等，自去秋已達東京海岸，適遭國禍，今年二月二十六日，部署一行并諸儀物、兵鎧，已至燕京，兹蒙敦念先朝，踐修舊好，既增摧痛，又切感銘。貴國長直官王朗、陳篆取間道先回，用附諮報。公乘鎔等已遣伴送使陳植等同回，止俟便風，即令引道。』而公乘鎔亦以蠟封帛書，其詞曰：『臣鎔自去年六月離罌油，七月至鎮東關，遣王朗奉表契丹。九月，乃有蕃官夷離畢部牛車百餘乘及鞍馬，沿路置頓。十月，至東京，留三日，契丹主遣閑廄使王廷秀稱詔勞問，兼述泰寧王、燕王九月同行大事，兀欲即世，母妻併命。又遼東以西，水潦壞道數百里，車馬不通，今年正月，方至幽州，館於愍忠寺。先迎御容入宫，言先欲識唐皇帝面，乃引見如舊儀。問國書中機事，臣即述奕世歡好，當謀分裂之事，契丹主喜，問復有何事，臣云：軍機别有密書。契丹主接置袖間，乃云：吾以唐皇帝一如先朝往來。因置酒合樂。又諭臣曰：使人遠汎鉅海而至，不期骨肉間倏起此事，道路所聞，必亦憂恐。手斟一玉鐘酒，先自啜，乃以勸臣令飲釂。自旦至日晡始罷。自是數遣使宣勞，三日一賜食。謹遣王朗齎骰號子歸聞奏。』骰號子，不知何等語也。」

劉承幹考異云：「按世宗二年，南唐遣李朗、王祚來慰。王朗疑即李朗，以王祚而誤耳。」

通鑑後周紀云：「唐自烈祖以來，常遣使泛海與契丹相結，欲與之共制中國，更相饋遺，約爲兄弟，然契丹利其貨，徒以虚語往來，實不爲唐用也。」

〔三〕册府元龜卷九七七：「廣順二年（九五二）四月，定州言：『契丹羽林都署辛霸卿等二十三人，馬三匹，并車牛來奔。』」

〔四〕蕭眉古得，舊五代史卷一一二作蕭海貞，契丹國志卷五及通鑑並作蕭海真。

通鑑後周紀：廣順二年六月，「太子賓客李濤之弟澣，在契丹爲勤政殿學士，與幽州節度使蕭海真善。海真，契丹主兀欲之妻弟也。澣説海真内附，海真欣然許之。澣因定州諜者田重霸齎絹表以聞。且與濤書，言『契丹主童騃，專事宴遊，無遠志，非前人之比，朝廷若能用兵，必克；不然，與和，必得。二者皆利於速，度其情勢，他日終不能力助河東者也（河東謂北漢）。』壬寅，重霸至大梁，會中國多事，不果從」。

册府元龜卷七六二：「李澣初仕晉爲翰林學士，晉末，契丹犯闕，明年春，隨虜帳北行。虜主永康王善待之，永康入國，以澣華人，不令隨從，留住幽州，供給亦厚。永康爲述軋所殺，述律代立，部族首領多被戮，永康妻弟曰蕭海真，亦謂之蟬得舍利，爲幽州節度使，與澣相善，每與澣言及中國，意深慕之。澣嘗微以言挑之，欣然遂納。會定州節度使遣諜者田重霸繼往幽州，偵邏軍事，每令潛至澣所，密謀還計。澣亦致書於定帥致謝。定帥表其事，太祖哀澣羈離異域，常有南歸之意，乃令田重霸齎詔賜之。兼令澣兄太子賓客濤密通家問，澣得詔，甚感太祖恩，因重霸迴，致謝曰：『田重霸至，伏蒙恩慈，特頒明詔。降日中之文字，慰天外之流離。別述宸慈，俾傳家信；如見骨肉，倍感君親。』又奏陰事曰：『昨田重霸至，爲無與蕭海真詔敕，祇有兄濤家書，不敢將出，方欲遣田重霸卻回。至五月四日，海真差中門使趙珮傳語臣云：昨擬差人齎絹書上南朝皇帝請發兵來，兼取得姚漢英等奏狀，所貴聽信，其絹文印押了未封，被趙珮懷内遺失交下，憂怕不知所爲。臣既認實心，遂喚趙珮、通事李解里來呈與書詔，當時聞於海真，極喜，引臣竊謝，尋喚重霸於私宅相問，至五月二十六日，又喚重霸於衙内一宿，今月四日，令趙珮將銀十兩，令與重霸，兼傳語與臣云：「我心如鐵石，但令此人且回，諸事宿時説與，一一已令口奏，候南朝有文字來，則別差人去。」今因奏陳，皆據目前所得，至於機事兵勢權謀，非臣愚爲敢陳鄙欵，伏乞妙延良弼，周訪嘉謀，斷於宸衷，用叶廟勝。』又與濤書，言契丹述律事云：『今皇驕騃，唯好擊鞠，耽於内寵，固無四方之志。觀其事勢，不同已前，親密貴臣，常懷異志，即微弱可知，不敢備奏，一則煩文，一則恐涉爲身計大好，乘其亂弱之時，計亦易和，若辦得來討唯速，若且和亦唯速。將來必不能力助河東也。』」

〔五〕冊府元龜卷九七七：「六月，契丹降人孫重勳等四十四人到闕。」

十國春秋卷一〇四：「北漢乾祐五年六月壬寅，帝以周人犯邊，遣使求援於遼，遼主命中臺省右相高模翰赴之。」

〔六〕本史卷一一三有傳作敵獵。

冊府元龜卷六六：廣順「二年七月戊辰，詔河東接界沿山諸州關塞山路，止絶向北商賈往來」。又卷一七〇云：「廣順二年七月戊寅，以契丹長慶宮提轄使户部郎中韓僚爲鄜州延慶縣令（按世宗積慶宮，應天皇太后長寧宮，無長慶。）契丹虞部員外郎胡嶠爲汝州魯山縣令。並以其歸化故也。」

〔七〕冊府元龜卷九七七：「八月，定州言：『有户三百自契丹來歸。』」

〔八〕冊府元龜卷一六九：九月壬戌，「定州進所獲契丹馬六千一百匹」。

冊府元龜卷六六：「九月，勅北面沿邊州府鎮戍兵，自守疆埸，不得入幽、瀛界俘掠。」（舊五代史同。繫於九月庚午十七日。）

冊府元龜卷九八七：「鎮州何福進言：『契丹寇深、冀，遣龍捷都指揮使劉成誨、兵馬監押慕延釗、本州衙内指揮使何繼筠率兵拒之，至武强縣，奪下老小千餘口，賊軍遁去。』」通鑑、舊五代史畧同。舊五代史繫此事於九月乙亥。舊五代史卷一一二又云：「時契丹聞官軍至，掠冀部丁壯數百隨行，狼狽而北。冀部被擄者望見官軍，鼓譟不已，官軍不敢進，其丁壯盡爲蕃部所殺而去。戊寅，樂壽都監杜延熙奏，於瀛州南殺敗契丹，斬有三百級，獲馬四十七匹。癸未，易州奏：『契丹武州刺史石越來奔。』」杜延熙，册府元龜卷四三五作杜廷熙。舊五代史劉誨，通鑑作劉誠誨，册府元龜作劉成誨。

〔九〕索隱卷一：「案蒲陶酒始見史記、漢書大宛傳。後涼録稱呂光入龜茲城，胡人家有葡萄酒。舊唐書西戎傳：『高昌有葡萄酒。』又清異録：『穆宗進西涼州葡萄酒。』蓋自唐穆宗時，西州多能爲之者，故地理志西州交河郡貢是酒。」北漢既以葡萄酒進遼，可見當地產葡萄，且已有葡萄釀酒技術。

〔一〇〕通鑑後周紀：「十月，遼、瀛、莫、幽州大水，流民入塞，散居河北者數十萬口，契丹州縣亦不之禁。詔所在賑給存處之，中國民先爲所掠，得歸者什五、六。」契丹國志即節取此文，惟數十萬口作四十萬口，或別有據。舊五代史卷一一二周紀廣順二年亦作「數十萬口」。册府元龜卷九七七云：「契丹釣臺鎮將王彥鎮、都將盧曉文、招收軍使王瓊等八人來奔。」

〔一一〕册府元龜卷九七七云：「十一月，契丹界關南都船務使王希、乾寧軍使孫章而下二十四人來歸。」

〔一二〕按本史卷三紀天顯六年八月稱「皇子述律生」，下文應曆三年、十三年、十四年、十七年穆宗生日並在八月，此作十二月，誤，或「生日」上有脱文。

〔一三〕册府元龜卷九七七云：「十二月，契丹殿頭王進、龍武羽林軍校及通事舍人胡延等六人來奔。」又卷一七〇云：「十二月，補契丹武州刺史石越爲南府知兵馬使，張延煦爲許州都知兵馬使。是月契丹部建州掌書記馬震、興州録事參軍李超、晉州主簿李署、可汗州懷來主簿王自真等，宣中書各授州縣參贊之官。」

三年春閏正月壬午朔，漢以高模翰却周軍，遣使來謝。〔一〕

二月辛亥朔，詔用嗣聖皇帝舊璽。甲子，太保敵烈修易州城，鎮州以兵來挑戰，却之。〔二〕

三月庚辰朔，南唐遣使來貢，因附書于漢，〔三〕詔達之。庚寅，如應州擊鞠。丁酉，漢遣使進毬衣及馬。庚子，觀漁於神德湖。〔四〕

夏四月庚申，鐵驪來貢。〔五〕

五月壬寅，漢遣使言石晉樹先帝聖德神功碑爲周人所毀，請再刻，許之。〔六〕

六月丁卯，應天皇太后崩。〔七〕

秋七月，不視朝。〔八〕

八月壬子，以生日，釋囚。己未，漢遣使求援。三河烏古、吐蕃、吐谷渾、鼻骨德皆遣

使來貢。〔九〕

九月庚子，漢遣使貢藥。〔一〇〕

冬十月己酉，命太師唐骨德治大行皇太后園陵。〔一一〕李胡子宛、郎君嵇幹、敵烈謀反，事覺，辭逮太平王罨撒葛、林牙華割、郎君新羅等，皆執之。

十一月辛丑，謚皇太后曰貞烈，葬祖陵。漢遣使來會。

是冬，駐蹕奉聖州。以南京水，詔免今歲租。〔一二〕

〔一〕冊府元龜卷四三五：廣順三年春閏「正月，定州言：『契丹兵三千攻圍義豐軍，遣定和都指揮使楊宏裕選兵二百，夜斫寨，殺蕃酋縮相以下六十人，得馬八匹。契丹遁去。』」卷九七七又云：「正月，契丹王子元禄（兀禄）二人，羽林軍使王遇，軍將張超等十九人來奔。」通鑑亦作定和都指揮使楊宏裕，契丹國志作周將楊宏昭。

舊五代史卷一一二周紀：廣順三年閏（正）月「辛卯，定州奏：『契丹攻義豐軍，出勁兵夜斫蕃營，斬首六十級，契丹遁去。』甲午，鎮州奏：『契丹寇境，遣兵追襲至無極而還。』」殿本卷末考證：「按契丹國志作無極山，是書無「山」字，當係史家省文。」檢掃葉山房校刊本契丹國志作無極，無「山」字。通鑑胡注：「時置義豐軍於定州義豐縣。」

冊府元龜卷一六七：廣順三年正月，「契丹降人僞授儒州晉山簿李著、鄭縣簿王裔、泰州司法劉裴等，著賜比明經出身，裔、裴比學究出身。」

〔二〕册府元龜卷九七七：「二月，鎮州言，部送契丹來奔銀院使張知訓等七人。」

〔三〕十國春秋卷一〇四北漢世祖紀：乾祐六年「三月庚辰朔，南唐遣使貢遼，因附書於我，遼主詔達其貢。」

〔四〕册府元龜卷九七七：「三月，契丹羽林軍士十五人來降。」

〔五〕册府元龜卷九七七：「四月，契丹乾寧軍使張韶等三十八人、羽林軍將王興等十五人來奔。」舊五代史卷一一三：「四月甲寅，禁沿邊民鬻兵仗與蕃人。」（五代會要繫於三月。）

〔六〕册府元龜卷九七七：「五月，深州送契丹來奔麴院官李緒等十七人、指揮使李重筠等十人、爲儀郎四十人至京師。」

〔七〕册府元龜卷九七七：「六月，契丹瀛州戍軍陶洞文等十二人及巡檢指揮使葛知友、雲州牙將崔崇等十九人、招收軍使李彦暉等二十一人來奔。是月，定州送奚、契丹來奔。繡院使邢福順等十三人并順州刺史男戴原等至闕。」舊五代史卷一一三：「六月壬子，滄州奏：『契丹幽州榷鹽制置使兼防州刺史知盧臺軍事張藏英，以本軍兵士及職員户人孳畜七千頭口歸化。』」通鑑、契丹國志並同。惟新五代史、册府元龜繫於七月。

宋史卷二七一張藏英傳：「周廣順三年，率内外親屬并所部兵千餘人，及煮鹽户長幼七千餘口，

牛馬萬計，舟數百艘，航海歸周。至滄州，刺史李暉以聞。周祖頗疑之，令館於封禪寺，俄賜襲
衣、銀帶、錢十萬、絹百匹、銀器、鞍勒馬。數月，世宗即位，授德州刺史，未幾召歸，對便殿，詢以
備邊之策。藏英請於深州李晏口置砦及誘境上亡命者以隸軍，願爲主將，得便宜討擊。世宗悉
從之，以爲緣邊招收指揮使，賜名馬、金帶。藏英遂築城李晏口，累月，募得勁兵數千人，會遣鳳
翔節度王彥超巡邊，爲契丹所圍。藏英率新募兵馳往擊之，轉戰十餘里，契丹解去。改濮州刺
史，仍領邊任，契丹將高牟翰以精騎數千擾邊，藏英逆擊於胡盧河北，自旦至晡，殺傷甚衆，值暮
收兵，契丹遁去。後因領兵巡樂壽，契丹幽州驍將姚內斌偵知藏英兵少，以精騎二千陣於縣之
北，藏英率麾下擊之，自辰及申，士皆殊死戰，內斌遂解去，世宗降璽書褒美，征瓦橋關，爲先鋒
都指揮使，敗契丹騎數百於關北。（征瓦橋關事，參下文九年注〔二〕。）下固安縣，又改關南排
陣使。」

〔八〕册府元龜卷九七七云：「七月，契丹羽林軍士楊澤等十三人、殿直楊晏等二十五人來奔。是月，滄州李暉送契丹降人盧臺軍使張藏英等二百二十二人，馬二十三匹。」

〔九〕册府元龜卷九七七云：「八月，定州部送契丹歸明軍士齊武等二十九人至京師。」齊武，拾遺引作齊威，楊晏作楊晏得，楊澤作楊士澤。

〔一〇〕册府元龜卷九七七云：「九月，雲州吐渾指揮使黨富達等五十一人，馬駝四十二并朔州軍使馬延嗣等來奔。」

新五代史卷五六馮玉傳：「出帝之北，（馮）玉從入契丹，契丹以爲太子太保。周廣順三年，其子傑自契丹逃歸，玉懼，以憂卒。」

册府元龜卷九二三：「馮傑，晉宰相玉之子也。玉從少帝北遷，虜僞命爲太子少保，至周太祖廣順二年，傑自幽州不告父而亡歸。玉懼虜譴責，尋以憂恚卒於蕃中。」

通鑑後周紀：九月己亥，「契丹寇樂壽，齊州戍兵右保寧都頭劉漢章殺都監杜延熙，謀應契丹，不克，并其黨伏誅」。

舊五代史卷一一三：九月「丁酉，深州上言：『樂壽縣兵馬都監杜延熙爲戍兵所害。』先是齊州保寧郡兵士屯於樂壽，都頭劉彦章等殺延煦爲亂，時鄭州開道指揮使張萬友亦屯於樂壽，然不與之同，朝廷急遣供奉官馬謂省其事，謂乃與萬友擒彦章等十三人，斬之，餘衆奔齊州」。

〔一二〕按皇太后爲穆宗祖母，是太皇太后。此沿舊稱。

〔一三〕自去年南京大水成災，契丹國志卷五：應曆二年（周廣順二年）「冬十月，遼、瀛、莫、幽州大水，流民入塞者四十萬口，本國亦不之禁，周詔所在賑給存處之。中國民被掠得歸者什五六」。五代會要卷一一：「周廣順二年七月，暴風雨，京師水深二尺，壞墻屋不可勝計。諸州皆奏大雨，所在河渠泛溢害稼。三年六月，諸州大水，襄州漢江泛溢，壞羊馬城，大城城内水深一丈五尺，倉庫漂盡，居人溺者甚衆。」

舊五代史卷一一二：廣順二年十月「丁未，滄州奏：『自十月已前，蕃歸漢户萬九千八百户。』是時北境饑饉，人民轉徙，繈負而歸中土者，散居河北州縣凡數十萬口」。以水免租，似是去年之事。但今年亦遇大水，若非錯簡，應以連年受災，免租。

四年春正月戊寅，回鶻來貢。己丑，華割、嵇幹等伏誅，宛及罨撒葛皆釋之。是月，周主威殂，養子晉王柴榮嗣立。

二月丙午朔，周攻漢，命政事令耶律敵禄援之。〔一〕丙辰，漢遣使進茶藥。幸南京。

夏〔二〕五月乙亥，忻、代二州叛漢，遣南院大王撻烈助敵禄討之。丁酉，撻烈敗周將符彦卿於忻口。

六月癸亥，撻烈獻所獲。

秋七月乙酉，漢民有爲遼軍誤掠者，遣使來請，詔悉歸之。〔三〕

九月丙申，漢爲周人所侵，遣使來告。

冬十一月，〔四〕彰國軍節度使蕭敵烈、太保許從贇奏忻、代二州捷。

十二月辛酉朔，〔五〕謁祖陵。庚午，漢遣使來貢。

是冬，駐蹕杏堝。

〔一〕本史卷九〇耶律敵禄傳：「字陽隱。將兵援河東，至太原，與漢王會於高平，擊周軍，敗之，仍降其衆。忻、代二州叛，將兵討之，會耶律撻烈至，敗周師於忻口。」通鑑後周紀：周顯德元年（九五四）「北漢主聞太祖晏駕，甚喜，謀大舉入寇，遣使請兵於契丹。二月，契丹遣其武定節度使、政事令楊衮將萬餘騎如晉陽。（考異：「晉陽見聞録：『衮帥騎五七萬，號十萬來會。』今從世宗實録。」）北漢主自將兵三萬，以義成節度使白從暉爲行軍都部署，武寧節度使張元徽爲前鋒都指揮使，與契丹自團柏南趣潞州……屯梁侯驛，昭義節度使李筠遣其將穆令均將步騎二千逆戰，筠自將大軍壁於太平驛，張元徽與令均戰，陽不勝而北，令均逐之，伏發，殺令均，俘斬士卒千餘人。筠遁歸上黨，嬰城自守，筠，即李榮也。避上名改焉。世宗聞北漢主入寇，欲自將兵禦之，羣臣皆曰：『……陛下新即位，山陵有日，人心易摇，不宜輕動，宜命將禦之。』……帝曰：『以吾兵力之强，破劉崇如山壓卵耳！』」舊五代史亦記周世宗强欲親征。五代會要卷二九：「顯德元年春，太原劉崇將圖南寇，述律使蕃將楊衮率虜騎萬餘以助之。」（通鑑畧同）通鑑後周紀：「三月乙亥朔……北漢乘勝進逼潞州。丁丑，詔天雄節度使符彦卿引兵自磁州固鎮出北漢軍後，以鎮寧節度使郭崇副之，又詔河中節度使王彦超引兵自晉州東北邀北漢，以保義節度使韓通副之，又命馬軍都指揮使、寧江節度使樊愛能，步軍都指揮使、清淮節度使何徽，義成節度使白重贊，鄭州防禦使史彦超，前耀州團練使符彦能將兵先趣澤州，宣徽使向訓監之……壬辰，帝過澤州……癸巳，前鋒與北漢軍遇，擊之……北漢主以中軍陳於巴公原，張元徽軍其東，楊衮軍其西，衆頗嚴整。時河陽節度使劉詞將後軍未至，衆心危懼，而帝志氣益鋭……北漢主見周軍少，悔召契丹，謂諸將曰：『吾自用漢軍可破也，何必契丹！今日不惟克周，亦可使契丹心服。』諸將皆以爲然。楊衮策馬前望周軍，退謂北漢主曰：『勍敵也，未可輕進！』北漢主奮頟曰：『時不可失，請公勿言，試觀我戰。』衮默然不悦。時東北風方盛，俄而忽轉南風，北漢副樞密使王延嗣使司天監李義白北漢主云：『時可戰矣。』北漢主從之。樞密直學士王得中扣馬諫曰：『義可斬也，風勢如此，豈助我者耶！』北漢主曰：『吾計已決，老書生勿妄言，且斬汝！』麾東軍先進，張元徽將千騎擊周右軍。合戰未幾，樊愛能、何徽引騎兵先遁，右軍潰，步兵千餘人解甲呼萬歲，降於北漢。帝見軍勢危，自引親兵犯矢石督戰。太祖皇帝時爲宿衛將……謂張永德曰：『……請引兵乘高出爲左翼，我引兵爲右翼以擊之。』……各將二千人進戰。太祖皇帝身先士卒，馳犯其鋒，士卒死戰，無不一當百。北漢兵披靡。内殿直夏津馬仁瑀……躍馬引弓大呼，連斃數十人……殿前右番行首馬全乂……即引數百騎進陷陳。北漢主知帝自臨陳，褒賞張元徽，趣使乘勝進兵。元徽前畧陳，馬倒，爲周兵所殺。元徽，北漢之驍將也。北軍由是奪氣。時南風益盛，周兵争奮，北漢兵大敗，北漢主自舉赤幟以收兵，不能止。楊衮畏周兵之彊，不敢救，且恨北漢主之語，全軍而退。樊愛能、何徽引數千騎南走……揚言：『契丹大至』……劉詞遇愛能等於塗，愛能等止之，詞不從，引兵而北。時北漢主尚有餘衆萬餘人，阻澗而陳，薄暮，詞至，復與諸軍擊之，北漢兵又敗，殺王延嗣，追至高平，僵尸滿山谷，委棄御物及輜重、器械、雜畜不可勝紀……丁酉，帝至潞州。北漢主自高平被褐戴笠，乘契丹所贈黄騮，帥百餘騎由雕窠嶺遁歸，宵迷，俘村民爲導，誤之晉州，行百餘里，乃覺之，殺導者，晝夜北走，所至得食未舉筯，或傳周兵至，輒蒼黄而去。北漢主衰老力憊，伏於馬上，晝夜馳驟，殆不能支，僅得入晉陽……庚子……楊衮將其衆北屯代州，北漢主遣王得中送衮，因求救於契丹。契丹主遣得中還報，許發兵救晉陽」。

舊五代史卷一一四：三月「癸巳，王師與河東劉崇、契丹楊衮大戰於高平，賊軍敗績」。按五代史補卷五世宗誅高平敗將條：「劉崇求援於契丹，得騎數千，及覩世宗兵少，悔之曰：『吾觀周師易與耳，契丹之衆宜勿用，但以本軍攻戰，自當萬全，如此則不惟破敵，亦足使契丹見而心服。一舉而有兩利，兵之機也。』諸將以爲然，乃使人謂契丹主將曰：『柴氏與吾，主客之勢，不煩足下餘刃，敢請勒兵登高觀之可也。』契丹不知其謀，從之。洎世宗之陣也，三軍皆賈勇争進，無不一當百，契丹望而畏之，故不救而崇敗」。通鑑考異曾載五代史補之文，而通鑑從世宗實録與舊五代史。

新五代史卷七〇東漢世家：「旻歸，爲黄騮治厩，飾以金銀，食以三品料，號『自在將軍』。」

十國春秋卷一〇四：北漢乾祐七年（九五四）三月「壬寅，周以符彦卿爲河東行營都部署，郭崇副之，向訓爲都監，李重進爲馬步都虞候，史彦超爲先鋒，將步騎二萬發潞州入寇。又命王彦超、韓通自陰地關入，與彥卿合。又以劉詞爲隨駕都部署，白重贊副之」。

〔二〕舊五代史卷一一四：夏四月庚午，「車駕發潞州，親征劉崇。癸酉，忻州僞監軍李勍殺其刺史趙臯及契丹大將楊耨姑，以城歸順。詔授李勍忻州刺史」。（册府元龜卷一六七同，唯李勍作李就。）

十國春秋卷一〇四：「五月乙亥，遼遣南院大王撻烈來援。丙子，周主至太原，旗幟環城四十里。是日代州防禦使鄭處謙舉城降周。先是楊袞疑處謙有二心，使騎兵守城門，處謙殺之，閉門拒袞，袞奔歸遼，遼主以其無功，囚之。處謙遂叛。丁丑，周置靜塞軍於代州，以處謙爲節度使。契丹屯數千騎於忻、代間，爲我援兵。庚辰，周主遣符彥卿擊之，彥卿入忻州，契丹退保忻口。……丁酉，撻烈敗彥卿於忻口，周代州將桑珪等誣鄭處謙通遼，殺之。……周將史彥超與契丹戰死。周主初來攻晉陽，彥卿、彥超北控忻口，以斷契丹援路，而晉陽城方四十里，周師去城三百步，圍之匝，百計攻之不能克，彥卿既數爲契丹所挫，至是復以身殉。周主於是徵懷、孟、蒲、陝丁夫數萬，亟攻晉陽，會久雨，士卒皆罷病，乃議引還。」索隱卷一：「通鑑注引九域志，忻州秀容縣有忻口寨，在石嶺關南。今考一統志：忻口在忻州北五十五里，兩山相夾，滹沱水經其中，舊有忻口城。」

通鑑後周紀：五月丙子，「楊袞疑北漢代州防禦使鄭處謙貳於周，召與計事，欲圖之，處謙知之，不往。袞使胡騎數十守其城門，處謙殺之，因閉門拒袞，袞奔歸契丹。契丹主怒其無功，囚之。

處謙舉城來降」。「丁亥，置寧化軍於汾州，以石、沁二州隸之，代州將桑珪、解文遇殺鄭處謙，誣奏云潛通契丹。符彦卿奏請益兵，癸巳，遣李筠、張永德將兵三千赴之，契丹遊騎時至忻州城下。丙申，彦卿與諸將陳以待之，史彦超將二千騎（二千，通鑑原作二十騎，此據册府元龜卷四五六。）爲前鋒，遇契丹，與戰，李筠引兵繼之，殺契丹二千人，彦超恃勇輕進，去大軍浸遠，衆寡不敵，爲契丹所殺，筠僅以身免，周兵死傷甚衆，彦卿退保忻州，尋引兵還晉陽。」册府元龜卷九八七：「五月，符彦卿上言：『逐契丹過忻口北，殺蕃軍二千餘衆，大軍已還忻州。』從官稱賀。」册府元龜卷一二六：周世宗顯德元年「五月丙子，僞代州防禦使鄭處謙上表歸順。時契丹大將楊衮自高平之敗，奔至代州，及聞王師至太原，意處謙等有變，謀奪其州。一日，立召處謙計事，處謙懼不敢赴，衮使虜騎數十守其城門，處謙與軍民共擊殺之，因閉壁以拒，蕃戎遣使歸命，且乞援兵，時劉崇所署僞樞密直學士王得中自虜中使迴，至代州，遇變，亦上表歸命」。册府元龜卷四四四：「（周）世宗親征太原，大軍至河東城下，契丹營於忻、代之間，遥應賊勢，詔天雄軍節度使符彦卿率諸將屯忻州以拒之。彦卿襲契丹於忻口，（史）彦超以先鋒軍追蕃寇，離大軍稍遠，賊兵伏發，爲賊所陷。」

〔三〕馬令南唐書卷三：保大十二年（九五四）「秋七月，契丹使其舅來聘。昇元中，宋齊丘選宫嬪雜以珠貝羅綺泛海，北通契丹，欲賴之以復中原，而虜使至，則厚幣遣還，迨至淮北，輒使人刺之，復遣使沿海齎琛寶以報聘，虜意晉人殺其使，數犯中原，至是館虜使於清風驛，夜讌，更衣，盜斬其首，契丹自此不至，蓋中原間之也。」陸游南唐書卷一八契丹傳：「初宋齊丘謀間晉，會契丹使燕人高霸來聘，歸至淮北，唐陰遣人刺殺之，霸有子乾從行，匿之濠州，於是契丹頗信以爲霸之死出於晉人。保大十二年，述律遣其舅來，夜宴清風驛，起更衣，忽仆於地，視之，失其首矣。厚賞捕賊，不得，久乃知周大將荆罕儒知契丹使至，思遣客刺之以間唐，乃下令能得吾枕者賞三百緡，俄有劍客田英得之，即給賞如約。仍屏人語之曰：『能得江南番使頭，賞三千緡。』英果得之。自是唐與契丹遂絶。」拾遺卷五云：「南唐書紀此事爲保大十二年，在周爲顯德元年，在遼爲應曆四年。契丹國志（述按：通鑑同）作應曆九年，未知孰是。遼史應曆五年、七年，南唐三遣使來貢，遼未與絶也。」

契丹使者於清風驛被斬，通鑑繫顯德六年（九五九）十二月。陸氏南唐書、十國春秋并繫保大十二年（九五四）秋七月。契丹國志卷五作應曆九年（九五九）九月。年月互歧，按本史卷六應曆五年、七年，南唐三遣使來貢，可見十國春秋卷一六所記「契丹遂不至」較此「唐與契丹遂絶」爲愜。

册府元龜卷六六六：廣順「四年，延州向訓言，請禁止州界民賣軍裝、兵器於蕃部，從之」。

王珪華陽集卷四九高烈武王瓊神道碑云：「王之先，薊門人，方五代擾攘，李景盜據江南，數通使契丹，王之皇祖密國公者，與其子適將敵命至，而景欲搆患中原，陰使人害密國公，聲言爲汴人所殺，遷其子濠梁，積厚報隆乃有兹，冀國公知人事之變，舉其族内屬，占數於濠之蒙城，王即冀國之中子也。諱瓊字寶臣。」

〔四〕宣府鎮志卷五：「辰星歲星合宿于尾。」

〔五〕按次年正月辛未朔，本年十二月是辛丑朔。辛酉誤。

五年春正月辛未朔，鼻骨德來貢。〔一〕

二月庚子朔，日有食之。庚申，漢遣使請上尊號，不許。壬戌，如裹潭。

夏四月己酉，周侵漢，漢遣使求援。癸丑，命郎君蕭海璨世爲北府宰相。

秋九月庚辰，漢主有疾，遣使來告。

冬十月壬申，女直來貢。丁亥，謁太宗廟。庚寅，南唐遣使來貢。

十一月乙未朔，漢主崇殂，子承鈞遣使來告，且求嗣立；遣使弔祭，遂封册之。〔二〕

十二月乙丑朔，謁太祖廟。辛巳，漢遣使來議軍事。

〔一〕通鑑後周紀：周顯德二年（九五五）正月，「契丹自晉、漢以來，屢寇河北，輕騎深入，無藩籬之限，郊野之民，每困殺掠，言事者稱，深、冀之間，有胡盧河，横亘數百里，可浚之以限其奔突。是月，詔忠武節度使王彦超、彰信節度使韓通將兵夫浚胡盧河，築城於李晏口，留兵戍之。帝召德州刺史張藏英問以備邊之策，藏英具陳地形要害，請列置戍兵。募邊人驍勇者厚其廩給，自請將之，隨便宜討擊；帝皆從之，以藏英爲沿邊巡檢招收都指揮使。藏英到官數月，募得千餘人。王彦超等行視役者，嘗爲契丹所圍，藏英引所募兵馳擊，大破之。自是契丹不敢涉胡盧河」。册府元龜卷九九四畧同，附叙於三月「改李晏口爲静安軍」下。舊五代史卷一一五亦云：「三月辛未，以李晏口爲静安軍」。五代會要卷二四：顯德「二年三月，以李晏口爲静安軍。（原注：李晏口當契丹入寇之路，築城屯軍爲邊防，人甚賴之。）」又卷二九：顯德「二年三月，命許州節度使王彦超等築壘於李晏口，與番兵數千騎戰於安平縣之南，敗之」。

〔二〕通鑑後周紀：顯德元年（九五四）冬十一月，「北漢主疾病，命其子承鈞監國，尋殂。遣使告哀於契丹，契丹遣驃騎大將軍知内侍省事劉承訓册命承鈞爲帝，更名鈞。每上表於契丹主稱男。契丹主賜之詔，謂之『兒皇帝』。」晉陽見聞要録：「甲寅年春，（漢主旻）南伐，敗歸。夏，周師攻圍，旻積憂勞成心疾。是冬卒。鈞即位，丁巳年正月旦，改乾祐十年爲天會元年。」册府元龜卷二一九：「後漢劉崇，周廣順元年以河東節度使僭號於太原稱漢，改名旻，仍以乾祐爲年號。崇卒，子鈞襲僞位。」拾遺卷五云：「吴氏十國春秋案大定録、紀年通譜、遼史、周世宗實録、舊五代史俱云崇死於乙卯年。惟王保衡故崇舊臣，言當足信，崇應以應曆四年冬十一月殂。」通鑑繫於應曆四年，契丹國志卷五即依通鑑之文。

六年〔一〕夏五月丁酉，謁懷陵。

六月甲子，漢遣使來議軍事。

秋七月，不視朝。〔二〕

九月戊午，謁祖陵。

冬十一月壬寅，鼻骨德來貢。

十二月己未朔，謁太祖廟。

〔一〕通鑑後周紀：周顯德三年（九五六）二月辛卯，「唐主遣人以蠟丸求救於契丹。壬辰，静安軍使何繼筠獲而獻之」。按陸游南唐書卷二云：「帝遣間使求援於契丹，至淮北爲周人所執。」當即此事。通鑑又於是歲歲末云：唐主「遣兵部郎中陳處堯持重幣浮海詣契丹乞兵，契丹不能爲之出兵，而留處堯不遣，處堯剛直有口辯，久之，忿懟，數面責契丹主，契丹主亦不之罪也」。考異云：「十國紀年作兵部郎中段處常，今從晉陽見聞録。」考陸游南唐書卷一七段處常傳云：處常，「保大中爲兵部郎中，周侵淮南，元宗命處常浮海使契丹乞援師，處常爲契丹陳利害甚辨，契丹本通南唐，徒持虚詞，利南方茶藥、珠貝而已。至是了無出師意，而留處常不遣。處常忿其無信，誓死國事，數面誚虜主，虜主亦媿其言，優容之，以病卒於虜」。（參明年注〔四〕。）按十國紀年作段處常，晉陽見聞録作陳處堯，通鑑從見聞録。陸游南唐書從紀年。

〔三〕因在秋山不視朝。下文七年「是秋不聽政」，八年「不視朝」，與此同。

七年春正月庚子，鼻骨德來貢。

二月辛酉，南唐遣使奉蠟丸書。〔一〕辛未，駐蹕潢河。

夏四月戊午朔，還上京。初，女巫肖古上延年藥方，當用男子膽和之。不數年，殺人甚多。至是，覺其妄，辛巳，射殺之。〔二〕

五月辛卯，漢遣使來貢。

六月丙辰朔，〔三〕周遣使來聘。南唐遣使來貢。

八月己未，周遣使來聘。

是秋，不聽政。

冬十月庚申，獵于七鷹山。〔四〕

十二月丁巳，詔大臣曰：「有罪者，法當刑。朕或肆怒，濫及無辜，卿等切諫，無或面從。」辛巳，還上京。

〔一〕通鑑胡注：「自徐温執吳政，屢泛海使契丹，欲與共圖中國，至唐烈祖及今主（中主）皆然。」

〔二〕畢沅續通鑑卷五：「以鳴鏑叢射，騎踐殺之。」

〔三〕朔字，據本史卷四四朔考補。

〔四〕索隱卷一：「案山在正黄旗牧廠南九十里。」

新五代史卷七〇東漢世家：「契丹遣高勳助（劉）承鈞，承鈞遣李存瓌與勳攻上黨，無所得而還。」通鑑後周紀：後周顯德四年（九五七）十一月，「契丹遣其大同節度使侍中崔勳將兵來會北漢，欲同入寇，北漢主遣其忠武節度使同平章事李存瓌將兵會之，南侵潞州，至其城下而還。北漢主知契丹不足恃而不敢遽與之絶，贈送勳甚厚」。契丹國志、十國春秋並同。惟契丹國志從通鑑作崔勳；十國春秋依新五代史作高勳。高勳時爲南京留守，本史卷八五有傳。另崔廷勳曾任節度使、統軍使。

通鑑後周紀：顯德四年十二月丁丑，「唐使者陳處堯在契丹，白契丹主請南遊太原，北漢主厚禮之，留數日，北還，竟卒於契丹」。十國春秋卷一〇五北漢睿宗紀：天會元年「十二月，唐使者陳處堯自契丹來遊太原，（原注：十國紀年作唐兵部郎中段處常。晉陽見聞録云：陳處堯如契丹乞兵，因來遊。今從其説。）帝厚禮之，留數日，北還」。

八年春二月乙丑，駐蹕潢河。

夏四月甲寅，南京留守蕭思温攻下沿邊州縣，遣人勞之。〔一〕

五月，〔二〕周陷束城縣。

六月辛未，蕭思温請益兵，乞駕幸燕。

秋七月，獵于拽剌山。迄于九月，射鹿諸山，不視朝。

冬十一月辛酉，漢遣使來告周復來侵。乙丑，使再至。〔三〕

十二月庚辰，又至。

〔一〕通鑑後周紀：顯德五年（九五八）夏四月，「帝之南征也，契丹乘虛入寇，壬申，帝至大梁，命張永德將兵備禦北邊」。

舊五代史卷一一八：夏四月「甲戌，澶州節度使張永德準詔赴北邊，以契丹犯境故也」。

〔二〕據通鑑、契丹國志：「辛巳朔，日有食之。」

〔三〕十國春秋卷一〇五：（北漢）天會二年「冬十一月，遣使如遼，告周復來侵。乙丑，再遣使如遼。十二月庚辰，又遣使如遼」。

九年春正月戊辰，駐蹕潢河。〔一〕

夏四月丙戌，周來侵，〔二〕戊戌，以南京留守蕭思温爲兵馬都總管擊之。是月，周拔益津、瓦橋、淤口三關。

五月乙巳朔，陷瀛、莫二州。〔三〕癸亥，如南京。辛未，周兵退。

六月乙亥朔，視朝。戊寅，復容城縣。庚申，西幸，如懷州。是月，周主榮殂，子宗訓立。〔四〕

秋七月，發南京軍戍范陽。

冬〔五〕十二月戊寅，還上京。庚辰，王子敵烈、前宣徽使海思及蕭達干等謀反，事覺，鞫之。辛巳，祀天地、祖考，告逆黨事敗。丙申，召羣臣議時政。

〔一〕舊五代史卷一一九：顯德六年（九五九）三月「甲子，詔以北境未復，取此月内幸滄州。甲戌，車駕發京師」。

〔二〕冊府元龜卷一一八：顯德六年四月辛卯，「帝戎服乘馬，率步騎數萬，發自滄州，直趨虜界。中夜駐蹕於野次。壬辰，至乾寧軍」。「丁酉，御龍舟，率内六軍鳴鼙鼓棹，順流而北，艛船戰艦，首尾數十里，己亥，至濁流口，自北泝流以進。庚子，雲旗傣西北而行，又傣西南而行，皆順河路也。壬寅，以自關之西，河路漸隘，水不能勝舟，有巨舫數十艘，不能進，乃捨之。其餘小舟，即命步卒挽之以進，是時帝以捨龍舟乘馬登陸，按轡而西。癸卯，帝入於瓦橋關，駐蹕於行宮，太祖未及解鞍，旋聞關西之北有胡騎數千，乃領百餘騎往擊之，胡兵皆望塵而退」。五代史補卷五：「（周）世宗末年，大舉以取幽州，契丹聞其親征，君臣恐懼，沿邊城壘，皆望風而下，凡蕃部之在幽州者，亦連宵遁去。車駕至瓦橋關，探邏是實，甚喜。以爲大勳必集，登高阜，因以觀六師。頃之，有父老百餘輩，持牛酒以獻。世宗問曰：『此地何名？』對曰：『歷世相傳，謂之病龍臺。』（世宗）默然，遽上馬馳去。是夜聖體不豫，翌日，病亟。有詔回戈，未到關而晏駕……初幽州聞車駕將至，父老或有竊議曰：『此不足憂，且天子姓柴，幽州爲燕，燕者亦烟火之謂也。此柴入火不利之兆，安得成功！』卒如其言。」拾遺卷五云：「周世宗旋師大梁，崩於滋德殿，陶岳所云，亦俗説耳。」王存等元豐九域志卷二曰：「獨流口在乾寧軍北一百二十里。」金人疆宇圖：「涿州管下固安縣有獨流村。」明唐交、高濬纂修嘉靖霸州志卷一曰：「益津關，本唐幽州永清縣地，後石晉陷於契丹，周復以其地置霸州。草橋關在城東一里，宋、遼分界處。楊延朗建淤口關在城東五十里，五代周於此立寨。」通鑑胡注曰：「瓦橋關，在涿州歸義縣。九域志在益津關東八十里。宋白曰：瓦子濟橋在涿州南，易州東，當九河之末。」王鞏隨手雜録曰：「柴世宗銷天下銅像以爲錢，真定像高大不可施工，有司請免。既而北伐，命以礮擊之，中佛乳，竟不能毁。未幾，世宗癰發乳間而殂。」陳燿文學圃藼蘇（卷六）曰：「周世宗毁銅佛像鑄錢，曰佛教以爲頭目髓腦，有利於衆生，尚無所惜，寧復以銅像爲愛乎？鎮州大悲銅像，甚有靈應，擊毀之際，以斧鑁自腦鑱破之，後世宗北征，病疽發腦間，咸謂報應。出談苑。」

晁說之嵩山集卷二：「靖康元年應詔封事云：『克是三關者，雖曰周世宗之英武，而我太祖、太宗實在師間也。世宗嘗以千人之軍溺於亂流叢葦之中，而契丹不敢以一鏃來加者，以三天子之威靈在是也。其克瓦橋關者，又專在太祖之功也。』」

〔三〕通鑑後周紀：周顯德六年，「夏四月庚寅，韓通奏：『自滄州治水道入契丹境，柵於乾寧軍南，補壞防，開游口三十六，遂通瀛、莫。』辛卯，上至滄州，即日帥步騎數萬發滄州，直趨契丹之境」。「壬辰，上至乾寧軍，契丹寧州刺史王洪舉城降。（冊府元龜卷一六七同。）乙未，大治水軍，分命諸將水陸俱下，以韓通爲陸路都部署，太祖皇帝爲水路都部署。丁酉，上御龍舟沿流而北，舳艫相連數十里。己亥，至獨流口，泝流而西。辛丑，至益津關，契丹守將終廷輝以城降。自是以西，水路漸隘，不能勝巨艦，乃捨之。」「癸卯，太祖皇帝先至瓦橋關，契丹守將姚內斌舉城降，上入瓦橋關。」「甲辰，契丹莫州刺史劉楚信舉城降。五月乙巳朔，契丹瀛州刺史高彥暉舉城降。於是關南悉平。」

冊府元龜卷一一八：五月乙巳朔，「僞瀛州刺史高彥暉上表歸順，關南平。是行也，王師數萬，不亡一矢，而虜界城邑皆迎刃而下」。卷一六七云：「以契丹僞瀛州刺史高彥暉爲華州刺史，以僞鄚州刺史劉楚信爲寧州刺史，以僞關南巡檢使姚中斌爲汝州刺史，皆賞歸順之智也。」通鑑後周紀顯德六年五月丙午，「契丹主遣使者日馳七百里詣晉陽，命北漢主發兵撓周邊；聞上南歸，乃罷兵。戊申，孫行友奏拔易州，擒契丹刺史李在欽，獻之，斬於軍市。己酉，以瓦橋關爲雄州，割容城、歸義二縣隸之；以益津關爲霸州，割文安、大城二縣隸之。……己巳，李重進奏敗北漢兵於百井，斬首二千餘級」。冊府元龜卷四三五作：「侍衛使李重進上言敗河東賊軍五千人於北井路，斬二千餘級。」

十國春秋卷一〇五：（北漢）天會三年五月，「帝諭發兵撓周邊，遣使日馳七百里，會周主南歸，乃止。」

舊五代史卷一一九周紀：顯德六年所記畧同，終廷輝作廷暉，莫州作鄚州。又云：「凡得州三縣十七，户一萬八千三百六十。」……己酉，「先鋒都指揮使張藏英破契丹數百騎於瓦橋關北，攻下固安縣。……庚戌，遣侍衛都指揮使李重進率兵出土門，入河東界。」冊府元龜卷二〇，劉楚信作劉信。又云：「凡得州五、縣十七，户一萬八千三百六十一。是行也，王師數萬，不發一矢，而虜境城邑皆迎刃而下。」拔三關，陷莫州，南北所記月日不同。

司馬光涑水記聞卷二：「張藏英，燕人，父爲人所殺，藏英尚幼，稍長，擒仇人，生臠割以祭其父，然後食其心肝，鄉人謂之報仇張孝子。契丹用爲蘆臺軍使，逃歸中國，從世宗征契丹，藏英請不用兵，先往説下瓦橋關，乃單騎往城下，呼曰：『汝識我乎，我張蘆臺也。』因陳世宗威德曰：『非汝敵也，不下，且見屠。』藏英素爲燕人所信重，契丹遂自北門遁去，城人開門請降。」東都事畧卷二九：「姚内斌，盧龍人也。少仕契丹，周顯德末，世宗北征，我太祖將兵至瓦橋關，内斌爲關使，開門請降，世宗以爲汝州刺史。」契丹國志卷五曰：「瀛、莫之失，幽州急遞以聞，帝曰：『三關本漢地，今以還漢，何失之有。』」

遼史殿本考證：「臣長發案資治通鑑，周世宗之拔三關，得莫州在四月，而瀛州之降，乃在五月朔，其退兵於五月壬子。遼史記陷瀛、莫二州於五月朔。辛未周兵即退，俱有誤。」

〔四〕通鑑後周紀：「六月乙亥朔，昭義節度使李筠奏擊北漢，拔遼州，獲其刺史張丕。」舊五代史卷一一九周紀同。張丕作張丕旦。又云：「戊子，潞州部送所獲遼州刺史張丕旦等二百四十五人以獻。」

舊五代史卷一一九：顯德六年六月「己丑，宰臣范質、王溥並參知樞密院事……以今上爲殿前都點檢，加檢校太傅，依前忠武軍節度使。帝之北征也，凡供軍之物，皆令自京遞送行在。一日，忽於地中得一木，長二三尺，如人之揭物者，其上卦全題云『點檢做』。觀者莫測何物也。至是今上始受點檢之命，明年春，果自此職以副人望，則『點檢做』之言，乃神符也」。又卷一二〇：六月「丁酉，北面兵馬都部署韓令坤奏：『敗契丹五百騎於霸州北。』」

舊五代史周紀：六月甲午（恭帝）即皇帝位。「丁酉，北面兵馬都部署韓令坤奏敗契丹五百騎於霸州北」。册府元龜卷九八七亦記敗契丹於霸州北。

通鑑後周紀：六月「辛巳，建雄節度使楊廷璋奏擊北漢，降堡寨一十三」。

册府元龜卷四三五：「六月，晉州節度使楊廷璋上言，率所部兵入河東界招降，下堡砦一十三所，兼下僞西南面巡檢使，斬漢晁已下三人。」

〔五〕十國春秋卷一〇五：北漢天會三年「冬十一月，遼師謀會我兵攻周鎮、定二州」。

十年春正月，周殿前都點檢趙匡胤廢周自立，建國號宋。〔一〕

夏〔二〕五月〔三〕乙巳，謁懷陵。壬子，漢以潞州歸附來告。丙寅，至自懷陵。〔四〕

六月庚申，漢以宋兵圍石州來告，遣大同軍節度使阿剌率四部往援，詔蕭思温以三部兵助之。

秋七月己亥朔，宋兵陷石州，〔五〕潞州復叛，漢使來告。辛酉，政事令耶律壽遠、太保楚阿不等謀反，伏誅。以酒脯祠天地于黑山。

八月如秋山，幸懷州。庚午，以鎮茵石狻猊擊殺近侍古哥。〔六〕

冬十月丙子，李胡子喜隱謀反，辭連李胡，下獄死。

十一月，海思獄中上書，陳便宜。

〔一〕舊五代史卷一二〇：顯德七年（九六〇）春正月辛丑朔，「鎮、定二州馳奏：『契丹入寇，河東賊軍自土門東下，與蕃寇合勢。』詔今上率兵北征。癸卯，發京師，是夕，宿於陳橋驛，未曙軍變，將士大譟呼萬歲，擐甲將刃，推戴今上升大位，扶策升馬，擁迫南行。……今上於是詣崇元殿受命，百官朝賀而退」。

李攸宋朝事實（以下簡稱事實）卷二〇：「國初，天贊賢遣兵攻鎮、定，聞藝祖登極，乃驚曰：『中國今有英武聖主，吾豈敢以螳蜋而禦轍耶？』於是遁去。」按天贊皇帝賢乃景宗，宋初建國適當穆宗，去景宗即位前十年，傅會牽混。

王稱東都事略卷一二三：顯德「七年，（契丹）與河東連兵，寇鎮、定，（周）恭帝命我太祖北征，俄聞太祖即位，驚曰：『中國有英主矣。』於是遁去」。

李燾續資治通鑑長編（以下簡稱長編）：「太祖建隆元年（九六〇）春正月辛丑朔，鎮、定二州言：『契丹入侵，北漢兵自土門東下，與契丹合。』周帝命太祖領宿衛諸將禦之。……己巳，鎮州言：『契丹與北漢兵皆遁去。』」

涑水記聞卷一：「建隆元年正月辛丑朔，鎮、定奏：『契丹與北漢合勢入寇。』太祖時爲歸德軍節度使、殿前都點檢，受周恭帝詔，將宿衛諸軍禦之，癸卯，發師，宿陳橋。」宋人所記均同此。

畢氏續通鑑於建隆元年趙匡胤稱帝之先，曾有鎮、定二州馳奏，遼師南下與北漢合兵，周帝命匡胤率宿衛諸將禦之之事。錢氏考異以爲東都事畧爲史家緣飾之詞。本史不載其事，較爲得實。按錢氏考異之説是也。揆之情勢，當無舉兵南下之事。

十國春秋卷一○五北漢紀作「遼師謀會兵攻鎮、定」，謂雖有其謀，未嘗出師也。滋溪文藁卷二五三史質疑云：「宋史言陳橋兵變者，欺後世也。宰相范質曰：『倉卒遣將，某等之過。』陳大任遼史書曰：『周殿前都點檢趙匡胤廢其主自立。』今修宋史用是例歟？」本史即用陳大任舊文。

〔二〕長編：夏四月丁丑，「契丹入侵棣州，刺史河南何繼筠追破其衆於固安，獲馬四百匹」。事實、彭百川太平治蹟統類（以下簡稱統類）同。

〔三〕據契丹國志卷五應補：「己亥朔，日有食之。」宋史卷五二天文志同。

十國春秋卷一○五北漢紀：天會四年「夏四月，周昭義節度使李筠起兵拒宋，遂殺澤州刺史，據其城。已而遣牙將劉繼沖、判官孫孚奉表稱臣，執其監軍周光遜、閑廐使李廷玉送於我，乞兵爲援，帝欲謀於遼，繼沖述筠意，請無用契丹兵，帝即率本國兵自將出團柏谷……至於太平驛，封筠西平王。筠見帝儀衛不備，非如王者，心甚悔，因自陳受郭氏恩，不敢愛死，帝與周世讎，亦不悦其説，遂使宣徽使盧贊監其軍，筠心益不平，與贊多不協，乃留長子守節居潞，而自引衆南向，帝聞贊與筠異，遣平章事衛融和解之。是月，遣河陽節度使范守圖將兵援筠」。

〔四〕長編：建隆元年五月，辛丑，「北漢主遣内園使李弼以詔書、金帛、善馬賜李筠，筠復遣劉繼沖詣晉陽，請北漢主舉軍南下，己爲前導，北漢主將謀於契丹，繼沖道筠意請無用契丹兵，北漢主從之」。

十國春秋卷一○五：五月「癸卯，宋將石守信敗李筠於長平。壬子，以潞州歸附，遣使告遼，丁巳，宋帝親征筠。丁卯，宋石守信、高懷德大破筠兵，盧贊死焉。筠走保澤州，宋帝列栅圍之」。

〔五〕長編：建隆元年「六月己巳朔，上至澤州，督諸軍攻城，辛巳，克其城，李筠赴火死……乙酉，進攻潞州，丁亥，筠子守節以城降」。未言石州。十國春秋卷一〇五：「六月辛未，澤州陷，李筠赴火死……乙酉，宋帝攻潞州，丁亥，李守節以潞州降宋。」羅校云：「石州，乃澤州之誤。宋圍澤州在六月朔，潞州降在六月丁亥，史殆據報到日也。」六月己巳朔，無庚申。

〔六〕長編：建隆元年八月丙子，「時上將有事於北漢，因密訪策畧，（張）永德曰：『太原兵少而悍，加以契丹爲援，未可倉卒取也。臣愚以爲每歲多設遊兵，擾其田事，仍發間使諜契丹，先絶其援，然後可圖。』上曰：『善。』」（統類同。）

十一年春二月丙寅，釋喜隱。

三月辛亥，〔一〕司徒烏里只子迭剌哥誣告其父謀反，復詐乘傳及殺行人，以其父請，杖而釋之。丙辰，蕭思温奏老人星見，乞行赦宥。

閏月甲子朔，〔二〕如潢河。

夏四月癸巳朔，日有食之。是月，〔三〕射鹿，不視朝。

五月乙亥，司天王白、李正等進曆。〔四〕

六月甲午，赦。〔五〕

冬〔六〕十一月，歲星犯月。

〔一〕「三月」二字原缺。按本史卷四四朔考二月乙丑朔，不當有辛亥、丙辰，三月乙未朔，辛亥爲十七日，丙辰二十二日，據補。

〔二〕朔字，據本史卷四四朔考補。

〔三〕此處疑有脱舛。秋山射鹿不視朝。連上文四月，屬坐夏議政，故疑史文脱舛。

〔四〕王白，本史卷一〇八有傳。畢氏續通鑑：「五月，生女真以馬貢宋。」

〔五〕長編：建隆二年（九六一）秋八月「辛亥，女真國遣使温圖喇來貢名馬」。九月甲子，「契丹吉里來降」。吉里，宋史作解利。

〔六〕宋史卷一：冬十月「戊戌，禁邊民盜塞外馬」。宋會要蕃夷一：「太祖建隆二年（九六一）十月，詔北面諸州，禁邊民無得出塞盜馬。先是五代以來，募民盜戎人馬。官給（其值）。」長編：建隆二年冬十月，「初，五代募民盜戎人馬，官給其直，籍數以補戰騎之闕。上欲敦信保境，戊戌，敕沿邊諸州，禁民無得出塞侵盜，前所盜馬，盡令還之。由是邊方畏慕，不敢内侮」。

十二年春正月甲戌，夜觀燈。〔一〕

二月己丑朔，以御史大夫蕭護思爲北院樞密使，賜對衣、鞍馬。〔二〕

夏〔三〕五月庚午，以旱，命左右以水相沃，頃之，果雨。〔四〕

六月甲午，祠木葉山及潢河。

秋，如黑山、赤山射鹿。

〔一〕按本年正月庚申朔，甲戌十五日元宵節，從漢俗觀燈。

〔二〕長編：建隆三年（九六二）正月「庚辰，女真國遣使濟古爾來修貢」。又三月「丁丑，女真遣使朝貢」。

〔三〕統類卷二：「建隆三年四月，北漢都指揮使蔚進、郝貴超與契丹入寇，又擊走之。」

〔四〕本史卷四九禮志瑟瑟儀云：三日不雨，則以水沃敵烈麻都。此則以水相沃。今達斡爾人仍有相互沃水以乞雨之俗。唐時有乞寒胡戲。通鑑唐紀神龍元年注：「潑寒胡戲，即乞寒胡戲本出於胡中西域康國，十一月鼓舞乞寒，以水交潑爲樂，武后末年，始以季冬爲之。」以水交潑相同，乞寒、乞雨各異。下文十七年四月射柳祈雨，復以水沃羣臣。因俗成禮，亦比南郊，南郊即祭天。

十三年春正月，自丁巳，晝夜酣飲者九日。丙寅，宋欲城益津關，命南京留守高勳、統軍使崔廷勳以兵擾之。〔一〕癸酉，殺獸人海里。〔二〕

二月庚寅，漢遣使來告，欲巡邊徼，乞張聲援。壬辰，如潢河。癸巳，觀羣臣射，賜物有差。乙巳，老人星見。

三月癸丑朔，殺鹿人彌里吉，梟其首以示掌鹿者。

夏四月壬寅，獵于潢河。

五月壬戌，視斡朗改國所進花鹿生麛。〔三〕

六月癸未，近侍傷獐，杖殺之。甲申，殺獐人霞馬。壬辰，詔諸路録囚。

秋七月辛亥朔，漢以宋侵來告。乙丑，薦時羞於廟。

八月甲申，以生日，縱五坊鷹鶻。戊戌，幸近山，呼鹿射之，〔四〕旬有七日而後返。〔五〕

九月庚戌朔，以青牛白馬祭天地。飲于野次，終夕乃罷。辛亥，以酒脯祭天地，復終夜酣飲。〔六〕

冬十月丙申，漢以宋侵來告。

十一月庚午，獵，飲于虞人之家，凡四日。

十二月戊子，射野鹿，賜虞人物有差。庚寅，殺彘人曷主。〔七〕

〔一〕廷，原誤「延」，據本史卷三紀天顯十二年正月、大同元年二月及契丹國志卷一九、舊五代史卷九八改。

〔二〕獸人爲概括總稱。下文有鹿人、獐人、彘人、狼人爲具體執役人員，與豕人、鷹人、雉人、鶻人及酒人、饔人、盥人、庖人相等，均屬吏役，不見於百官志。志有監養鳥獸官，監某鳥、監某獸外，又有監鹿、監雉詳穩司，又承應小底局有鷹坊小底、尚飲小底、盥漱小底、尚膳小底，與此紀諸執役人署同。

長編：乾德元年（九六三）正月「己卯，女真國遣使來貢方物」。

〔三〕視字原脱，據本史卷七〇屬國表及文義補。

〔四〕按下文本史卷一三紀統和九年八月，「女真進喚鹿人」。卷七八耶律夷臘葛傳：「善爲鹿鳴者呼一麚至，命夷臘葛射，應弦而踣。」契丹國志卷二三：每歲「七月上旬，復入山射鹿，夜半，令獵人吹角效鹿鳴，既集而射之」。胡嶠陷北記：「女真善射，常作鹿鳴，呼鹿而射之，食其生肉。」孫光憲北夢瑣言逸文卷四：射鹿者「作麀鹿聲，則麚鹿畢集，人得彀矢而注之」。江鄰幾雜志卷下：「虜使又云，駝鹿重三百斤，效其聲致之。」查慎行人海記卷下：「哨鹿，每歲於白露後三日，獵者衣鹿衣，戴鹿頭，天未明，潛伏草中，吹木筒作聲，牡鹿聞之，以爲求其偶也，遂踴躍而至，至則利鏃加焉，無得脱者。」

〔五〕長編：八月「丁亥，王全斌言：『復與郭進、曹彬等帥師攻北漢樂平縣，降其拱衛指揮使王超等及所部兵一千八百人，北漢侍衛都指揮使蔚進，馬軍都指揮使郝貴超等悉蕃、漢兵來救，三戰皆敗之，遂下樂平。』即建爲樂平軍。（統類同。樂平軍，十國春秋作平晉軍。）」己亥，「幽州岐溝關使柴庭翰等來降。（柴庭翰，宋史作柴廷翰。）丁未，詔躅登州沙門島居民租賦，令專治舟渡女真所貢馬」。

薛應旂宋元通鑑卷二：「乾德元年八月，王全斌將兵攻取北漢樂平，契丹救之不及。」畢氏續通鑑：「己亥，遼幽州岐溝關使柴庭翰等來降。」（以後凡續通鑑同者不録。）

〔六〕十國春秋卷一〇五北漢紀：天會七年（九六三）「九月，我以契丹兵攻平晉軍，宋雒州防禦使充西山巡檢郭進將兵來擊，契丹兵遂引歸」。長編：乾德元年九月，「北漢主誘契丹兵攻平晉軍，命洺州防禦使郭進，濮州防禦使張彦進，客省使曹彬，趙州刺史陳萬通，領步騎萬餘往救之。未至一舍，北漢引兵去」。（原注：國史契丹傳載此事在杜延滔以遼州來降之後，今從新録及本紀。）（統類同。按事實卷二〇亦記在杜延滔以遼州來降之後，即乾德二年。）「（本月）戊辰，女真國又遣使貢名馬。」

〔七〕長編：十二月乙巳，「遣内客省使曹彬、通事舍人王繼筠分詣晉、潞州，與節度使趙彦徽、李繼勳會兵入北漢境，攻其邊邑及遼石州」。閏十二月乙卯，「龍捷軍校王明詣闕獻陳圖，請討幽州。上嘉之，賜以錦袍、銀帶、錢十萬」。丙子，「初，北漢主嗣位，所以事契丹者多畧，不如世祖時每事必稟之。（原注：劉旻廟號世祖。）於是契丹遣使持書來責，其畧曰：『爾先人窮來歸我，我先兄天授皇帝待以骨肉，洎余繼統，益修前好，爾父即世，我用命爾即位柩前，丹青之約，我無所負。爾父據有汾州七年，止稱乾祐，爾不遵先志，輒肆改更。李筠包藏禍心，舍大就小，無所顧慮，姑爲覬覦，軒然舉兵，曾不我告。段常，爾父故吏，本無大惡，一旦誣害，誅及妻子，婦言是聽，非爾而誰。我務敦大義，曲容瑕垢，父子之道，所不忍渝，爾宜率德改行，勿自貽伊戚也。」北漢主得書恐懼，遣使重幣往謝，契丹執其使不報。北漢主再遣使修貢，契丹又執其使不報。北漢地狹産薄，又歲輸契丹，故國用日削，乃拜五臺僧繼顒爲鴻臚卿，繼顒，故燕王劉守光之子，守光死，以孽子得不殺，削髮爲浮屠，後居五臺山，爲人多智，善商財利，世祖頗倚賴之。繼顒能講華嚴經，四方供施，多積蓄以佐國用。五臺當契丹界上，繼顒常刷其馬以獻，號添都馬。歲率數百匹，又於柏谷置銀冶，募民鑿山取鑛烹銀。北漢主取其銀以輸契丹，歲千斤，因即其冶建寶興軍」。（顒，一本作禺。）畢氏續通鑑約長編之文，增北漢使其從子劉繼文往謝曰：「父爲子隱，願赦之。」遼執其使而不報。清異録卷下：「僧繼顒，住五臺山，手執香如意，紫檀鏤成，芬馨滿室，名爲握君。」十國春秋卷一〇五北漢紀：天會七年「十二月，帝遣從子侍衛親軍使劉繼文如遼，遼拘之不遣」。全遼文卷四劉繼文墓誌：「天會六年（遼應曆十二年）遣公入國，淹留七載，質而未還。」差一年。應以墓誌所記較可信。